# 中国传统文化教程

主 编 程时用 李越恒
副主编 梁艳珍 袁银枝 高万里 陈丹丹

ZHONGGUO CHUANTONG WENHUA JIAOCHENG

南京大学出版社

图书在版编目(CIP)数据

中国传统文化教程 / 程时用,李越恒主编. — 南京:南京大学出版社,2019.8
ISBN 978-7-305-20433-3

Ⅰ. ①中… Ⅱ. ①程… ②李… Ⅲ. ①中华文化—高等职业教育—教材 Ⅳ. ①K203

中国版本图书馆 CIP 数据核字(2018)第 140391 号

| | |
|---|---|
| 出版发行 | 南京大学出版社 |
| 社　　址 | 南京市汉口路 22 号　　邮　编　210093 |
| 出 版 人 | 金鑫荣 |

| | |
|---|---|
| 书　　名 | 中国传统文化教程 |
| 主　　编 | 程时用　李越恒 |
| 责任编辑 | 刘　洋　沈　洁　　编辑热线　025-83592123 |
| 照　　排 | 南京南琳图文制作有限公司 |
| 印　　刷 | 南京人民印刷厂有限责任公司 |
| 开　　本 | 787×1092　1/16　印张 12.25　字数 360 千 |
| 版　　次 | 2019 年 8 月第 1 版　2019 年 8 月第 1 次印刷 |
| ISBN | 978-7-305-20433-3 |
| 定　　价 | 36.00 元 |

网址:http://www.njupco.com
官方微博:http://weibo.com/njupco
微信服务号:njuyuexue
销售咨询热线:(025) 83594756

\* 版权所有,侵权必究
\* 凡购买南大版图书,如有印装质量问题,请与所购图书销售部门联系调换

# 目 录

绪 论 ........................................................................ 1

## 第一章 中国文化的发展历程 ............................................ 4
第一节 上古:中国文化的形成 ............................................ 4
第二节 中古:中国文化的发展与隆盛 .................................... 9
第三节 近古:中国文化的延续与演变 ................................... 15

## 第二章 中国传统文化的特性 ........................................... 25
第一节 中国传统文化的类型 ............................................ 25
第二节 中国传统文化的特点 ............................................ 27
第三节 中国传统文化的基本精神 ....................................... 35

## 第三章 中国古代宗教 .................................................. 43
第一节 中国原始宗教 ................................................... 43
第二节 道教与传统文化 ................................................. 47
第三节 佛教与传统文化 ................................................. 54

## 第四章 中国古代哲学 .................................................. 61
第一节 中国古代的思想资源和思想传统 ............................... 61
第二节 中国古代哲学的思维方式 ....................................... 71
第三节 中国传统思维方式和行为方式 .................................. 75

## 第五章 中国古代文学 .................................................. 78
第一节 中国古代文学的发展历程 ....................................... 78
第二节 中国古代文学的文化价值 ....................................... 96
第三节 中国古代文学的文化精神 ...................................... 100

## 第六章　中国古代艺术·················105
　第一节　源远流长的远古艺术·················105
　第二节　中国古代艺术门类（上）·················107
　第三节　中国古代艺术门类（下）·················132

## 第七章　中国古代民俗·················155
　第一节　中国民俗的特性·················155
　第二节　中国民俗的生活应用·················159
　第三节　中国民俗的地位和作用·················165

## 第八章　中国古代教育·················169
　第一节　中国古代的教育机构·················169
　第二节　中国古代教育的特点·················175
　第三节　中国封建时期家庭教育·················180

**参考文献**·················192

# 绪 论

"文"最早见于商代甲骨文,写作"󰀀",是个象形字,表示"一个身有花纹袒胸而立之人",本义是纹理。《说文解字》解释为"错画也",即各色交错的纹理。后世引申为文物典籍、礼乐制度、文德教化等。"化"则是个会意字,出现稍晚,本义是教化。《说文解字》解释为"教行也",即通过教育改变人们的言行。"化"字从"人"从"匕",《说文解字》曰:"匕,变也,从倒人。"可以看出,"化"由一正一倒的两个人组成,要使两人和谐融洽,相顺而不悖,就需要迁善、感化和教化。后世引申为改易、变化、生成等。

"文"、"化"二字并用,最早见于《易·贲卦·彖传》:"(刚柔交错)天文也;文明以止,人文也。观乎天文,以察时变;观乎人文,以化成天下。"这段话中,"天文"与"人文"相对,"天文"指天道自然规律,即天地日月往来交错;"人文"指人伦社会规律,即人际间纵横交织的社会关系,如君臣、父子、夫妇、兄弟、朋友等构成的复杂网络。这里,"人文"与"化成天下"相联系,"以文教化""因文教化"的意蕴十分明确,充分体现了中国古代注重文德教化的政治思想。西汉以后,"文"与"化"合成一词,刘向《说苑·指武》云:"圣人之治天下也,先文德而后武力。凡武之兴,为不服也,文化不改,然后加诛。"

近代以来,随着工业革命的深入,西方社会经济发展突飞猛进,文化研究取得了长足进展,人们对文化多维内涵的认识更加深入。在广泛研究的基础上,形成了基本的共识:人类自产生以来,由于生存需要而不断进行的有意识的活动(劳动),促进了与"天道"既相联系又相区别的"人道"的形成。由"天道"到"人道",这便是文化创造的过程。作为人的创造的结果,文化是主体的人与客体的自然在实践中的对立统一物。人是文化的创造者,文化也同时创造了人,二者之间形成了一种相互关系。例如,一块天然的玉石,起初并不具备任何文化的意蕴,但经由人工的打磨与雕琢,在注入了人的劳动技能、审美取向与价值观念之后,便具有了"文化"的意义。由此可见,文化的实质在于"人化",在于人的本质力量的对象化,是人(类)通过社会实践活动,适应、利用和改造自然(也包括自身)而逐步实现自我价值观念的过程。一般来说,"人化"主要有以下几种形式:一是通过实践、劳动的形式,改变自然物的面貌、性质、结构、存在方式等,使之融入人的思想,这是最常见、最普遍的形式;二是以解释、言说的方式赋予自然物以意义,使"自在"的自然物显示人可以理解和把握的意义;三是创造人工自然或第二自然,如转基因生物、人工合成材料等;四是创造信息化的存在、虚拟的存在,如网络世界等。

关于"文化"这一概念,学者们提出了 500 余种解释①。有人主张文化在结构上分为物质文化和精神文化两层次;有人主张物质、制度、精神三层次;有人主张物质、制度、行为、精神四层次;还有人以物质、社会关系、精神、艺术、语言、风俗习惯为文化之六大子系统等等。

以上诸种分析中,以四层次说为较完整而简明。物质文化反映的是人与自然的关系,制度与行为文化反映的是人与社会的关系,精神文化则反映人与自我的关系。物质文化作为可感知的、具有物质实体的文化事物,处于文化诸层次的底层,与经济基础的距离最近,往往随着社会生产力的变革而迅速变革。制度文化与行为文化介于物质文化和精神文化之间,前者通常随着社会的变革而变革,较之物质文化,对生产力变革的反应稍有滞后;后者受制度文化和精神文化的双重影响。精神文化处于整个文化结构层次的最高层,与经济基础之间的联系受诸多中间环节的影响而模糊,因为植根于民族文化的深层心理,故而最难改变。但也正因为如此,精神文化成为文化的核心与精髓,成为不同国家或民族文化相区别的本质所在。文化结构的四个层次,将人类社会历史生活的全部内容统统纳入其中,全面反映了人类与一般动物、人类社会与自然界的区别,体现了广义"文化"的具体构成。

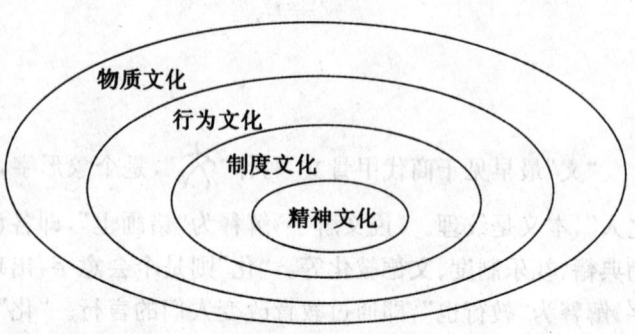

文化具有国别性、民族性。在世界历史上,各个民族和国家基于各自不同的自然社会条件、环境,创造了属于自己同时也属于全人类的文化。作为四大文明古国之一,中华文化源远流长。作为一个地理概念,"中国"的内涵经历了不断反复和渐次扩展的过程。早在距今 3 000 年前,黄河中游出现了一个由若干民族集团汇集和逐步融合的核心,被称为华夏,随着华夏文化的传播,周围异族慢慢融入了这个核心。它在拥有黄河和长江中下游的东亚平原之后,被其他民族称为汉族。因自认为居于天下之中央,故称中国,而将周边地区称为四方。秦汉以后,以汉族为主体的大一统中央政权建立。此后,历代版图时有损益,但基本趋势是不断拓展。清代强盛时,疆域"东极三姓所属库页岛,西极新疆疏勒至于葱岭,北极外兴安岭,南极广东琼州之崖山"②,包括今蒙古国全境,以及俄罗斯、哈萨克斯坦等的部分领土。新中国成立,在与周边相关国家签署边界条约后,形似雄鸡的中国陆地版图最终确定。正是在不断的历史发展中,中国境内各民族间通过杂居、混合与相互融合,相互间的联系愈益频繁,诸如共同地域、共同语言、共同经济生活等民族共同体要素逐步形成并渐趋完备,从而进一步形成自觉的民族观念。尤其是随着近代西方列强的侵入,各民族更增进了政治、经济和文化上的整体意识,"一

---

① 许嘉璐:《文化与语言》,《中国教育报》,2000 年 10 月 17 日。
② 《清史稿》卷五十一,《地理志》。

体多元"的中华民族遂成为境内56个民族的共同称谓。因此,"中华民族"是历史形成的民族实体,"中",谓居四方之中,"华",谓辉光、文采与锦绣。中国文化源远流长,灿烂辉煌,历史上曾长期领先于其他文化,作为人类先进文明的代表,对于人类有着伟大的贡献。浩如烟海的文化典籍,独具特色的语言文字,泽惠世界的科技工艺,精绝雅致的文学艺术,充满智慧的哲学宗教,完备深刻的道德伦理等,构成了中国文化的基本内容。作为一个生生不息的运动过程,任何文化都有其发生、发展的历史。中国文化在几千年的发展历程中,也经历了不断扬弃、更新和再生的演变。本书所论中国文化,主要就是指1840年鸦片战争以前的传统文化。中国传统文化,植根于古代中国人生存的自然-社会环境,是我们的先辈在认识、改造自然的社会实践过程中的伟大创造,是先辈传承下来的丰厚遗产。它虽是历史的结晶,但并不只是陈列在博物馆里供人观览,而是依然有着持久、鲜活的生命力。中国传统文化中所体现的中华民族特有的生活方式、思维方式及价值观念,最深刻地反映了中华民族的民族属性,这种属性甚至已经内化为我们民族的基因,成为孕育现代文化与社会生活的历史根据和现实基础,"规定"着未来中国社会、文化发展的方向。因此,传统文化距离今天并不遥远,而是仍然时时刻刻强烈地影响着我们。需要特别说明的是,为了便于组织教学,本书直接或间接运用了学者们的研究成果,在此表示感谢!

# 第一章 中国文化的发展历程

中国文化悠远浩博，从孕育发生到壮大，经历了漫长曲折、波澜壮阔的发展历程。这一历程既是物质文化、精神文化不断积累、发展和日渐丰富的历程，也是"人不断解放自身"、走向文明演进高峰的历程。本章将中国文化的发展历程，分为上古、中古和近古三个大的阶段，以战国以前的中国历史为上古，以秦汉至隋唐为中古，而将宋元明清看作近古，与史学意义上的分期并不完全一致。

## 第一节 上古：中国文化的形成

战国以前的中国历史文化，包括史前时期、殷商西周和春秋战国三个阶段。

### 一、史前时期：从物质到文化

中国是世界四大文明古国之一。早在约170万年前，中国境内就有了早期人类活动。1965年，考古学者在云南元谋上那蚌村发现元谋直立猿人化石，即是中国境内最早的人类活动的历史确证。此后，关于中国境内早期人类活动的丰富材料相继发现，从北京猿人（约50万年前）、早期智人阶段（约20万年至4万年之前）到晚期智人阶段（距今1万年之前），直到新石器时代，清晰而完整地勾勒出人类起源与进化的各个环节。中国文化正是在这种伟大的进化过程中产生的。考古发现表明，中华文化在中国大地上的发生，从一开始即呈多元状态，不仅是黄河流域，在长江流域、珠江流域，甚至东北、华北，都有旧石器和新石器文化遗址的广泛发现。

**（一）物质文化**

文化的产生首先表现为工具。在旧石器时代，中华先民靠天然或简单加工的石块与弓箭，作为采集果实和狩猎的基本工具。这一时期，具有划时代意义的文化创造是火的使用。根据考古发现，至少从北京猿人开始，中华先民就已能够熟练地使用火，并保存从自然界取来的火种，这宣告了人类与动物的分化完成。对此，恩格斯曾经这样说过："就世界性的解放作用而言，摩擦生火还是超过了蒸汽机，因为摩擦生火第一次使人支配了一种自然力，从而最终把人同动物界分开。"[①]他甚至认为，可以把火的发现"看

---

[①] 《马克思恩格斯选集》，第3卷，人民出版社，1972年版，第154页。

作是人类历史的开端"①。约 7000 年前,中华先民进入了新石器时代。此期,磨制得较为精致的石器取代了打制粗糙的石器,农业、畜牧业取代了狩猎采集,成为首要的生产部门,陶器也在生产实践中得到了广泛使用。从旧石器时代到新石器时代,标志着原始物质文化取得了重要的发展。

### (二) 观念文化

原始观念文化,主要以原始宗教和原始艺术为代表。由于受认识自然水平和能力的限制,中华先民将许多无法解释的自然现象都归为神灵意志的体现,由此产生诸多的崇拜形式。原始宗教主要包括自然崇拜、生殖-祖先崇拜和图腾崇拜三种形式。

## 二、殷商西周:从神本文化到人本文化

大约在新石器时代晚期,氏族部落联盟经过漫长的兼并融合之后,逐步完成了向国家的过渡,夏、商、周三个统治集团依次占据了中心统治地位。在中国早期的历史上,夏、商、周是关键性的时期:有文字记载的信史从这一时期开始,国家在这一时期开始形成,影响中国历史的诸多文物制度的基础也在这一时期奠定,中国文化的特殊面貌在这一时期开始形成。根据考古发现及文献记载,夏商周时期的文化明显地体现出从神本文化到人本文化的态势。

### (一) 殷商神本文化

商部落发祥于山东半岛,起初以游耕农业为主。约在公元前 14 世纪,商王盘庚迁都,由奄(今山东曲阜)迁至殷(今河南安阳)。在长期稳定的条件下,商人的文明水平得到了显著提高,其中一个重要的事件便是甲骨文字的出现,它标志着古代中国进入了文明时代的门槛。

受史前原始思维的影响,殷商尊神重祀,体现出强烈的神本文化特色。《礼记·表记》即云:"殷人尊神,率民以事神,先鬼而后礼,先罚而后赏,尊而不亲。"殷墟出土的十多万片甲骨,几乎全是祭祀、占卜的记录,可见殷人宗天尚鬼风气之盛。殷人的神鬼信仰主要是自然神信仰和祖先神信仰。根据卜辞记载的占问内容,殷人的神灵观念分为"天神""地示",其中作为"天神"之一的"帝"或"上帝",是殷人信仰中最高的神,作为至上神,"帝"最主要的职责是管辖天时,影响年成。他与人、鬼的不同之处在于并未被人格化,故而不享受祭祀的牺牲,也不直接接受人间的诉求,人间的诉求要靠死后升天的殷人的先公先王向帝转达。为了听命于上帝、按鬼神意旨办事,殷人以卜筮来决定自己的行止,占卜因此成为殷王室生活的重要内容,事无巨细,皆先卜而后行。商王既是政治上最高的统治者,又是最高祭司。此外,商人还频频举行规模盛大的祭祀活动,表示对鬼神的敬意。殷人的宗教信仰,处于自然宗教的多神信仰阶段,是当时人类思维水平尚处于蒙昧阶段的反映。

随着人们实践经验、心智水平和能力的提升,这种以尊神重鬼为特色的神本文化,

---

① [德]恩格斯著,于光远等译编:《自然辩证法》,人民出版社,1984 年版,第 91 页。

逐步向以人为本的文化过渡。

### (二) 周人的文化维新

"周"曾是偏处渭水以北的黄土高原长期附属于商的部落。经过数百年的经营,约在公元前11世纪,利用商王室的腐败,起兵讨纣,最终战而胜之,建立起周朝。"周虽旧邦,其命维新。"①周朝建立后,对殷商的制度虽有因袭,但多有文化上的"维新"。

首先,周人建立了完备的宗法制度,包括嫡长子继承制、分封制和宗庙祭祀制度。这种宗法制度,强调伦常秩序,注重血缘身份,兼备政治权利统治和血亲道德制约的双重功能,把家族制度政治化,不仅确定了古代中国社会结构的基本特征,对后代集权政治体制的固化也产生了极其重要的影响,并进一步渗透进我们民族意识、民族性格和民族习惯之中。如果说中国传统文化具有宗法文化的特征的话,那么这种特征正是从西周开始形成的。

其次,周人的"维新"还表现为"制礼作乐",即确立礼制及与之相配合的情感艺术系统。"礼",繁体作"禮",《说文》示部云:"禮,履也,所以事神致福也,从示从豐。"又豐部云:"豐,行礼之器也,从豆,象形。"可见,"礼"最初有祭祀神灵的宗教之义。而周公"制礼作乐"的礼乐,则超越此义,提升至完整的制度与文化的建构,囊括国家政治、经济、军事、文化一切典章制度以及个人的道德修养和行为准则规范。《礼记·曲礼》即云:"道德仁义,非礼不成;教训正俗,非礼不备;分争辩讼,非礼不决;君臣上下,父子兄弟,非礼不定;宦学事师,非礼不亲;班朝治军,莅官行法,非礼威严不行;祷祠祭祀,供给鬼神,非礼不诚不庄。""礼"在形式上体现为"仪",即各种礼节与仪式。按周制规定,各级贵族祭祀、朝聘、用兵、婚丧,都要遵循严格的与其等级身份相应的礼节仪式,以体现上下尊卑之别;在内容上,"礼"则包括"亲亲"与"尊尊"。"亲亲"强调家族伦理中以父为首的原则,"尊尊"则强调政治伦理中以君为首的等级原则。周人推行的种种制度,如礼制、宗法制、分封制等,实质上渗透着强烈而自觉的伦理道德精神,其要旨在于"纳上下于道德,而合天子、诸侯、卿大夫、士、庶民,以成一道德之团体"②。他们认识到,"天命靡常"③,人间的福祉祸患,非出自神的意志,只有"克明俊德""敬德保民",才能维系政治统治,避免重蹈夏灭殷亡的历史覆辙。周人的文化维新,奠定了中国传统文化中德治主义、民本思想与忧患意识的致思取向。

### 三、春秋战国:中国文化的轴心时代

公元前770年,在西部夷人犬戎的进逼之下,周平王由丰镐东迁至洛邑,历史进入春秋战国时期。其时周天子权威失坠,礼崩乐坏,王纲解纽,社会的剧烈动荡和裂变,不仅为文化的重组提供了机会,更是催生、助长了士阶层的兴起,使他们从原先所属的贵族阶层中分化出来,转而成为专事于精神文化创造的独立群体;同时由于"天子失官,学

---

① 《诗经·大雅·文王》。
② 王国维:《殷周制度论》,《观堂集林》卷一〇,河北教育出版社,2003年版,第232页。
③ 《诗经·大雅·文王》。

在四夷",原先世守专职的朝廷文化官员也散落民间,他们凭借知识聚徒讲学,著书立说,一时学派林立、诸子蜂起,出现了百家争鸣的恢宏局面,"道术将为天下裂"①。春秋战国遂成为中国文化的"轴心时代"。

"轴心时代"是德国哲学家卡尔·雅斯贝斯描述人类历史时提出的著名命题。他在1949年出版的《历史的起源与目标》中指出,公元前800年至公元前200年之间,古希腊、以色列、印度和中国几乎同时诞生了伟大的思想家。苏格拉底、柏拉图、释迦牟尼、孔子、老子等,都对人类的终极关怀提出了独到的思想,人类一直依靠这一时代所产生的思考创造一切而生存。他将这一时代称为人类文明的"轴心时代"。②

春秋战国时期的诸子之学,西汉司马谈曾概括为阴阳、儒、墨、名、法、道德六家。西汉时刘歆又将诸子归为儒、墨、道、名、法、阴阳、农、纵横、杂、小说十家,排除属于文学范畴的小说家,后人称为"九流"。其实就思想成就而言,仍然主要是司马谈所概括的六家。诸子之学,"起于时势之需求而救其偏敝"③,具有"救时之弊"的文化目的性。由于社会地位、思考方式等方面的差异,各学派在风格上也具有鲜明的个性特征。

儒家学派由孔子创立,其学说以"仁"为体,以"礼"为用,以"中庸"为思想方法,以维护礼教纲常与秩序为社会政治思想。"仁"是儒家学说的核心。孔子认为"仁者爱人",把"爱人"作为"仁"的原则,看作是人必备的美德,又以"仁"为人性的表现。孔子关于"仁"的思想,旨在通过提升人内在的道德的善,把外在的社会伦常规范转化为内在的自觉要求。由此,孔子又非常注重"礼",主张"非礼勿视,非礼勿听,非礼勿言,非礼勿动"④,认为"礼"是社会成员维护社会和谐及等级秩序的责任和义务。与此相关,孔子还强调"正名",即辨证礼制等级的名分,严守"君君、臣臣、父父、子子"的等级秩序。儒家学派在孔子之后一分为八,其中比较重要的有"孟氏之儒""孙氏之儒",代表人物分别为孟子、荀子。孟子承袭曾参、子思一系,主要继承孔子"仁"的学说,提出"性善论",培养浩然之气,行仁政、王道。荀子主要承袭仲弓一系,基于"性恶论",发展孔子的礼学,强调加强礼法,维系社会秩序。孟子、荀子对孔子接受上的差异,反映了战国时期面对纷乱的社会,儒家思想的分化,折射出后代统治者治理天下时两种不同的统治方式。

道家,又称道德家,以老子、庄子为代表,是以"道"为学说的核心范畴的学派。与儒家通过道德伦理的建设以维系社会秩序的致思取向不同,道家的致思重点在于探求天道,并以天道推衍世道、人道。他们的天道观,主要包括以下内容:道是天地万物之本,"道生一,一生二,二生三,三生万物"⑤;"道法自然",即道在本质上是自然的,故无所效法;天道"无为而无不为"。基于此,道家强烈批判儒家的仁义礼制思想,视礼为"忠信之薄而乱之首",认为应该顺应天道,绝圣弃智,绝仁弃义,从而实现无为而治。道家还由

---

① 《庄子·天下篇》。
② 魏楚雄、俞新天译:《历史的起源与目标》,华夏出版社,1989年版,第14页。
③ 梁启超:《中国古代学术流变研究》,《饮冰室合集·专集》,中华书局,1989年版。
④ 《论语·颜渊》。
⑤ 《老子》第42章。

对社会、理性、文化的否定转而追求个体的价值。尤其是庄子,深切关注人性在社会中的异化,着力寻求人性回归的途径与方式,实现个体对生命的完成和精神对生命的超越。他以"齐万物,一死生"的相对主义观点看待天地万物,超越一切固有价值,最终达到个体的解放和精神的自由。如果说儒家的思想带有鲜明的人文主义色彩的话,道家思想归根到底则是自然主义。

法家以春秋时齐国的管仲和郑国的子产为早期代表。此后,李悝著《法经》,商鞅推行法治,申不害、慎到等又相继提出重"术"、重"势"的思想,至战国末期,韩非子始集法、术、势之大成,以为"帝王之具",从而建构起一套以集权专制为核心的思想体系。法家的根本主张在"法治",力主强化法令刑律,使民"畏威如疾",以达到富国理乱的目的。他们排斥儒家的人文主义与道德理想主义,否定巫术宗教的作用,也不注重历史及理性的价值与依据,完全从现实的实用目的出发,靠严刑峻法治理天下,认为只有严酷的法令才能约束人的行为;而在文化政策上,法家则主张"以吏为师""以法为教",实行文化专制主义。法家是战国时的"显学",韩非子的学说成为秦一统天下、建立封建专制集权的基本政治理论。秦汉以后,儒术独尊,但法家仍然或隐或显地发挥着效应,历代统治者多采取"霸王道杂之",即儒法并用的统治术,法家也成为后代封建政治重要的思想资源之一。

墨家的创始人是墨翟,其信徒多系直接从事手工业的社会下层平民,"以绳墨自矫""日夜不休,以自苦为极"①。墨家的核心思想是"兼爱",这种思想不同于儒家的"仁爱",一方面,"兼爱"不分等差、远近、亲疏,是平等的、普遍的爱。同时,"兼爱"又以"交相利"为前提和基础,既互爱,又互利。从兼爱出发,墨家还主张非乐、非攻、节用、尚贤等,典型地反映出当时小生产者、小私有者保护自我利益的性格。墨家当时与儒、道皆为显学,但不同的是,墨学在秦汉以后,由于失去了适宜学派发展的氛围,遂逐步从中国思想文化领域消失了。

除儒、道、法、墨之外,先秦诸子还有阴阳家、名家等。邹衍为代表的阴阳家,以金、木、水、火、土五种元素相生相克的消长模式,解释事物的运动发展,以及社会人事的变化,从时间、空间的流转变化去把握世界,表现出独具特色的思维方式。名家又称刑名家,以公孙龙、惠施等为代表。这一学派脱离社会现实,探讨"名"(概念)与"实"(实际)的关系问题,具有较浓郁的思辨色彩,对古代逻辑的发展贡献很大。

孔、墨、老、庄等先秦诸子,是我国文化史上第一批"百科全书式的学者",他们以巨大的热情与高度的智慧,开宗立派,编撰《易》、《书》、"三礼"、《春秋》等中国文化的"元典性"著作,对宇宙、社会、人生作了极其深刻的追索和思考,建构了中国古代思想文化的基本格局,也对人类文明的发展做出了创造性的贡献。

---

① 《庄子·天下篇》。

## 第二节 中古：中国文化的发展与隆盛

公元前221年，秦王嬴政经过多年的兼并战争，完成"吞二周而亡诸侯，履至尊而制六合"①的统一大业，中国进入了秦汉统一时代。国家的统一与强盛，在文化史上具有划时代的伟大意义。一方面，国家一统，结束了群雄争霸的历史，极大地促进了多元文化的整合，尤其是经过400余年的文化建设，形成了全社会强烈的文化认同心理，标志着中华文化共同体的初步形成。同时，中国文化从东、南、北三个方向与外部世界展开了多方面、多层次的交流，尤其是丝绸之路的开辟，更架起了中外文化交流的桥梁。经由丝绸之路，中国文化传播至西亚乃至欧洲，西域和印度文明也得以传入我国。正是这种双向的文化交流，塑造和展现了统一帝国时代中国文化的宏阔壮大与灿烂辉煌。

### 一、秦汉：文化一统

秦王朝在建立统一帝国之初，通过废除分封制、实行郡县制等一系列政治制度变革，建立起高度统一的中央集权。与此同时，秦始皇还出台了一系列以"统一"为原则的文化举措，改变战国时"田畴异亩、车涂异轨、律令异法、衣冠异制、言语异声、文字异形"②的局面。这些统一的文化制度的确立，虽然是为了强化专制集权统治，但也有力地增进了秦帝国版图内各区域人们在经济、文化生活乃至文化心理方面的共同性，为中华文化共同体的最后形成奠定了重要的基础。

汉武帝时期，为了适应封建大一统政治局面的需要，董仲舒针对汉初"儒道互黜""百家殊方"的情况，坚决主张"罢黜百家，独尊儒术"，并提出德、刑并用而以德政为主的统治思想，主张充分发挥"礼乐教化"的作用。他以"六经"为指针，高举"崇儒更化"的旗帜，寻求到一种与地主制经济、宗法-专制君主政体相吻合的文化形态。其独尊儒术的主张，不仅为汉武帝所接受，更是确立了后世以儒为宗的政治文化模式，被以后两千余年专制体制奉为圭臬，有力地维护了封建专制统治。在"独尊儒术"的文化政策下，儒学成为汉代文化学术的主流，《诗》《书》《礼》《易》《春秋》被尊为"五经"，朝廷设立"五经博士"，并推行"以经选官"的选官制度，天下学士靡然风从，形成了专门的传经、注经之学——经学，整个汉代都占据着官方哲学的地位。

汉代的经学，有"今文经学"与"古文经学"之分，它们围绕经书在文字、版本及真伪等方面的问题展开激烈争论，进而引出在学术观点及研究方法上的重大分歧。概括地说，今文经学的特点是政治的，讲阴阳灾变附会时政，在经典的字里行间寻微言大义，不免陷于穿凿。古文经学则是历史的，讲文字训诂、明典章制度及经文本义，又不免陷于烦琐。东汉后期，郑玄等经学家，遍注古、今群经，经今古文的门户之争，逐渐趋消弭。

---

① 连宏，赵静波：《汉唐刑罚演变特点研究》，光明日报出版社，2016年版，第162页。
② 邓之诚：《中华二千年史·卷一·秦汉三国》，东方出版社，2013年版，第14页。

经学既是维护汉代集权体制的官方哲学,在朝政崩坏、纲纪废弛时,又成为守护儒家思想文化价值的清流之士批判朝纲的理论资源。东汉后期,朝纲紊乱,士人通经致用的入官之阶为宦官、外戚所阻,一时"匹夫抗愤,处士横议",发起了大规模抗议宦官、外戚专权的浪潮。许多士人虽在"党锢之祸"中惨遭杀害,但他们激浊扬清、慷慨赴死的浩然正气,成为专制体制下抗拒暴政的光辉旗帜。

## 二、魏晋南北朝:乱世中的多元文化

汉末的黄巾军暴动及董卓之乱,使久已摇坠的汉帝国终于土崩瓦解,秦汉400余年天下一统的格局宣告结束,一场长达近400年的战乱又由此展开。先是魏、蜀、吴三分天下,中间西晋虽曾短暂地实现统一,但仅昙花一现,随着五胡乱华,西晋灭亡,中国又陷于南北分割状态。北方,先有十六国割据,后又有北魏、东魏、西魏、北齐、北周等政权的嬗递。南方,则有东晋、宋、齐、梁、陈诸王朝的轮替。经久的战乱与割据,打破了秦汉时期政治、思想与经济的一元体制,儒学独尊的文化模式也随之崩解。在这种乱世的格局中,文化重新呈现多元发展的局面。

### (一) 魏晋玄学学术文化,与时消长

东汉后期,面对统治阶级的腐败、名教危机的深化和社会的大动乱,儒家"不周世用"的局限日益凸显;党锢之祸的发生,更进一步动摇了儒家作为国家意识形态的基础。正是这种日趋严重的政治、经济、文化与社会危机,使上层的文人逐步摈弃对社会的认同,转而寻求个体的独立与意义,将心灵超越与精神自由作为人生的取向,由此而刺激了老庄思想的回归,玄学正是在这一文化背景下产生的。

"玄学"之"玄",源自《老子》"玄之又玄,众妙之门",因阐发《周易》《老子》《庄子》中的玄理而得名。玄学由王弼、何晏等创始,他们祖述老庄,既倡导以无为本,又主张"举本以统末",以沟通有与无即现象与本体之间的关系,建构起一套"贵无"论哲学思想体系。以嵇康、阮籍等竹林名士为代表的自然派玄学家,则将个体的生命存在放在了全部思考的中心地位,着力通过探讨自我意识与本体的关系,"越名教而任自然",在对现实伦理的否定和批判中,获得超越的精神境界与安身立命之道。裴颁则站在维护名教的立场,力主"崇有",反对"贵无"论的"虚诞之弊",强调维护社会制约的必要性。

郭象作为玄学的集大成者,又超越了"贵无"与"崇有"的偏狭,提出"独化"论,认为天地万物不假外物,"块然而自生","独化于玄冥之境"。他的"独化"论玄学思想着力探讨和解决两个问题:一是名教与自然的关系问题。这个问题本是玄学的基本主题,但"贵无"派和"崇有"派往往各执一端,将"名教"与"自然"截然二分,并未能真正处理好二者的关系。郭象则在本体论的层次上力主名教即自然,自然即名教,强调超越的"玄冥之境"不在名教之外,就在名教之中。二是如何使人在现实中实现超越。一方面,郭象否定嵇康、阮籍的自然派玄学观,指出现实是不能超越的;另一方面,也同样否定裴颁着眼于现实的玄学观,指出现实是必须超越的。他借助于庄子的思想,把个体的自为放在

首位,主张通过克服名教的异化,使"万物皆得性",人人皆得以"极小大之致,明性分之适"①。逍遥游放,任性自得,在现实中完成对现实的超越。这种超越,本质上是内在的自我超越,反映了在名教政治不可动摇的前提下中古士人的心路历程。玄学源自原始道家,但不是简单的重复,而是在魏晋时期特定的历史文化语境中对老庄思想的重新阐发,是对道家思想的新发展,因此被称为新道家。

作为魏晋时期主流的学术思潮,玄学在中国文化史上具有重要的地位,对中国文化产生了深远的影响:一是玄学作为本体论哲学,对"本末""有无"及其相互关系的分析,具有高度的谈玄析理的色彩,提升了中国哲学的思辨水平和分析能力。二是玄学逍遥游放、任情适己的人生观,深刻影响并铸造了中国知识分子清、虚、玄、远的生活情趣,成为他们在专制体制下调适自我、寻求精神超越的重要依托。而代表玄学人生观的"魏晋风度"与"名士风流",他们身上所体现出的以玄心、洞见、深情与妙赏为内容的人格美,更是后世知识分子追慕的理想人格的典范。三是玄学"得意忘言"的思维方法以及对形神关系的讨论,是我国古代文艺美学的重要内容,对此后的诗歌、书法、绘画等都产生了重要的影响,促进了中国古代文艺重写意而轻写实、重神理而轻形骸的审美品格和冲淡闲雅、空灵简约的艺术精神的形成。

### (二) 文化的冲突与整合

魏晋南北朝时期中国社会的动荡,引发了不同思想派别与种族之间的文化冲突与整合,主要表现在两个方面:一是儒、释、道三教的合流,二是胡、汉文化的碰撞与融合。

儒、释、道三教之间的冲突与整合,是由魏晋南北朝时期道教、佛教势力的不断发展而引起的。东晋以后,玄、佛合流已成为思想、发展的新动向。与此同时,道教也从民间宗教升格为官方认可的宗教,在门阀士族中广泛传播。道教在形成过程中不仅以道家思想为重要渊源,也积极调和儒学,将儒家伦理思想纳入到教义、教规之中。譬如葛洪在《抱朴子》中认为道教"磨砺贪浊",有助于教化,而儒家倡导"忠孝和顺仁信",也有助于成仙,并说"道者内以治身,外以治国","治身则身修长,治国则国太平"。佛教作为外来宗教,在传入我国之初,曾与黄老并祠,被视为中国流行的神仙方术之一。魏晋南北朝时期,佛教得到了广泛传播,势力也日益扩大,由此受到了儒、道的强烈排斥,被攻击为"夷狄之教"。佛教徒一面参与论争,同时为了弱化矛盾,也尽力将佛教教义同儒家、道教思想协调起来,认为佛、道同本共源。这种调和,加速了佛教的中国化,也为佛教在中国的发展打下了深厚的基础。最显著的例子是梁武帝和周武帝,梁武帝以儒治国,同时又以佛修身,虔诚信佛,以帝王之尊而三次舍身入寺;北周周武帝于建德三年(公元574年)更是下诏设通道观,定员120人,合儒、释、道三教于一体,这象征着在政治意识形态层面上儒、释、道三教合流的完成,也标志着中国传统文化以儒家为本位,儒、释、道三足鼎立的文化格局的正式形成。中国文化史上的儒、释、道合流,总体上有两个过程,第一个过程是魏晋南北朝时期佛、道二教攀附儒家,认为佛道可以"辅助王化",站在佛、

---

① (晋)郭象:《庄子注》卷一《逍遥游》。

道自身的立场,提出"三教合一""平等三教""三教并用"等主张,这主要是政治意识形态的合流。第二个过程是两宋时期儒家主动吸收佛、道二家的思想成果,提倡三教归儒,最终建立了理学思想体系。

魏晋南北朝时期文化的冲突与融合,还体现在种族方面。东汉末年,中国西部、北部生活的许多少数民族开始向内地迁移,在辽西、幽并、关陇等地与汉族犬牙交错地生活在一起。这样,北方的民族关系就逐渐复杂起来。西晋灭亡,东晋南迁,以匈奴、羯、氐、羌、鲜卑等五个北方少数民族为主,入主中原,在北方先后建立了16个割据政权。十六国的割据局面,后为鲜卑族建立的北魏政权所结束,统一了北方。其后,北魏分裂为东魏、西魏,又分别为北齐、北周所取代。从北魏到北齐、北周,总称北朝。五族入主中原并建立政权,虽然改变了汉族在中原地区旧有的统治地位,引发了胡、汉之间的大规模冲突,甚至是战争和流血,但是站在文化整合的角度看,又具有非常重要的意义:一是促进了胡人的汉化。五族政权出于政治需要,多积极地推行汉化政策,比如重用汉族人才,借鉴汉族的政治、经济制度,设立太学,大兴儒学等,不仅巩固了政权,也保存和发展了汉文化。二是异族文化与汉文化的碰撞与交流,不仅为汉族文化带来了强健而朴野的精神和活力,使中国文化得到多向度的发展和深化,同时更重要的是促进和加深了中国各民族之间的交流与融合,为中华民族共同体及中华文化共同体的最后形成奠定了重要的基础。

### 三、隋唐:中国文化的隆盛时代

隋唐结束了中国此前近400年的分裂割据状态,重新进入天下一统时代。经历了几百年的积累和发展,中国封建经济在隋唐时期达到了顶峰,中国文化在经历了萌芽和发展之后,也在隋唐走向了成熟,进入了气势恢宏、如史诗般壮丽的时代。

#### (一) 兼容并包、有容乃大的文化气派

隋唐时期,为了发展社会经济,保障国家的长治久安,统治者制定和实施了一系列政策:经济上改造了北魏以来的均田制,强化土地国有制,实行租庸调制,进一步解放农民;实行科举制,排抑门阀士族,为广大庶族知识分子提供平等参与国家政治的机会,调动他们的积极性与创造性。

隋唐时期,农业生产与经济得到了迅速恢复和发展,社会生产力也得到了极大的解放。尤其是唐代,经历从唐太宗"贞观之治"到玄宗的"开元盛世"的120多年,经济繁荣,国力强盛,更是达到了整个中国封建社会历史的巅峰,唐朝也一跃而成为当时世界上最强盛、富庶的国家。杜甫《忆昔》诗"忆昔开元全盛日,小邑犹藏万家室。稻米流脂粟米白,公私仓廪俱丰实",即是对开元盛世的真实写照。

伴随着经济的繁荣与国力的强盛,唐代文化也出现了欣欣向荣和全面发展的局面,并表现出明朗、高亢、热烈、奔放的时代精神和泱泱大国独有的"海纳百川,有容乃大"的宏伟气魄。这种宏伟的文化气魄,首先体现在唐王朝开明的统治思想上。有唐一代,在意识形态上以儒为主、兼取百家,奉行儒、释、道三教并行的文化政策。这种开明的文化政策,为唐代文化的发展提供了较为宽松、和谐的思想环境,赋予了唐代文化以开放与

自由的精神。唐代文化的宏大气魄,还突出体现在立足于中华主体文化,以恢宏的胸襟与气度,广泛吸收异族、异域文化。一方面,通过和亲等政策兼容南北,和谐民族关系,积极推进胡、汉民族的交往与文化的融合;另一方面又贯通中外,广泛汲取外域文化。无论是南亚次大陆的佛学、历法、医学、音乐、美术,还是中亚的音乐、舞蹈,抑或是西亚和西方世界的祆教、景教、摩尼教、伊斯兰教、医术、建筑等,如同"八面来风",从唐帝国开启的国门奔涌而入,形成五光十色、灿烂辉煌的盛景,以至于当时的长安成为胡汉、中外文化汇聚、交流的中心,成为具有盛大气象的世界性大都市。唐代文化海纳百川、兼收并蓄的伟大气魄,培养了唐人宏阔的胸襟和眼界,赋予了他们自由和创新精神,使他们能够跨越不同民族、国度,以超越的胸怀与勇气,不断开创唐代文化的新境界。

### (二) 盛世辉煌的文学艺术

文学艺术各个门类所取得的辉煌成就,是唐代文化繁荣的重要标志。

首先是唐诗。虽然王国维曾言"凡一代有一代之文学:楚之骚,汉之赋,六代之骈语,唐之诗,宋之词,元之曲,皆所谓一代之文学"①,但就每一时代文学的文化意义及其影响来说,毫无疑问应当首推唐诗。在很大程度上,正是因为唐诗,中国才有了"诗歌的国度"的称号,唐诗理所当然地成为诗国高潮。闻一多说过:"一般人爱说唐诗,我却要讲'诗唐'。诗唐者,诗的唐朝也。懂得了诗的唐朝,才能欣赏唐朝的诗。"②所谓"诗唐"或"诗的唐朝",着重说的是唐朝是一个诗性的时代,诗在唐朝具有迥异于其他时代的意义,对于唐人来说,诗就是生活,生活就是诗。一方面,诗歌空前绝后地渗透到了社会生活的各个方面,举凡用到文字的地方,唐人都会用诗去表现;举凡有人类的地方,唐人也都留下了诗,即便是"乡校、佛寺、逆旅、行舟之中",也都处处有诗。诗歌还大量地被谱写成歌曲,传唱于宫掖、市井,乃至边塞。另一方面,诗歌创作不是诗人的专利,社会各行各业,无论"士庶、僧徒、孀妇、处女"还是"女童、马走之口"③,都参与到诗歌创作活动中,"行人南北尽歌谣"④"人来人去唱歌行"⑤,成为唐朝独有的文化风景。正是如此,仅清人所编《全唐诗》即收录2 300余家的48 000多首诗,其中既有李白、杜甫这样的"双子星座",也有王维、王昌龄、白居易、李商隐等为代表的一批诗歌巨匠。

除了唐诗以外,唐代在其他文学艺术门类上,也都取得了极高的成就。例如书法,原本在魏晋六朝时既已开始走向美的自觉,在唐代也达到了高峰,可谓众体皆工、名家辈出。像李阳冰的篆书、李邕的行书、"颠张(旭)狂(怀)素"的草书等都是诸书体的代表。唐代书法,最以楷书为代表,先是欧阳询、虞世南、褚遂良、薛稷,有"初唐四家"之称;中后期又有颜真卿、柳公权,前者气势雄伟,结体丰伟,开创了书法的新格局;后者遒

---

① 《宋元戏曲史·序》。
② 郑临川记录,徐希平整理:《笳吹弦诵传薪录——闻一多、罗庸论中国古典文学》,上海古籍出版社,2002年版,第74页。
③ 白居易《与元九书》;元稹《白氏长庆集·序》。
④ 《敦煌曲校录·望无行》。
⑤ 刘禹锡《竹枝词》。

媚刚健，点画骨鲠，更将唐楷推至极致，像诗坛中的李杜一样，成为书坛一代宗师。诚如苏轼所言："至唐颜、柳，始集古今笔法而尽发之，极书之变，天下翕然以为宗师。"①

再如绘画，唐代绘画延续了魏晋以来的绘画传统，仍然以人物画为主。阎立本即是初唐重要的人物画家，而盛唐时的吴道子，壮年时既已驰名京洛，曾创制300多幅壁画。他"出新意于法度之中，寄妙理于豪放之外"，以"莼菜"型富有韵律感的线条的创造，表现人物衣褶起伏转折等复杂结构，尤其是衣带自然而奔放的飘舞效果，人称"吴装"或"吴带当风"，从而获得了"百代画圣"的美誉。除了人物画，更具有文人审美情趣的山水画在唐代也发展成为独立的画科，出现了李思训、李昭道父子等以山水画著称的画家，诗人王维也因为擅长画山水，而得到苏轼"画中有诗"的称赞。唐代的山水画为山水画在后世的发展奠定了基础。壁画也在唐代达到了很高的艺术水平，据统计，唐窟今存200余个，其中又最以莫高窟为代表，体现了全盛期唐代壁画高度的艺术成就。

另外，唐代文学中，散文也成果丰硕。韩愈、柳宗元为复兴儒学而发起的散文文体、文风变革，确立了散文新的审美风范，对宋元及其后的散文，产生了深远的影响。雕塑、建筑、音乐等艺术较之前代，也皆有较大发展，共同衬托了唐代文化全面辉煌的盛景。

### （三）粲然大备的学术思想

唐代除了文学艺术之外，在思想、学术等其他领域也取得了重要的成就。

首先是经学的一统。隋唐时期，中国重新建立了统一的中央政权，为适应大一统政治体制的需要，经学作为意识形态也进入了"统一"时代。在此之前，经学经历了魏晋时期的"郑（玄）、王（肃）之争"，以及南北朝时期的南北分立阶段。在隋代，南北方经学合流并存，《毛诗》、《三礼》、《孝经》、《论语》流行郑玄注本，这是北学的特点，同时流行《易》的王弼注本、《书》的孔安国传本以及《春秋》的杜预集解本，这是南学的特点。唐朝开国后，为适应帝国一统之需要，唐太宗"以经籍去圣久远，文字讹谬"，于贞观四年（公元630年）下诏，命颜师古等考定"五经"，于贞观七年（公元633年）颁行天下；同时诏令孔颖达等编撰《五经正义》，于高宗永徽四年（公元653年）正式颁行天下，从而标志着经学在结束了分立状态后，重新回到了政治生活的主导地位，成为唐朝的统治思想。需要指出的是，唐代经学的一统并未改变儒、释、道多元并行的文化格局，儒家也并未因此像汉代那样获得独尊的地位，相反，在士大夫知识阶层以及民众一般的信仰中，佛、道倒是具有了超乎儒家的影响力，我们从韩愈的《谏迎佛骨表》、唐武宗的"会昌灭佛"中都能看到这一点。

其次是佛教的中国化。佛教在与儒、道的合流过程中，逐步融入中国文化，成为中国文化的重要组成部分。这种中国化或本土化完成的重要标志，是在隋唐时期出现了形形色色的佛教宗派。主要包括天台宗、三论宗、法相唯识宗、净土宗、律宗、华严宗、禅宗和密宗，其中以天台宗、华严宗和禅宗影响最大，最有中国特色。这些宗派特别注重法脉的传承，或编撰传法谱系，或对于佛教的各种经典提出自己的评判标准，以确立自

---

① （宋）苏轼：《中国古代名家诗文集·苏轼集·卷四》，黑龙江人民出版社，2005年版，第1308页。

己在佛法传承中的正统地位。尤其是慧能所代表的禅宗,因为修持方法简易直接,主张"见性成佛"、"一悟即至佛地",不仅在当时风行天下,相继形成了菏泽宗、石头宗、洪州宗等派别,晚唐五代时又有所谓沩仰、临济、曹洞、云门、法眼"五宗",加上临济的支裔黄龙、杨岐两派,史称"五家七宗",禅宗遂成为中国佛教的主流,对中国文化产生了深远的影响。比如寒山子、拾得的诗为中国诗歌开出了新的境界;禅宗坐禅、参禅的方法,也普遍为中国士大夫所接受;禅宗的白话语录,为宋明理学家的语录开了先河;南宋陆九渊、明代王阳明等人的心学思想,也是直接得益于禅宗"明心见性"顿悟理论的启发。

再次是史学。唐代初期,出于以史为鉴的目的,朝廷设立独立的修史机构——史馆,并形成一套以史官为主体,以监修国史为主导的修史制度,并主持修撰《梁书》《陈书》《北齐书》《周书》《隋书》五史。后又以太宗御撰的名义修《晋书》,以私修官审的方式修《南史》《北史》。八史的修撰,是唐代史学的重要成就,同时史馆制度也多为后世所沿袭。另外,刘知几的《史通》,是我国第一部史学理论著作,全面总结了此前史学发展的历史,系统阐述了关于史书的体例、内容、编撰方法及史学批评的原理、方法等方面的主张,建立了比较完整的史学理论体系,在学术史上具有重要的地位。

## 第三节 近古:中国文化的延续与演变

近古时代,中国封建社会政治、经济结构发生了巨大而深刻的变化。一方面,随着作为制约皇权势力的门阀士族阶级告别历史舞台,君主政治已经取代先前的贵族(门阀士族)政治,君主政治所依赖的庶族地主经济与小自耕农经济逐步成为社会经济的主体,封建集权的专制体制愈加强化。另一方面,城市商业贸易、手工业等经济活动的日趋活跃与不断发展,某些新的生产关系的萌芽开始在封建制度母体内出现,缓慢而渐进地冲击、动摇封建体制赖以维系的政治与经济基础。中国传统文化在这种无法克服的矛盾中,也在不断地变化,并最终在西方强势文化的冲击下,随着封建集权体制的解体而走向式微。

### 一、两宋:理学建构与市民文化的兴起

由唐到宋,虽然只间隔了短暂的几十年,但在文化性质与精神上,却存在着很大的差异,形成了迥异于"唐型文化"的"宋型文化"。所谓唐型文化,大体说来,是指立足中华文化主体,广泛汲取外来文化,体现出开放、外向、热烈和自由的精神的文化。李白诗歌、裴旻剑舞与张旭草书,有唐朝"三绝"之称,它们摆脱拘束、激情洋溢、任情纵放的共性特征便很好地传达了唐型文化的精神。宋型文化相对来说则固守本位文化,排拒外来文化,表现出封闭、内倾、收敛、沉潜的文化取向。① 从唐型文化转变到宋型文化,是

---

① 傅乐成:《唐型文化与宋型文化》,中国通史教学研讨会编:《中国通史论文选》,华世出版社,1979年版,第350页。

唐宋之际中国社会之变的结果。钱穆说："论中国古今社会之变，最要在宋代。宋以前，大体可称为古代中国，宋以后，乃为后代中国。秦前，乃封建贵族社会。东汉以下，士族门第兴起。魏晋南北朝定于隋唐，皆属门第社会，可称为是古代变相的贵族社会。宋以下，始是纯粹的平民社会。除一些少数民族政权属于异族入主，为特权阶级外，其他升入政治上层者，皆由白衣秀才平地拔起，更无古代封建贵族及门第传统的遗存。故就宋代而言之，政治经济、社会人生，较之前代莫不有变。"①

（一）理学的建构

由于统治者实行"崇文抑武"的政策，优待知识阶层，极大地促进了教育、文化、科技的繁荣，宋代文化继唐代的隆盛之后，因此仍然得以处于全面繁荣的时代。

王国维说过："天水一朝人智之活动与文化之多方面，前之汉唐，后之元明，皆所不逮也。"②陈寅恪也说："华夏民族之文化，历数千载之演进，造极于赵宋之世。"③二人将宋代文化看作是中国封建社会的高峰！不过，若就宋代文化最重要的标志而言，仍然不能不说是理学体系的建构。理学是儒学经过汉唐经学阶段之后，为应对佛、道对封建政治思想基础的冲击，适应封建集权体制的政治需要，立足于儒家自身的道德伦理思想，同时吸收道教的天道观念和佛教的哲学思辨与心性学说之后发展而来的。理学因此具有很强的政治伦理学说的色彩，维护社会政治伦常秩序也因此成为理学的重要文化功能。理学家强调"理"或"天理"的普遍性、绝对性，视之为贯穿自然、社会与人的普遍法则、当然法则，认为"宇宙之间，一理而已，天得之而为天，地得之而为地，而凡生于天地之间者，又名得之以为性"④，将儒家伦理思想与哲学整合为一，将传统儒家的"天人合德"发展为"天人一理"。在理学家看来，理作为人道的主宰，具象化为人世间的纲常伦理："天理流行，触处皆是。暑往寒来，川流山峙，'父子有亲，君臣有义'之类，无非这理。"⑤"天理只是仁义礼智之总名，仁义礼智便是天理之件数。"⑥将维系社会秩序的纲常伦理绝对化，从最高本体性的层次上确认儒家礼治秩序的合理性。

当然，理学不仅只有作为社会意识形态的政治伦理意义，它的另一层更为基本的意义是，作为内圣之学，有一整套严密、完整的关于道德的学说。它将传统儒家内圣与外王并重的经世构想，转化为以内圣为主，修身养性，从而更富有道德理想主义的色彩。理学主张"立人极"，以圣贤为理想，将成圣作为人生最高追求。正因如此，理学推崇"圣贤气象"，着意探寻"孔颜乐处，所乐何事"。为此，在伦理实践上，理学主张通过主静、立

---

① 钱穆：《理学与艺术》，《宋史研究集》（第7辑），台湾书局，1974年版，第2页。
② 王国维：《静庵文集续编·宋代之金石学》，《王国维遗书》（第5册），上海古籍书店，1983年版。
③ 陈寅恪：《邓广铭宋史职官志考证序》，《金明馆丛稿二编》，生活·读书·新知三联书店，2001年版，第277页。
④ （宋）朱熹：《晦庵先生朱文公文集》卷七〇，《四部丛刊》本。
⑤ （宋）程颢、程颐：《二程遗书》卷一八，上海古籍出版社，1992年版。
⑥ （宋）朱熹：《晦庵先生朱文公文集》卷四〇，《四部丛刊》本。

诚、居敬来修身养性;通过格物致知来"穷天理、明人伦、讲圣言、通世故",体认并实践道德原则,从而把外在的社会伦常规范建立、安顿在主体内在的主动欲求之上,变"他律"为"自律"。有了这种"自律",方有诚意——正心——修身乃至齐家、治国、平天下的功业。理学是宋代以后封建王朝的统治思想和专制集权体制的思想基础,对于中国封建社会后期的历史,产生了极为深远的影响。

(二) 精雅、细腻的士大夫文化

与宋型文化总体上内向沉潜的趋向相应,两宋的士大夫文化也表现出精致、典雅、细腻的品格。

比之唐代士人热切地向往事功、追求理想,宋代士大夫普遍消解了用世的热情,政事之暇,更多地肆力学问,将志趣与兴味转向以读书、著书为中心的精神文化的创造、欣赏和研究上来,融鉴赏之趣味与研究之趣味、思古之情与求新之意于一体。评书题画、听琴对弈、焚香煮茗、玩碑弄帖、吟诗作对、谈禅论道、游赏山水,几乎寄托了宋代士大夫的全部生命,占据了宋代士大夫的大部分日常生活。就对精神文化的欣赏而言,宋人的兴味可以说远超唐人。像欧阳修晚年以《集古录》一千卷、藏书一万册、琴一张、棋一局、酒一壶,加一己于其间,因号为六一居士;赵明诚、李清照夫妇品鉴书画金石,赌酒、烹茶、赛诗,也都是这种兴味的显著表现。王国维论宋代的金石学曾云:"汉唐元明时人之于古器物,绝不能有宋人之兴味,故宋人于金石书画之学乃陵跨百代。近世金石之学复兴,然于著录考订皆宋人成法,而于宋人多方面之兴味反有所不逮,故虽谓金石学为有宋一代之学,无不可也。"[①]其实这种鉴赏的兴味,不止于金石,而是涵盖了一切精神文化领域。正是依仁游艺,宋代士大夫往往有多方面的才能,成为通才甚至全才。像欧阳修既是文学家,又是史学家、金石学家;王安石诗、文兼擅,也精通经学、禅学。尤其是苏轼,不仅在诗、词、文的创作上独领一代风骚,在书法、绘画、经史、禅学等方面也都有精深的修养。

书卷的熏染、艺术的陶冶和学术的浸淫,使宋代士大夫处于极浓郁的人文氛围之中,其意识指向也随之由外向内,由自然世界转向人文领域。体现在诗歌创作中,便是琴棋书画、笔墨砚台、金石古玩、园林亭馆等人类心智活动的产物,占据了宋诗意象的突出地位,以至于即便是作为自然意象的山川风物,也都带有鲜明的人文化的倾向,"以真为画","以物为人",人与自然之间的关系更多地通过文艺作品或人文产品来建立。正是在丰富的人文旨趣的浸润之下,与诗歌传统相区别,宋诗在很大程度上不是用以反映现实或抒情言志,而是作为诗人吟咏情性、寄托高情雅致的载体,具有了自适的心理功能。所以,我们在宋诗中很少听到盛唐那种热情奔放、高亢昂扬的青春歌唱,但也同样很少听到晚唐那种穷愁酸涩的寒蝉之声与秋虫之鸣,入耳的全然是"动而中律"、清亮渊沉的"金石丝竹之音"。说到底,这是宋代士大夫在庄、禅哲学及儒家思想过滤与淘洗之后所形成的艺术化的人生态度造就的结果。

---

① 王国维:《静庵文集续编·宋代之金石学》,《王国维遗书》(第5册),上海古籍书店,1983年版。

宋词也是颇能体现宋代士大夫这种审美情趣的文学形式。词起源于市井歌谣，因文人的介入而渐趋于雅化。比之传统的诗歌，词"别是一家"，侧重于展示人的心灵世界、情感世界，表现人的心灵世界的深邃、细腻和丰富，而不是广阔的社会生活。故而从体制上说，词往往精雅小巧，词境通常尖新、狭深，而抒情细腻、含蓄，尤长于表达某种幽约、朦胧、深邃的情感意绪，所谓"诗之境阔，词之言长"也。所以，我们能从词中感受到宋人对某种心灵情境精深透妙的观照，对某种人生况味或情感意绪纤细入微的辨察与品味。正因如此，词在审美风格方面偏于阴柔、婉约，苏轼、辛弃疾虽然曾以诗、文为词，试图打破词与诗文之间的界限，创制有"阳刚"、豪放之美的豪放词，但在两宋词坛上，仍然只是别调，并未改变婉约词作为两宋词坛主流的格局。归根结底，这也是由两宋士大夫文人审美心理和情趣决定的。

### （三）市民文化的兴起

以社会阶层而论，文化有上层文化与下层文化之分。

中国文化从上古到中古，上层文化一直占据了绝对主导地位，文化活动的主体，几乎毫无例外地属于统治集团的士大夫群体。虽然有乐府诗等民间文化、文艺的创造活动，但作为"采诗以观民风"的产物，主要是为了满足某种政治的需要，因而这种文化创造活动，并未获得独立的意义和地位。但是到了中唐尤其是北宋之后，这种情形有了改变。其时，城市经济不断发展，渐趋繁荣。以此为基础，都市内市民阶层开始崛起并不断壮大。据统计，当时北宋的都城汴京（今河南开封）、南宋的都城临安（今浙江杭州），以及成都、建康（今江苏南京）等城市人口规模都达到十万以上。柳永笔下杭州"烟柳画桥，风帘翠幕，参差十万人家……市列珠玑，户盈罗绮、竞豪奢"（《望海潮·东南形胜》），便是对杭州人烟稠密、富足与繁华的真实描绘。

市民阶层作为相对独立的文化群体，有着自身独特的审美情趣与文化需要，而都市市井文化正是适应这种需要而产生的。两宋时期，市井文化最直接、最外在的表现形式即是在瓦舍勾栏演出的百戏技艺。"瓦舍"是市民文化固定的演艺场所，又称瓦子，取其"来时瓦合，去时瓦解"、易聚易散的特点，各色艺人自设专供演出的圈子——"勾栏"，竞相献艺。宋代市井文化活动名目繁多，约有百种，从大的方面说，分为说唱、杂技、乐舞、戏剧等类。宋代百戏从艺者人数众多，据说"靖康之变"仅汴梁一地被掳至金的"京瓦艺人""教坊乐人"即有万余之多[①]。而且，宋代艺人的演出，不是单纯的献艺供乐，而是一种商业性的活动。各行各业的艺人都有自己的行会组织，如绯绿社、遏云社、清音社、同文社等，说明市井文化规模和影响已经非常大。两宋时期的市井文化，较之士人情调和贵族趣味，固然不免俚俗，但因为反映了新的经济生活，充分满足了市民的欣赏趣味和需要，不仅成为宋代文化的重要组成部分，而且也具有旺盛的生命力，随着市民阶层的壮大而不断地发展。

---

① （宋）徐梦莘：《三朝北盟会编》卷七七。

## 二、辽夏金元:游牧文化与农耕文化的冲突与融合

宋元之际,中国历史重又进入到民族关系复杂的阶段。宋朝缺少汉唐帝国对外的威慑力,几乎从立国之始便受到外患的困扰,长期与北部、西部的辽、西夏、金等游牧民族政权相对峙,而宋朝最后为金元所灭,更是暂时中断或改变了汉族文明的发展进程,使中国历史文化的发展在这里拐了一个弯。

### (一) 游牧文化与农耕文化冲突的双重效应

10到11世纪,汉族的北宋与契丹族所建的辽、党项族所建的西夏,形成新的"三国鼎立"局面。12世纪前叶,辽与北宋相继为女真族的金所灭,金与南宋又形成了南北对峙,直到1279年,蒙古族的元统一全国。站在中华文化整体的角度看,北方各民族对宋人世界的长期包围与轮番撞击,固然限制、制约了汉族文化的发展,但也产生了正面的文化效应。一方面,北宋因这种被动挨打而生的忧患,南宋因国破家亡而生的忧患,渗透于宋代文化的各个层面。范仲淹的庆历新政、王安石的变法,都是在这一背景下进行的;李清照及辛弃疾、陆游、岳飞的忧患与悲愤之作,宋末文天祥的英雄绝唱、谢翱的兴亡之叹,也都是这一背景下的产物。另一方面,各游牧民族在这种冲突中,也从汉文化中汲取到了丰富营养,提升了他们的文明水平。契丹文字,即是"汉人陷蕃者以隶书之半,就加增减"①而成。在辽国,孔子受到朝野普遍的尊崇。汉籍文献《史记》《汉书》《贞观政要》等被翻译成契丹文字,广为传播。对于宋代文学作品,尤其是柳永、苏轼的诗词,辽人更是普遍喜爱,甚至宋初的白体诗及柳永词等也传入辽国。同时,契丹文化也有传入北宋者,《异国朝》《四国朝》《六国朝》《蛮牌序》《蓬莱花》等番曲,皆传于辽国,在北宋流行一时。

13世纪,成吉思汗统率蒙古大军从草原而来,扫荡了整个欧亚大陆,金、南宋和西夏王朝在这种扫荡下逐一崩溃,取而代之的是元世祖忽必烈在中华大地上建立的统一的大元政权。蒙古入主中国,在汉文化的影响下,改革漠北旧俗,"行中国事",统治体系与文物制度大幅度汉化,程朱理学甚至在元代一跃而成为官学,深刻影响了明清的思想文化。在军事上取得胜利的蒙古族,在文化上又一次重演了征服者被征服的历史。宋元之际的游牧文化与农耕文化之间的冲突与融合,使各民族文化之间交融的深度和广度不断拓展,促进了中华民族的融合与中华文化的发展。

### (二) 中外文化的大交流

元代是我国历史上疆域空前扩大的帝国,"其地北逾阴山,西极流沙,东尽辽左,南越海表。……东南所至,不下汉唐,而西北则过之,有难以里数限者矣"②,为中外文化的交流提供了坚实的基础。正因如此,中国文化在汉唐之后又一次与外域文化展开了规模宏大的交流。

---

① 《五代会要》卷二九《契丹》。
② 《元史·地理志一》。

首先是异族文化的输入。由于元帝国对欧亚大陆的征服,中国西部和北部的边界实际上处于一种开放状态,为中亚、西亚各民族文化进入中国创造了条件,阿拉伯、波斯及中亚的穆斯林,以及基督教、摩尼教徒大规模迁居中国,诚如陈垣所云:"元代版图最广,括有中亚细亚全部,故当时回教各国,及基督教、摩尼教流行之地多隶之。种人来往频繁,散居中国内地者众。"①尤其是伊斯兰教的信徒,迁居的规模更大,以至于形成了"回回遍天下"②的态势。基督教,元人称为也里可温。也里可温分为景教与罗马天主教两派。景教在中国内陆广设教堂,教徒广泛分布于中国多个区域。天主教则主要在元大都及其周边区域,教徒发展至3万余人。不仅是中亚、西亚,随着欧亚大陆的沟通,欧洲人也接踵东来。1275年,意大利旅行家马可·波罗来到中国,仕元17载。回国后,所著《马可·波罗游记》极言东方帝国的繁华、富足,打开了西方人了解中国的一扇窗口,使中国从此成为西方人心目中遥远的梦想。

随着来华人数及频次的增加,一些异邦的先进科技,比如当时处于世界领先水平的阿拉伯天文学、数学等,也开始传入我国。元代天文学家郭守敬制定的《授时历》,即是在发展中国传统天文学的基础上,充分吸收了阿拉伯天文学成果而发明的。中国四大发明中的火药与印刷术,分别经由阿拉伯、波斯和埃及传入欧洲。中国的历法、数学、瓷器、茶叶、丝绸、绘画等,也经由不同途径在俄罗斯、阿拉伯与欧洲世界广为传播。不仅如此,大量有着伊斯兰教、基督教或摩尼教等不同宗教背景的人,在"元军先定西域,后下中原"之后,无论是"从军者、被俘者、贸易者",都纷纷从中亚、西亚接踵而至,自由杂居,中国"平昔所想望之声明文物,尽触于目前","故一传再传,遂多敦诗书而说礼乐"③,传扬儒学、佛老、文学、美术、礼俗及女学等方面的中国文化,从而在受中国文化熏染之后逐渐地"华化",体现了中国文化作为先进文化的强大吸引力和影响力。

### 三、明清:传统文化的总结

梁启超云:"佛说一切流转相,例分四期,曰生、住、异、灭。"④文化的发展演变也大体遵循这一规律。在经历了从形成、发展到高潮诸阶段之后,中国传统文化到了明清时期,随着它所赖以维系的封建制度的没落,也无可挽回地走到了衰落的最后阶段。当然,另一方面,明清也同时在为传统文化向近现代文化的转型准备着条件。

#### (一)空前严厉的文化专制

明清是中国君主专制制度最为严厉的时代。

朱元璋开国之初,即废除了1 000多年的宰相制度和700多年的三省(中书省、门下省、尚书省)制度,将军政大权独揽于一身,建立了高度垄断的专权体制。在思想文化领域,也奉行空前严酷的文化专制政策,导致思想文化界陷入"万马齐喑"的压抑局面

---

① 陈垣:《元西域人华化考》卷二《儒学篇·基督教世家之儒学》,上海古籍出版社,2002年版。
② 《明史·西域传》。
③ 陈垣:《元西域人华化考》卷一《绪论》,上海古籍出版社,2002年版。
④ 梁启超:《清代学术概论》,上海古籍出版社,1998年版,第2页。

中。明清的文化专制,最主要的表现形式就是文字狱。朱元璋因为出身贫苦农家,出过家,又以红巾军起家,与士大夫阶层有着难以弥合的裂痕,并对"僧""贼"(或谐音)等字眼相当敏感,"往往以文字疑误杀人",大批儒生与士大夫因文字而遭横祸。赵翼的《明初文字之祸》列举了很多这类案件:浙江府学教授林元亮以《谢增俸表》"作则垂宪"诛;北平府学训导赵伯宁以《万寿表》"垂子孙而作则"诛;福州府学训导以《贺冬表》"仪则天下"诛;祥符县学教谕贾翥以《正旦贺表》"取法象魏"诛;尉氏县教谕许元以《万寿贺表》"体乾法坤,藻饰太平"诛。据《闲中古今录》载,"杭州教授徐一夔贺表有'光天之下,天生圣人,为世作则'等语,帝览之大怒,曰:'生者,僧也,以我尝为僧也。光则薙发也。则字音近贼也。'遂斩之。礼臣大惧,因请降表式,帝乃自为文播天下"①。除了表笺,朱元璋也颇留意诗文。据钱谦益《列朝诗集》等载,明初诗人高启被腰斩,与其《题宫女图》诗不无关系,其他如陈养浩、张信等被杀也都与诗文有关。朝廷为密集文网,还大量使用特务手段,特务机构厂(东厂、西厂、内行厂)、卫(锦衣卫)以士人为重点侦伺对象,"飞诬立构,摘竿牍片字,株连至十数人"②。

清代,文字狱更盛。文人往往因为"疑似影响之词,横受诛戮"。据统计,清入关268年,文字狱共有160余起。"庄廷鑨《明史》案""戴名世《南山集》案""吕留良《文选》案"等,均是康雍时期轰动全国的大案。高压环境下,士大夫阶层普遍怀有忧谗畏讥、惴惴不安的心理,龚自珍"避席畏闻文字狱,著书都为稻粱谋"③,便是这种心理的真实写照。与明代多以一言而起文祸不同,清代的文字狱往往与士人反清或讥讪朝政有关,有较强的政治色彩。

除了推行文字狱,在文化领域制造恐怖之外,明清时期的文化专制还表现在强化思想控制,以程朱理学为正宗,剪除"异端"。明清时期,程朱理学作为正统思想,被置于绝对至尊地位,凡"言不合朱子,率鸣鼓而攻之"。乾隆年间,朝廷借编纂《四库全书》的机会,在全国范围内作了一次大规模的图书检查,凡是"有诋触本朝之语"的明季野语,宋人言辽金元、明人言元的著作中"议论偏谬"者,以及明末朝臣及文人的著作,都在查禁之列,全力剪除危及君主专制体制思想基础的"异端"学说。《四库全书总目提要》在《凡例》中更是开宗明义地宣称:"离经叛道、颠倒是非者,掊击必严;怀诈挟私、荧惑视听者,屏斥必力。"据统计,《四库全书》在纂修的过程中,共禁毁书籍3 100多种,151 000多部,销毁书版80 000块以上,规模几等于《四库全书》。中国文化在秦始皇焚书之后,又一次遭遇了巨大的浩劫。严厉的文化专制,不仅限制了士大夫阶层的思想自由,滞碍了思想文化的正常发展,也严重地束缚了学术。清代极盛于乾嘉时期的考据学,便与这种文化专制政策的影响密切相关。

### (二) 早期启蒙主义思潮

明清思想文化领域,一方面是空前的文化专制主义,程朱理学占据统治地位;另一

---

① (清)赵翼著,王树民校证:《廿二史札记校证》(订补本)卷三二,中华书局,2001年版。
② 《明史·刑法志》。
③ 《龚定庵诗集·咏史》。

方面,随着社会形势的变化,又出现了具有个性解放意识的人文主义思潮。这种人文主义思潮的哲学思想基础是王阳明的心学。

王学以"致良知"为核心,认为"心即理"、"心外无理",高扬人的主体性,突出人在道德实践中的主观能动性,否认人为地用外在规范管辖"心"、禁锢"欲"的必要性。这种思想冲击了以程朱理学为正宗的统治思想,带有一定的解放意义,在明代中后期引起了极大的反响。他的门生王艮和泰州学派的传人李贽,极端地放大"心即理",并从中引申出心灵之"有善无恶",为放纵自我、追求完全与绝对的自由、自然和自适留下了相当大的空间,使王学带有了标榜"我心即佛心"的禅学色彩。黄宗羲在《明儒学案·泰州学案》中这样概括他们的思想:"吾心须是自心作得主宰,凡是只依本心而行,便是大丈夫。""平时只是率性而行,纯任自然,便谓之道。……凡先儒见闻,道理格式,皆足以障道。"他们肯定人欲的合理性,追求自我的自然发展,反对一切的偶像崇拜和教义的束缚,以批判的精神去对待传统,表现出鲜明的叛逆勇气和精神,掀起了明代后期个性觉醒、人性复苏的人文主义思潮的序幕。

正是在泰州学派思想的影响下,明代后期一些思想家、文学家纷纷张扬不顾天理而求世俗爱好的个人的情欲。汤显祖、袁宏道等将"情"与"理"对立起来,主张顺从人的个性和满足人的欲望,极力宣扬"情"的解放,把"目极世间之色,耳极世间之声,身极世间之鲜,口极世间之谭"①,作为人间追求的真乐。与这种个性意识与人的自我价值的觉醒相应,文学家更多地将目光引向"穿衣吃饭""百姓日用",写"时俗"、写物欲、写性爱,出现了一批如《金瓶梅》等为代表的世情小说及戏曲作品,有力地冲击了当时的封建礼教,使明清文学较之传统文学具有了更鲜活、生动和丰富的色彩,洋溢着更加鲜明的市井气息。

明末清初,黄宗羲、顾炎武、阎若璩、王夫之等一批思想家以及方以智、颜元等人,也从不同侧面与程朱理学展开论争,甚至将批判锋芒直指君主专制,也促进了人们思想的解放。如黄宗羲即将至高无上的君主看作是"独夫",认为"为天下之大害者,君而已矣"②;顾炎武则区分"国家"与"天下"两个概念,认为"国家"指的是一家一姓的王朝,而"天下"则是万民的天下;而王夫之甚至主张"公天下",认为天下不是一姓之私产,反对"以天下私一人"③。比之泰州学派冲击、动摇君主专制体制的思想基础,这些思想家则将锋芒更为直接地指向了君主专制本身,无疑更为深刻。

明清时期的这一启蒙主义思潮,近于欧洲文艺复兴思潮,二者都是在出现了资本主义生产的萌芽的基础上而兴起的,文艺复兴反对神学蒙昧主义、禁欲主义,与明清启蒙思潮中追求个性解放、肯定人欲亦有相通。但是,文艺复兴思潮最后为近代欧洲初步确立了宪政体制,而明清的启蒙思潮却无法突破封建专制制度、无法提出新的社会方案,只能说这是历史的局限。

---

① 袁宏道《与龚惟长先生书》。
② (明)黄宗羲:《明夷待访录·原君》,中华书局,1981年版。
③ (明)王夫之:《黄书·宰制》,中华书局,1956年版。

### (三) 传统文化的大总结

作为中国封建历史的最后阶段,明清两代进入了中国文化的总结时期,一如人之将死而清理传承祖上的家产一样。

这种总结首先体现在大型图籍典册的编纂上。明清两代统治者均耗费巨大的人力、物力,对几千年浩如烟海的文物典籍加以收集、整理,编纂了类书《永乐大典》《古今图书集成》《渊鉴类函》《佩文韵府》《骈字类编》《子史精华》等,大型字典《康熙字典》,丛书《四库全书》《皇清经解》《皇清续经解》,以及佛藏、道藏等。成书于明永乐年间的《永乐大典》收入典籍总数达七八千种,多出前代类书五六倍。据缪荃孙等考证,《永乐大典》辑佚书有近600种,其中120本没有传本,许多宋元典籍赖以传世,具有极高的文献价值。《永乐大典》编成后毁于大火,后又经八国联军抢掠,散佚海外,今仅有残卷存世。1984年,中华书局将所征集到的797卷影印出版,是目前为止收罗最为齐全的《永乐大典》辑佚本。《古今图书集成》是我国现存规模最大的类书,共10 000卷,目录另40卷,内分6汇编、32典、6 109部。《康熙字典》是世界上最早的字数最多的字典,《四库全书》是我国历史上规模最大的丛书,全书收书3 740部、79 018卷,分装36 000多册,对于古代文献典籍的保存和流传有巨大的贡献。此外明清时期也出现了一批古代科技方面的巨著,如:李时珍的《本草纲目》,代表了当时世界在药物学和植物分类学方面的先进水平;潘季驯的《河防一览》,总结了历代治理黄河的经验;徐光启的《农政全书》,总结了我国自古以来的农学理论,以及元明两代的农业经验,是我国古代最完备的一部农学著作;宋应星的《天工开物》,是一部关于生产工艺技术方面的百科全书。这些著作,代表了封建社会晚期科学成就的高峰。

其次,明清对古代文化的总结,还体现在对古代文献的整理上。乾嘉时期,以戴震、惠栋、钱大昕、段玉裁等为代表的一批学者,受文化专制制度及明末清初学风转变的影响,对中国古代文献进行了大规模的整理和考据,他们"辨章学术,考镜源流",通过训诂笺释、版本鉴定、文字校勘、辨伪辑佚等方法和手段,对两千多年来流传下来的文化典籍进行了规模宏大而又系统深入的整理和总结,"其直接之效果:一、吾辈向觉难解难读之古书,自此可以读、可以解;二、许多伪书及书中窜乱芜秽者,吾辈可以知所别择,不复虚縻精力;三、有久坠之绝学,或前人向不注意之学,自此皆卓然成一专门学科,使吾辈学问之内容,日益丰富"①,对我国传统学术文化的保存和传承,做出了巨大贡献。

### (四) 西学东渐与中断

纵观中国文化史,对中国文化产生最大影响的中外文化交流有两次,一是佛教的东传,一是明清时期的西学东渐。

16世纪,马丁·路德倡导新教,罗马旧教受到重大打击。旧教中人组织耶稣会,将目光投向中国,先后派遣西班牙人沙勿略、意大利人范礼安、罗坚明、巴范济和利玛窦(Matteo Ricci)来华,从此拉开了西学东渐的序幕。其中利玛窦是传播西学最有影响的

---

① 梁启超:《清代学术概论》,上海古籍出版社,1998年版,第48页。

人物。他于1582年来到中国,传播西学和天主教。他非常注重顺遂中国礼俗,并着手将西学中国化。其《天主实义》《畸人十篇》等,引用儒家思想论证基督教义,深契儒理,影响很大。他还译介了数学、建筑、测量、历法以及神学、伦理学、音乐、绘画等方面的西学著作。据统计,从利玛窦来华,到1775年耶稣会解散,传教士共译书437种,内容涵盖人文社会科学、自然科学各方面,开阔了国人的视野,促进了中国对外部世界的认识和了解。徐光启、李之藻、方以智、黄宗羲、顾炎武等都不同程度从外来的科技知识中获益。

遗憾的是,由于接任利玛窦耶稣会会长的龙华民对中国文化粗暴无礼,激起了中国士大夫的强烈不满,导致天主教几次遭禁,并最后解散,西学东渐几近中断。其后有英国传教士马礼逊(Robert Morrison)作为第一个新教传教士来华,出版中文书籍与刊物,传播西方文化,其中第一部《华英字典》和中文版《圣经》,被传教士奉为圭臬,为林则徐、魏源等了解外部世界提供了重要的资料。但是随着鸦片战争的爆发,西方文化在坚船利炮的支持下,强势地进入我国,中华民族被强制地带入到半殖民地半封建社会,中国传统文化在血与火的洗礼中,也被推入到一个蜕变与新生的新的历史阶段。

# 第二章  中国传统文化的特性

与埃及、巴比伦、印度等文明古国和西方历史悠久的国家相比,具有五千年文明史的中国,尽管历史上曾多次分裂,但其文化的特点明显,基本精神得到了完整地传承。国家民族的统一成为全民族共同的心愿,其根本的原因在于中华民族具有共同的文化。在共同文化的作用下,不论汉族或少数民族,都会在无形中产生巨大的向心力。只要是在中国的土地上成长,即便长期接受其他文化的教育,也永远不会忘记中国的文化。这是中华文化的魅力所决定的,也是中国文化基本精神的科学性、合理性、适应性所决定的。

## 第一节  中国传统文化的类型

世界各民族文化因地理环境、物资生产方式和社会组织结构的差异性,形成不同的文化类型。这种类型一经形成,不仅会区别于他种文化,而且会获得顽强的延续力,成为一种传统。尽管中国传统文化是个多成分、多层次的有机复合体,难以作简单的好与坏的价值判断,但对其类型做大致的分析和指认确是有可能的,也是必要的。

### 一、关于传统文化类型的诸种意见

中国人很早便对文化类型有所认识。中国古人通过将中原地区华夏族的农耕文化与周边四夷的游牧文化或渔猎文化加以比较,建立起自己的文化类型观;两汉以后,又将本土以入世精神为特征的儒家文化与来自南亚以出世精神为特征的佛教文化加以比较,进一步突出本土文化重伦常礼教的类型特征。近代以来,人们更是从文化比较学的角度界定文化类型。如严复、李大钊等人就把中国文化归结为"农业—宗法型";梁漱溟则将中国、印度、西方别为文化三类型。随着文化学研究的深入,目前关于文化分类的讨论,主要表现在以下几种意见:

#### (一) 按地理环境区分文化类型

这种观点认为,任何民族的文化,其产生、演变、丰富、发展都是在特定的地理环境中,在独特的经济和社会土壤里完成的,中国因地域广阔、复杂,自古就形成了几种不同的文化类型,即河谷型、草原型、山岳型和海洋型。河谷型文化的特点是内聚力和容纳性强;草原型的文化特点是流动性和外向性明显;山岳型文化的特点是封闭性和排他性突出;海洋型文化特点是开放性和冒险性较强。

## （二）按照观念文化和生产方式的内在联系区分类型

这种观点认为，文化分为农业文化、工商文化和游牧文化。大约在氏族社会后期，中国就进入了以种植经济为基本方式的农业社会，其后，农业经济一直是中国经济的主干。长期的农耕生活对中华民族社会心理、思维方式的形成起到极为关键的作用，人们安土重迁，追求生活的稳定与安宁，缺乏冒险精神。中国封建统治者视农业为立国之本，认为商业和手工业是"困辱游业"，甚至认为"务末"则丧国。

## （三）根据中国传统文化内涵区分类型

这种观点审视中国文化形成发展的路程，认为儒、道、墨、法、佛等诸家思想学说，构成了中国文化的主体内容和核心。在形成期，是儒、墨、道、法并行格局，而发展期则是儒、法、道、佛并行，其中儒家思想始终居于主导地位，起着居中制衡作用。由于这样的基本格局，形成了中国文化的基本形态，各家思想相通互补，互为关联的诸多因素，规定中国文化的基本特征，构成中华民族共同的理想人格和社会心理、价值观念，形成传统社会共同的思维定式，使中国文化定位伦理政治类型。中国古代伦理道德、政治、法律，特别是伦理道德纲常的概括和总结，具有把伦理纲常提高到世界观、认识论、方法论、历史观和人生观的高度加以论证的特点。

## （四）根据观念文化、经济制度与阶级联系区分类型

这种观点认为中国传统文化是封建制文化。因为在他们看来，观念文化与经济制度有着最密切的联系，与不同时期垄断生产资料从而垄断精神生产的阶级有着最密切的关系，因此，按社会形态、阶级属性分类是最基本的方法。而且，为使这种分类不仅表现出文化的时代性，同时表现出文化的民族性，还可以在分类的标准上加些内容。如中国奴隶社会的经济政治制度有家国一体的宗法特征，可称为宗法奴隶制文化。

## 二、趋善求治的伦理政治型文化

中国传统文化是一种趋善求治的伦理政治型文化。两千多年前便形成了较完备的理论形态和实用化、世俗化的基本价值取向，具有积极的入世功能。它之所以能够绵延不断，作用至今，实在得益于伦理—政治这一文化类型的黏合作用。

众所周知，道德作为维护正常生活的纽带，总是与政治问题密不可分，成为政治文化的主要内容。其突出表现是德政思想，即强调道德感化作用和身教作用，不仅把道德实现作为人生实现的最真实内容，又是政治上的最终目标，同时把道德的社会政治的实现视为理想的社会形态。

中国传统文化以德立言，提出"内省""慎独"等系统的道德修养理论，作为个体自我修养的原则。"修身"是中心环节，"格物、致知、正心、诚意"是修身的主要内容，而"齐家、治国、平天下"乃是在修身基础上"明明德"的三个扩展步骤，即所谓以内圣求外王，提倡立德、立功、立言等，中国传统文化作为一种伦理政治型文化，对维护专制王权起到了极为重要的作用，受到统治者阶级的格外推崇。因此，它很难摆脱保守主义的局限，在封建条件下，也很难突破宗亲血缘关系而最终趋向人的独立价值存在和自主人格的

人学本体层次。它在维护既定社会结构的稳定和人际关系和谐的同时,也失去了改造现实、引导人们进取开拓的超越目的性力量。

## 第二节 中国传统文化的特点

从不同的视角考量,可以推论中国文化的不同特点,这是中国文化的丰富性和延续不断的悠久历史所决定的。梁漱溟先生有"十四大特征"说,韦政通先生有"十大特征"说,赵吉惠先生有"四大特征"说等。有些学者分解到各个文化形态中加以阐述,比较细致明确,但缺乏整体的观照。所以,我们只能从中国文化的主要成分和发展演变中作简要的概括,观照中国传统文化的主要特色。

### 一、强大的生命力与愈合力

中国文化具有悠久的历史,至少从史前的旧石器时代开始,中华民族的祖先已经在黄河流域创造了灿烂的文明,形成了华夏文化群、东夷文化群和苗蛮文化群,最终整合为中华文化。尽管中华文化的分支众多,形成统一的中华文化之后依然保持着文化元素的多样性,但中华文化的整体性延续五千年的事实不容忽视。中国文化强大的生命力最重要的表现,就是在融合中壮大,在战乱中发展,遭受过深重的灾难而依然生机盎然,保持着强盛的状态。

中国历史上曾经发生过多次部落、民族、割据政权之间的激烈冲突,也发生了多次文化间的冲突。早在炎黄时代,中华民族内部并没有形成统一的文化,经过部落之间的残酷战争与兼并统一,方形成了统一的政权形态,随之而来的是统一的文化。以炎黄文化集团、苗蛮文化集团、东夷文化集团为主体在兼并战争中统一起来的文化,形成了强强联合,汇聚了强大的生命力。尽管后来的历史也不断发生割据与分裂,但最终的结果并没有影响文化的交流与融合,而强大的一统文化最终决定了中华民族的统一与团结。

春秋中叶,诸侯称霸,王室衰微,从诸侯争雄到秦朝统一,战争连续了300多年;从黄巾起义到隋朝统一,中国版图内先后或同时存在数十个政权,分裂时间长达四个世纪;元政权和清政权的建立,也曾经对注重夷夏之大防的汉文化传统造成一定的伤害。但是,中国传统文化强大的生命力保证了中华文化传统的承传延续,从未出现断裂。即便遭受严重的破坏或压制,如战争、分裂、压迫歧视、杀戮焚烧、文化高压、典籍禁毁等,中国文化也能够很快医治创伤、恢复活力,其强大的生命力与愈合力,独步世界文化之林。公元前214年和公元前213年,秦朝焚书坑儒,两次大规模的文化浩劫并没有消灭《尚书》之类的文化典籍。相反,违背中国文化传统的秦朝却灭亡了。

北宋灭亡,金政权实现了北方的统一,很快发现在中原地区必须尊重农耕生产,否则会带来严重的社会后果。于是,儒学、汉法被女真统治者所接受,北方的社会局面也稳定下来,短暂的文化创伤很快愈合。当金政权灭亡之际,统治者大肆杀戮文人,任意毁坏文化典籍和文明遗存。大声疾呼保全中原文化典籍资料和文化精英的,正是少数

民族杰出诗人元好问。蒙古军队进入汴京前后,居民饱受苦难,尤其是文弱书生,束手无策地流离颠沛或被驱赶到山东、河北及汴京周围,随时都有被杀的危险。他们即便侥幸躲过刀枪之劫,也乏求生之技。存续道统的途径不止一条,尽管圣贤强调"朝闻道,夕死可矣""君子谋道不谋食",但"皮之不存,毛将焉附",士之不存,斯文中绝。经历了金元之际、宋元之际的文化浩劫,中原文化、中华文化并没有衰弱,文化创伤愈合的速度,从元代诗歌、散文、戏剧等文化形态中可见一斑。

清政权统一中国的过程中,对文化的创伤远甚于元初。最重要的标志就是大量文人遭到杀戮,或殉难,或战死,或不屈而死。但是,清代康熙初年的文化就已经全面繁荣。即便为了贯彻统治意志,在编撰《四库全书》过程中,乾隆实行了长达19年的禁书行动,禁书3 100多种、151 000多部册,销毁书版80 000多块。但这些书绝大部分还是被保留下来,陆续被编入"四库"系列丛书之中,主要有《四库禁毁书丛刊》311册、《四库禁毁书丛刊补编》90册、《四库未收书辑刊》301册、《续修四库全书》1 800册、《四库全书存目丛书》1 200册、《四库全书存目丛书补编》100册。

在明清两朝,经济文化最为发达的东南地区特别是常州、苏州、松江地区,遭受的文化灾难也最为惨重。明天启年间的阉祸,易代之际的毁灭性残害杀戮,东南文化名流丧失殆尽,但清初诗歌首先展现风采的是"江左三大家"和虞山诗派,云间词人的创作和影响启迪了清词的中兴。

## 二、独特的连续性与融合性

对照世界文化发展中的剧烈演变,中国文化相对稳定,在不断丰富升华的过程中并没有发生传承的中断和整体性质的改变,这取决于中国文化独特的连续性和融合性。中国文化的连续性,是指中国文化从历史、物态呈现到主要内涵精神的不间断发展特性。就中国文化的历史来看,从旧石器时代黄河流域文化形态的产生,到近代鸦片战争后中国社会性质发生变化,中国的文化历史仍然是绵延不断的。即便是近代、现代的社会巨变乃至当代的社会转型,中国文化的脉络都没有发生根本的改变,只是在形式和内容上有所调整和充实丰富。究其原因:第一,中国传统文化所植根的以农耕自然经济为主体的经济形态没有发生根本的改变;第二,中国传统文化依赖的政治结构和社会结构总体上保持稳定;第三,大一统的国家形态和幅员辽阔的国土为文化的承传提供了空间保障;第四,各民族的人民致力于文化建设,维系着中华文化的生命力;第五,历代统治集团不遗余力地进行主体文化的建设、保护,并主导文化的走向,对中国传统文化的稳定延续功不可没。这不仅维系了中国文化的传承,也稳定了中国文化的主要精神内涵。

以历法制度为例,中国在古代形成的干支纪日法,从鲁隐公三年(公元前720年)一直沿用到清宣统三年(公元1911年),时间长达2 632年,是世界上使用时间最为悠久的纪日法。举一例:公元1900年1月1日,是中国农历己亥年十二月初一甲戌。其中的"甲戌"就是干支纪日。再以儒家学说为例,孔子所创立的学说虽说当时有不合时宜的成分,周礼在实际上已经不可能恢复,但儒家学说强调尊君爱人,主张施仁政和明晰社会等级、维护社会秩序等思想,得到了从皇帝到百姓的普遍认同,两千多年间成为统治中国社会的主要思想。汉代、唐代、宋代、明代对儒家学说的补充、丰富或称为"新儒学",并没有改变儒家学说的核心精神和统治地位,其连续性世所罕见。

所谓融合性,是指中国文化本身就是融合的产物,在历史进程中不断融合吸收其他文化,成为文化中的巨人。将这种现象称为中国文化强大的同化力,也未尝不可,但有文化霸权主义嫌疑。事实上,先进的文化同化落后的文化,并不是人类的不幸,相反,是人类文明进步的成果。强大的侵略者可以用武力得到一时的成功,但他们的文化并不一定能获得统治地位。"野蛮的征服者,按照一条永恒的历史规律,本身被他们所征服的臣民的较高文明所征服。"①但中国文化的形成过程不是征服,而是融合。原始公社时期中国文化形成的炎黄文化集团、苗蛮文化集团、东夷文化集团三大文化群,各自也是融合的结果。中华文化,就是三大文化群以及周边各种文化融合的成果。秦汉以后,尽管在中国的文化版图上可以区分为北方草原游牧文化、南方山地游耕文化和中原定居农耕文化三个大类型,但各自也是多种文化融合的成果。而三个大类型的文化,相互促进,相互融合,构成整体的传统的中国文化,并不断吸收各种新生的文化。这种融合,必将长期地存在于中国文化发展的进程中,将中国文化推向更高、更新、更完善更强大的明天。

### 三、恒定的求稳定与重实际

了解中国文学的发展可以发现,现实主义传统历史悠久,浪漫主义思潮未曾达到高潮,根本原因在于中国文化心理上的重实际、求稳定。因为中华文明发祥于黄河流域,在简单的农业种植中形成了依赖土地、追求稳定生活的农耕文化心理。这是中国的文化心理,也是中华民族的民族心理。从黄土高坡到长江、两湖流域,北纬25°到40°的土地满足了人们基本的生存需求,也形成并支配了中国的农业文化。于是,躬耕于田畴,采集于原野,获取食物,收集果实,纺纱织布,制陶酿酒,养育了中华儿女。年复一年,世世代代,从事着简单而重复的劳动。尽管有时在游牧部落的进攻下或自然灾害的毁坏中不得不迁徙,但人们基本上稳定在土地上,辛勤耕作,为国家提供赋税,承担劳役。

农业保障了人口的生存,维护了国家的稳定,因而受到历代统治者的重视。一夫不耕,或受其饥;一妇不织,或受其寒。不但辛勤耕作的传统代代相传,连鸟鸣(如布谷鸟)也可附会成对耕种的催促。于是,历代统治者制定了一系列发展农业、稳定农耕经济的政策。周公姬旦说:"君子所其无逸,先知稼穑之艰难,乃逸。"②"三之日于耜,四之日举趾。同我妇子,馌彼南亩,田畯至喜。"③管理者希望百姓种地,见到农夫的辛勤耕作便极为高兴。古代君王也有自己的一份土地,自己去耕作一番,以表示对农业的重视。皇

---

① [德]马克思:《不列颠在印度统治的未来结果》,《马克思恩格斯文集》(第二册),人民出版社,2009年版,第686页。
② 《尚书·无逸》,《十三经注疏》本。
③ 《诗经·豳风·七月》,《十三经注疏》本。

后或许会养蚕织布,为天下先:"帝耕籍田,后桑蚕宫。"①春秋战国诸侯争霸争雄,粮食安全成为争霸的基础。管仲相齐、李悝治魏、商鞅变法,均强调耕种的重要性。"霸王有不先耕而成霸王者,古今无有,此贤者不肖之所以殊也"②,将农业耕作看作是评价人格的标准。秦王正是看到了郑国渠对于八百里秦川的意义,才收回逐客的成命,继续修建水利设施,最终确保了秦军的粮食供应。

汉代以后,历朝政府重农抑商,将农民与土地紧紧捆扎在一起,稳定了农业,也稳定了统治。在农业文化心态的驱使下,中国文化重实际、求稳定的传统延续几千年,并形成了一些有特色的心态或习俗。一是情感上的乡土观念,不论到何方或是取得怎样的成功,总不会忘记自己的家乡。我们在看古代人物的传记时,总能发现里面忠实地记录着他是哪里的人士。直到今天,名人的传记、回忆录里,也少不了关于自己家乡的内容。二是生活上安土乐天,在自己耕作的小天地里,建立起与土地的浓厚感情,没有特殊情况,绝不搬迁。《礼记》里说:"不能安土,不能乐天。不能乐天,不能成其身",③将成人与安土直接联系,定其因果。三是思维上的循环理论,将世间万物的相互关系理解为循环与转化。最典型的理论就是"五行说",其相生相克的原理,古人坚信无疑。四是精神上易于满足,这正面理解是中华民族的优秀品德,换个角度看,就是一种惰性。对于社会的管理者来说,将能使许多事情变得简单容易。五是观念上保守固执,推动变革和进步比较困难。为了实际利益得以维护,许多不合理的或落后的制度、规范、工艺、品种等,稳定地成为决策者的选择,因为不需要付出什么代价或承担什么风险。宋代范仲淹看到数十年来的积弊,刚着手改变,就遭到保守势力恶毒反击,归于失败。王安石在宋神宗的支持下艰难变法,可支持者去世后,立即恢复了原样。六是处世上温柔执中,不会走极端。从好的方面看,是家庭、家族、国家社会稳定的重要因素,有利于社会的平稳发展。但另一方面,过于软弱容易遭到欺凌,丧失时机,甚至为执中而变得世故圆滑,苏味道的"模棱两可"就是圆滑的典型。也正是在农耕文明的基础上,中华民族形成了注重实际的行为风格。

务实,是中华民族优良的传统,并与诚信互为表里。在人的社会角色上,中国人讲究士农工商,各有所本,就是指每个人要有自己的事业,至少有自己的事情,踏踏实实做事。否则,就会无事生非。在具体的事务中,中国人讲究实际,反对虚夸;崇尚实效,鄙弃口号;重视内在,轻视外表。孔子没有谴责管仲不能为主而死,反而夸奖中带有感动:"桓公九合诸侯,不以兵车,管仲之力也。如其仁,如其仁!""微管仲,吾其披发左衽矣!"④王安石与司马光论名实,希望司马光看重变法的实际效果,而不是什么名称,是否符合先王之政。

在语言词汇中,我们有不少务实的谚语、俗语和词语。"一分耕耘一分收获""大人

---

① (汉)荀悦:《申鉴》卷一,辽宁教育出版社,2001年版。
② (秦)吕不韦:《吕氏春秋·上农》,岳麓书社,1994年版。
③ 《礼记·哀公问第二十七》,《十三经注疏》本。
④ 《论语·宪问》,《十三经注疏》本。

不华,君子务实""不经一事,不长一智""精诚所至,金石为开""酒香不怕巷子深",实在、实际、实惠、实情、实物、实务、实业、实体、实证、实用、实质、实学、实录、实像、实践、实数、实心、实载、诚实、老实、求实、真实、踏实、事实、切实、落实、委实、信实、确实、板实、敦实、笃实、核实、憨实、结实、皮实、平实、其实、妥实、稳实、现实、严实、扎实、忠实、壮实、着实、如实、实发工资、实际收入、实际面积、实事求是,等等。在文学艺术中也是如此。

现实主义风格精神是中国文学的主流,从"诗三百"形成的表现现实生活、反映现实社会和个人的真实情感与思想的创作风格,得到了文学史上绝大多数诗人的继承,出现了杜甫、白居易、陆游等杰出的现实主义诗人。即便是情怀浪漫的杜牧,诗歌中的意象也是以目之所及为多,其《齐安郡后池绝句》的"菱透浮萍绿锦池,夏莺千啭弄蔷薇。尽日无人看微雨,鸳鸯相对浴红衣",是由动物、植物、人物、声音、色彩组成的画面。诗人通过对实际景物的描写展露心迹,而不是直接抒情。在奖励或救助方面,中国的百姓希望得到真正的实惠,而不是空头支票,并不欢迎"十家租税九家毕,虚受吾君蠲免恩"(白居易《杜陵叟》)的现象。在为人处事、待人接物上,务实的精神演化出诚实、可靠、诚信。中国人有着诚信实在的优良传统,在传统道德修养中,诚信可靠极为重要。曾子说:"吾日三省吾身:为人谋而不忠乎?与朋友交而不信乎?传不习乎?"①孔子说:"人而无信,不知其可也。大车无輗,小车无軏,其何以行之哉!"②

## 四、严肃的君父观与民生观

从文化类型区分,中国文化属于伦理型文化,特别是种种社会伦理规范与等级制度,这与佛教所追求的人人平等相悖。而伦理上的君父观与民生观,就是在"三纲五常"的规约下,尊敬君父,然后关照民生,是对君权的绝对尊崇和对民意的淡化,与原始儒学的重民精神背道而驰。

"民为贵,社稷次之,君为轻"③,多么精辟的论断,但也仅是论断而已。得到百姓的拥戴就能成为好的君王,就能够江山稳固?历代统治者清楚,这可以作为口号,在实际施政中如果没有君王的权威,何以维系政权的稳固?所以,董仲舒说了真话,定出了君为臣纲、父为子纲、夫为妻纲的条例。其实,不仅儒家,中国古代不少学派都存在尊君思想,只是程度有所不同而已。即便是佛教,在中国也不得不结合中国的实际,接受君权思想和等级观念。韩非子强调,"事在四方,要在中央。圣人执要,四方来效"④,明确了中央集权的行政构架,确定了君权的至尊地位。于是,君王掌握中央集权,具有无上的权威,畜养臣民于四方,以供君王驱使。臣民对于君王,所能做的就是顺从君王,以君王的是非为是非,认识、思考、辨别、分析、言动等,必须以君王的意志为转移。如果有人敢

---

① 《论语·学而》,《十三经注疏》本。
② 《论语·为政》,《十三经注疏》本。
③ 《孟子·尽心下》,《十三经注疏》本。
④ 《韩非子·扬权》,《诸子集成》本。

于挑战君王的权威,就是大不敬,是大逆不道,须人人得而诛之。于是,君王贤明,则国家兴旺,会带来社会的进步与繁荣。中国历史上不乏这样美好的典型,如"文景之治""光武中兴""贞观之治""开元盛世""乾嘉盛世"成为赞美的榜样。可是,它们相对于中国封建社会漫长的历史只不过是瞬间而已。相反,庸君、昏君、暴君却是不胜枚举。

与政权体系中的尊君思想一致,在家族家庭生活中,父权、夫权思想也深入人心。这些思想在相当一段时间内为人们所诟病,但其中曲直,因视角而异。伴随尊君思想而生的是民本主义,即"民为邦本"的思想,并不是民权、民生至上。所以,中国的民本主义,不同于西方的"人文主义"或"人本主义"。文艺复兴时期提出的"人文主义",是为了对抗"神本主义"。因为"神本主义"符合欧洲封建统治集团的利益,主张抑制人性,顺从神性,维护地主庄园的秩序,保持宗教与封建政权相结合的政体。而对新型经济关系和生产方式持认同观念的文艺复兴运动人士,以"人文主义"与之抗衡,就在情理之中了。

"人本主义"的提出,是19世纪德国最后一位古典主义哲学大家费尔巴哈的贡献。他将人作为动物对待,排斥了人的生存环境、思想道德和社会关系,尊重作为生物的人的自由与欲望。而中国的"民本主义"或"民本思想",其出发点并非民,而是邦、国、君。而民是构成邦国的基础,有了民,君才有了可以统治的邦国,才有了可供统治的对象。于是,就出现了许多爱民的故事和论说,儒家无疑是对民关注最多的。孔子主张施仁政,行王道而反对争霸、反对战争,目的是为了维护社会秩序,使天子有民可治。所以,成功的君王需要养民。"五亩之宅,树之以桑,五十者可以衣帛矣;鸡豚狗彘之畜,无失其时,七十者可以食肉矣;百亩之田,勿夺其时,八口之家可以无饥矣;谨庠序之教,申之以孝悌之义,颁白者不负戴于道路矣。七十者衣帛食肉,黎民不饥不寒,然而不王者,未之有也。"①这一切看起来很美好,但只是理想,而且说得也很直白,就是为了能成为王。所以,这里有一个逻辑关系:让百姓能够养生丧死,衣食丰足,不是竭泽而渔,不是占用农民的耕作时间节气,就能够保障民生。民生得到保障,就能得到民心民意,就可以得到民所贡献的粮食、布帛、金钱、劳动力等。于是,国家机器就能正常运转,由此,则国家稳定,君权稳固。反之,是另一个因果关系:民不聊生,死亡流亡,田园荒芜,钱粮布帛无所出,民变民乱,国家机器不能运转,国亡君死。所以,民本思想的出发点是维护君王的天下。

### 五、凝重的文化心态与文化伦理

中国文化是统一的文化,又是多民族多元素融合的文化。从今天的考古学上划分,有发祥于黄土高原到黄河中下游地区的华夏文化群,由炎帝、黄帝、共工等文化部落构成,黄帝陵的发现证实了史籍的记载;东夷文化群,由大汶口文化、龙山文化、青莲岗文化等组成;苗蛮文化群,由大溪文化、屈家岭文化、河姆渡文化、良渚文化等构成。在跨入文明社会之前,中国文化已经以多样文化合成的姿态出现。各种文化的共存并形成统一的文化,需要统一的文化精神统摄。于是,炎黄文明精神成为中华文化的统一精

---

① 《孟子·梁惠王上》,《十三经注疏》本。

神,即华夏文化成为中国文化的主流。

秦汉以后,中华文化实际上又存在北方游牧文化、南方山地游耕文化与中原定居农耕文化的冲突与融合的现象。文化形态的多样化和文化功能的复杂化,造就了中国文化的凝重性。简单地说,多元文化的结合以及客观存在的文化差异与文化一统的格局,是导致中国文化心理具有凝重性的原因之一;中华五千年文明史,积累了丰富的文化遗产,同时也承传了优良的文化传统,厚重的文化积累是中国文化心理具有凝重性的又一个原因;不同文化在中国文化发展进程中的累积,各家学派对中国文化的共同作用,导致了中国文化继承的全面性,加强了中国文化的凝重感;与宗法制度和社会政治格局的紧密联系,决定了中国文化的伦理型范式。将各种文化现象与文化活动纳入了时代政治的主导意志轨道,导致文化的独立精神减弱,是中国文化心理凝重性的重要原因;社会政治与历史演变赋予文化的教化责任,削弱了文化的娱乐特性,而强化了文化的政治职能,加强了文化的凝重性。因此,中国传统文化尽管一统而强大,但缺乏开拓创新精神,是一种内敛的德性文化。

这种文化对内是谦和稳重,讲究实际,重视群体而忽视自我,尊重集体、宗族、民族与国家的利益,而轻视社会个体的权益;对外是保守自封,盲目排斥外来文化,在愚昧保守的文化心态驱使下,中国文化难以发生质的超越。并且,以经学为核心的社会科学发达,自然科学难以发展,自然科学的成果也难以转化为生产力。同时,文化的价值取向与宗法制度下的政治价值取向一致,也决定了中国文化伦理的凝重性。在西方,是宗教引导文化,但文化具有独立性,甚至影响社会政治的走向。

在中国,宗教只能影响文化,但自身也成为文化的一部分。对文化发展起决定作用的,仍然是政治,是政治决定了文化的发展方向和速度。翻开中国的历史,几乎每朝每代都可以看到君王对文化建设的重视。周公制礼的宗庙祭祀制度,是一种礼仪文化建设;曹丕即位之前,直接确定了文学创作的地位价值;唐太宗与文士唱和,虽然是皇家风范的显示,也是有意识主导诗人的价值取向;宋代开国,不仅宋太祖的诗歌气度得到臣下的追捧,宋太宗连臣下的字体也加以干预,编印《醇化阁法帖》供臣下临摹;明代朱元璋尊宋濂为"开国文臣之首",就是推出文化榜样;清代先后编写多部文化典籍,表明了帝王对文化的重视,更明确了帝王权力是文化主宰的观念。中国的传统文化,建立在以农耕经济为核心的自给自足的自然经济基础上,是一种稳定的内敛文化。中国文化对社会政治结构具有较高的依存度,其文化伦理切合了社会政治的需要,是一种柔顺的政治文化。社会政治的历史演变,客观上对中国文化的主导作用时有强弱,中国文化需要形成独特的轴心,以维系自身的发展延续。因此,在没有宗教主导的环境中,中国文化依托宗法制社会对人伦的影响,形成了以宗法制为内核的道德文化,真正体现中国文化独立性精神的,正是道德文化。

## 六、学术的经世致用与独尊经学

西汉初年的董仲舒,将儒家经典的解析与汉代政治经济的实际需要结合起来,就是一种经世致用的儒学。北宋王安石强调文章应该有补于世用,而不仅仅是文辞华丽。

南宋偏安一隅,形势危急,浙东的儒学家强调实用、事功,有着明确的功利性和实践性,也取得了一定的成功。永嘉学派的叶适,能学问,能义章,也能带兵打仗,以少胜多。永康学派的陈亮,被辛弃疾许为诸葛亮式的人才,可惜未尽其用而已。金华学派的吕祖谦,重视从历史的成败得失中吸取教训,为当今的社会服务。因此,注重学业的经世致用,从汉代经学兴盛开始,就已经养成了传统。即便没有明确提出,实际效果也是如此。刘向的《新序》,就是写给皇帝看的书,目的在于皇帝能够从中吸取治乱之道。

唐代的科举考试,进士科有"试策"一项,就是考核学子对于具体问题的理解认识和处理能力。宋代延续了这个项目,鼓励学以致用。苏轼的"进策"中最著名的篇章就是《教战守》,探讨对平民百姓实行军事训练的重要性以及怎样进行战守培训。明代学者多为八股文高手,但成功之后,发现当初熟读的教材在官场上并没有实际的作用,于是形成了教读的制度,新进士进入官场,往往由座师培养指导,以养成治事的能力。所以,东林书院的精神领袖们着意将儒家经典的正本清源与经世致用的能力结合,特别注重实用学科知识的传教。京城开办的首善书院,讲习的主要内容已经不是儒家经典,即便重视儒学原著的经意,也是为了指导后学端正心志,而更重视的学问是钱粮、车马、赋税、治边、水务、买卖等,培养的是实用科学和实用人才。尽管为时短暂,也是东林治学精神的继承发扬,与经世致用的学术主张一脉相承。

但是,学术的经世致用,是以经学独尊为前提的。中国传统文化中的经学具有不可动摇的一尊地位。中国文化中的学术虽然不是一成不变的,但经学是传统的学科,是两千多年学术历史的主流。先秦时期是诸子之学,儒家是显学中成就和影响最大的一家;两汉由于"罢黜百家,独尊儒术",经学盛况空前,儒家经典著作得到了全面的搜集整理,微言大义和字词音声义的研究成果惊人。郑玄的出现,标志着两汉经学达到高潮。魏晋时期虽然玄学盛行,玄学讽刺批评名教的同时,并没有摆脱儒学的影响。

隋唐的佛学甚为发达,但国家的主流文化是儒家文化,是经学。不仅有字句音义研究的权威孔颖达,更有韩愈这样的文坛巨匠传承儒学经典,强化儒家思想和经学的崇高地位。宋明理学和清代小学(朴学),前者侧重阐释经典蕴意不免支离,后者注重音韵文字而精细至极。不管致力于意义的诠释还是侧重于音形义的考证,都是经学的组成部分,是经学尊崇的地位所带来的学术繁荣。所以,经学对于中国文化的影响,深刻而广泛。

首先,经学一尊,儒家思想渗透到中国文化的各个领域,压制了其他学科的生存发展,不利于中国文化各领域的全面繁荣。以文学为例,经学影响下的文学承担起传道的功能,"文以载道""文以明道"成为文人的共识。即便"言志""言情",也必须在道的范畴之内。韩愈所说的"道",就是儒家的经典和儒学的思想。欧阳修所论的道,也主要是儒学经典。清代桐城古文,从戴名世开始就注重"言有物",而此物就是道,与手法技巧、语言词汇一样,是文章不可或缺的,"道也,法也,词也,三者有一之不备而不可谓之文也"①。方苞、刘大櫆、姚鼐的古文理论,正是在此基础上发展起来的。文学创作受到道

---

① (清)戴名世:《戴名世集》卷四《己卯行书小题序》,中华书局,1986年版。

的限定,也就限定了文学创作的内容和精神,创作成就当然也受到了影响。

其次,崇尚经学,影响了中国文化的学科分类。在经学的笼罩下,各门学科没有独立的地位,难以得到充分的发展空间。本来,经学的理性思维特征,对于自然科学是具有指导意义的,但经学凌驾于一切学科之上,无形中取消了其他科学的独立性。没有独立性的学科既不能引起学人的重视,也得不到应有的扶持和发展空间。即便有了创新成果,或先进技术,也难以运用到实际生产生活中。中国古代的四大发明,就是典型的例子。如中国人发明了火药,但用来敬鬼神居多,传到国外,就被制造成杀人的工具。还有指南针,西方人用来指示航海,开疆辟土,掠夺资源,而我们的"学者"却用来定方位、看风水。北宋沈括的自然科学研究,当时在国际上处于领先地位,但并没有用来指导生产工具的改良和生产工艺的革新。

再次,经学大义禁锢了人们的思想,不利于民族精神的发展进步。在儒家经典思想的影响下,国人不仅对社会人生"思不出其位",思想有所变化,也立即遭受限定、批判甚至惩处,所以难以接受先进的政治哲学思想。明代后期的思想家李贽,仅仅发表些诸如"圣贤之道,不过百姓日常"之类的观点,将统治者认为应该禁绝的小说戏剧名著等同于儒家经典,后果是被视为异端,关进监狱,自杀身亡。因此,中国自"百家争鸣"之后,思想上很难有新的突破。直到近代,以严复等人为代表的觉醒的一代,吸收了西方的进步思想,对中国文化和中国人的思想进行启蒙,才有了后来的科学、民主思想。从客观上讲,经学一尊,对于政权的稳固和社会的稳定,有不可替代的作用。

最后,经学传统削弱了宗教的影响。中国从未出现过某个宗教占主导地位的局面,宗教始终处于从属的地位,对国家的社会政治不可能产生较大的影响。不可否认,中国的各种宗教都是中国文化的组成部分。但任何宗教都没有像儒家学说这样受到统治者的重视和扶持。汉代的学馆设立,是为了传承儒家经典,甚至在朝廷专门设立"五经博士",他们拿着朝廷丰厚的待遇,专门从事研究,在中国的任何宗教也不能与之比拟。经学传统对于宗教的影响,是多层面、多角度的,是不同文化元素相互作用的结果,也是历代统治者有意识的举措,需要深入分析,才能真正理解中国文化的复杂性。

## 第三节 中国传统文化的基本精神

中国传统文化经历了几千年的发展演变,聚合了丰富的文化精神,也是中华民族的民族精神。上自日月星辰,下至花草虫鱼;大自国家朝廷政治,小到普通百姓的饮食起居,无不浸透着中国传统文化的基本精神。总体说,中国文化的基本精神是和谐完美、敦厚刚健、积极有为、以人为本,崇尚平和中庸,是一种温文尔雅的德性文化,在不同的时间、地点、环境中,中华文化精神的主要方面不会发生改变。所以,中国文化不具有扩张性,没有霸气,是和蔼可亲的文化。中国文化的基本精神,温柔宽容,整体缺乏张扬的意识。但针对具体的问题,在特定的条件下,中国文化基本精神的某些方面,可能会成为主流,得到强化和放大,从而成为一种特殊的力量。世界上任何民族的文化精神,都会如此。

## 一、天人合一

天人合一的观念具有悠久的历史，是中国文化的基本精神之一。中国文化的天人合一，有别于西方文化的人定胜天。从字面上看，中国文化的天人合一是讲究人与自然的融合，但实际上，不仅是人与自然的融合，更是人化的自然与异化的人的融合。

中国文化比较重视人与自然的和谐统一，在他们看来，天与人、天道与人道、天性与人性是相类相通的，因而可以达到统一。而西方文化则强调人要征服自然、改造自然。上古时期的天人合一，就是人神合一。因为人类在自然面前显得极为渺小，希望自然能够眷顾人类，按照人类的需要产生万物。原始人类在地上遇到许多难以理解的现象，遭遇到无数难以克服的困难，因此认为有一个超乎想象的力量在操纵一切。于是，神的概念被创造出来。神是什么？孔子说"山川之灵，足以纪纲天下者，其守曰神"①，"山林川谷丘陵能出云，为风雨，见怪物，皆曰神"②，这些都是在地上操纵万物的力量。但很快，神就跑到了天上，"天神，引出万物者也"③。神与天发生了联系，"神人合一"也就演变为"天人合一"。而人也就按照天的意志行事，顺应天道。于是，人按照天的规则行事，就是接受了自然的规律与神的意志。所以，春秋以前，天与神的概念的提出，源于人们的恐惧心理、生存愿望和多元崇拜。天或神，基本上还是人格化的。这个意义上的天人合一实际上就是一种天人感应，具有浓厚的迷信成分。

春秋时期，天的含义发生变异，包含了古人不可知的宇宙和可见可触摸的自然万物，天的含义就成了自然、神灵，并衍生出必然等含义。春秋战国时期的"天人合一"，被赋予了哲学家的抽象思维结晶。孟子在道德境界上强调天人合一，"尽其心者，知其性也；知其性，则知天也"④。这里的"天"是一种无限，也有必然的含义。庄子的天人合一在自然意义的阐述上，这个"天"就是自然。人不要有无，不要文明，要达到一种原始的同一。庄子在哲学的层面提出人与自然的统一性，提示人们从文明的异化中走出来，具有深刻意义。这种消极的思想并不符合人类文明进步的方向，实际上是因为不满而逃避现实，以一种逆向思维的方式提出来的。客观上，在庄子哲学对于天人关系的论述中，后人更愿意接受物我等量齐观、没有界限的含义，所以庄子哲学中的自然主张，对于中国古典诗歌的意象选择和审美倾向，产生了重要的影响。但先秦哲学观念上的"天"，不仅是自然，还包括了复杂的"天意""天时""天道"等含义。如《周易》中的天人合德，就是人与天地和谐一致的意思。《周易》六十四卦，每一卦均是六爻。初爻、二爻是地道，三爻、四爻是人道，五爻、六爻是天道，人立于天地之间，须与天地合一。这种天人合德的思想，是春秋战国时期关于天人关系的理性概括，也是后来天人合一思想的经典

---

① 《国语·鲁语下》，岳麓书社，1988年版。
② 《礼记·祭法》，《十三经注疏》本。
③ （汉）许慎：《说文解字》。
④ 《孟子·尽心上》，《十三经注疏》本。

依据。

但《周易》的表述包含两个含义：一方面尊重客观规律，另一方面又注意发挥人的主观能动性。运用到实际事务中，则成为审时度势的最好借口。越王勾践了解到"今吴王淫于乐而忘其百姓，乱民功，逆天时，信谗喜优，憎辅远弼，圣人不出，忠臣解骨，皆曲相御，莫适其非，上下相偷"，图谋伐吴，谋臣范蠡认为时机尚未成熟，但难以驳斥越王的道理，就说"人事至矣，天应未也，王姑待之"①，以天意阻止了勾践的急迫计划。因此，"天人合一"被不同时期不同需要的人赋予了不同的含义。

董仲舒的天人感应论，是愚昧的、迷信的，但董仲舒的目的，是配合"君权神授"的精神，确立君权不可动摇的地位。违背了君权，就是违背了天意、天道，这是常人不敢迈出的一步。当然，哲学上强调的天人合一，主要的观点还是人与自然的融洽和谐。张载在中国文化史上第一次明确提出了"天人合一"的命题，是基于他对三才（天、地、人）理、气的思考。他的天人合一观有三个要点：一是天人统一于气，都是由气的相感应而形成；二是道德化的宇宙，宇宙是有人间的道德思想的；三是人在自然与道德上，与天是统一的、相通的。其关键就是把宇宙伦理化，进而人与之合一，这是理学的核心理论。天人合一的观念，在思想家那里具有高深的含义，但到民间，却演化为崇拜甚至迷信。"天人感应"、"天意"、"天道"等哲学命题，转化为迷信的惊恐膜拜的理由，于是也在特定的语境中转变为阻止错误甚至犯罪的说辞。对天意的尊重甚至恐惧，在一定的条件下可以劝善止恶，对于社会的安宁，可以发挥法律所不能起到的作用。

此外，皇帝是天子，代表天在人间主持一切，天人合一的观念有利于维护君权的稳定。所以，不可否认，天人合一有迷信的一面。但天人合一理论的另一面，则昭示人要服从自然规律，并合理地利用这种规律，以达到生存、发展的目的。天与人要达到一种和谐的状态，而不是一方无条件地服从另一方，或把天看作一个被动的、可以随意征服的对象。天人合一、天人感应观念的积极意义，也应该予以足够的重视，以利于精神文明的建设。

## 二、以人为本

人本主义在中国由来已久，简单地说，原始哲学论述不论是儒家还是法家、道家、墨家，都是建立在人的基础上的学说。墨家反对统治者为了争权夺利而发动战争，强调"兼爱"，是对人的尊重。法家论述法术，也是针对人的治理。道家虽然阐述了许多空玄深奥的道理，论述了人与自然的关系，但《老子》中让人们"甘其食，美其服，安其居，乐其俗"的理想，也是人本主义的体现。儒家民本理论更不用说，都是从人事出发立论的。

孔子充分尊重人的权利，认为"仁者，人也"，就是把人当人看待，尊重人的生存需求。所以，"厩焚。子退朝，曰'伤人乎？'不问马"②，说明在孔子眼里，人是第一位的。孔子的立论，也都是以人为出发点的。就孔子读"诗三百"的态度来看，也可以知道人在

---

① 《国语·越语下》，岳麓书社，1988年版。
② 《论语·乡党》，《十三经注疏》本。

孔子学说中的地位。"诗三百"中,既有复杂曲折的婚姻、爱情咏叹,如《关雎》《蒹葭》《静女》《氓》等,也有描写人比较出格的行为和思想的篇章,如《柏舟》《桑中》《野有死麕》《株林》《新台》《墙有茨》等。孔子的观点是"思无邪",是认定作者的思维、动机"无邪",读者也应该尊重作者,用健康的态度对待。

新儒学中一些忽略人性甚至压制人性的思想,并不符合儒家创始人的精神。基于人本主义的出发点,孔子不会谈论妖魔鬼怪等人以外的事情。即便学生问及,也是搪塞过去,并批评学生的这种倾向。"务民之义,敬鬼神而远之,可谓知矣"①,对于鬼神,聪明的做法是敬而远之,不必笃信,更不必"事"。当学生问怎样事鬼神时,孔子说:"未能事人,焉能事鬼?"人死之后,情况怎样,孔子说"未知生,焉知死"②,还是强调先将人的事情、人活着的事情弄清楚。这说明孔子是以唯物主义精神和科学态度对待生死鬼神的,坚决不谈人以外的事物,因为他创立的儒家学说是人的哲学,"子不语怪力乱神"③。所以他也不相信迷信活动会有什么效果。孔子病重了,子路请求为他祈祷,孔子幽默地说了一句"丘之祷久矣"④,意思是不必祈祷,没有用,还是做些有用的事情。

其实,在孔子之前,人们一方面尽心地供奉着神灵,另一方面,对神灵也不是绝对的信任。僖公五年(公元前655年),晋献公假道于虞,要讨伐虢国,宫之奇看到了晋献公的动机,但虞公相信鬼神的保佑,不加拒绝,也未防备。宫之奇明确地说"鬼神非人实亲,惟德是依"⑤,依赖鬼神的后果是国家灭亡,相信天命的结局是"身死国灭,为天下笑"⑥。从《周易》对天、地、人位置的认定看,人处于核心地位;从原始文明中阐述的人神关系看,人是主体。这说明,人本主义在中国早已深入人心,并贯彻到不同的学术流派中。

中国的人本主义的含义与西方有本质的区别。西方学者所论述的人文主义,是与神本主义相抗衡,包含有民主思想的成分的。而中国的人本主义,是指中国哲学讨论的主要对象是人而不是神,也不是自然。在哲学上以人为讨论主题,称为人文主义。中国传统的哲学著述中,肯定在天、地、人三者之间,以人为中心;在人与神二者之间,仍然以人为中心,这就是人本主义的基本含义。运用到社会政治上,就需要推行仁政。人不仅是天地万物的中心,与天地为一,还有相当的主动性和力量,可以"赞天地之化育",与天地"相参",在宇宙中拥有优势地位。表象上,是人按天意在"承运",内涵上,"天"却是人们实现道德理想的手段,天人之间,人为主导,人是目的,充分体现了以人为本的文化精神。

中国文化的人本主义,在天人关系上是对人的充分肯定。天人合一之"天"已经是

---

① 《论语·雍也》,《十三经注疏》本。
② 《论语·雍也》,《十三经注疏》本。
③ 《论语·述而》,《十三经注疏》本。
④ 《论语·述而》,《十三经注疏》本。
⑤ 《左传》"僖公五年",岳麓书社,1988年版。
⑥ (宋)欧阳修:《新五代史》卷三七《五代史伶官传序》,二十五史本,上海古籍出版社、上海书店,1986年版。

伦理化的天,即天是人的本质的某种反映,代表的是人的思想理念。儒家具有强烈的无神论倾向,儒家学者一贯反对以神为本。孔子虽然承认天命,但对鬼神采取存而不论的态度。孔子始终将现实的人生问题、人的生命问题放在第一位。经过两汉、魏晋的发展,最后在宋明理学中得到集中的体现:不论是理学的"气本说",或是"理本说""心本说",均植根于人而展开。中国文化之所以在中世纪诸大文明体系中是唯一一个世俗的文明,与此有直接关系。

中国文化的人本主义,还表现在道德伦理论述方面,强调把人放在三纲五常的伦理体系之中,人通过这种伦理体系来实现自我,同时人也必须服从这种体系。所以尽管中国文化的人本主义是一种人文主义,但是人却照样被放在各种等级之中。另外,对道德的过分强调忽略了自然科学,也是其不良影响之一。但人伦毕竟是一种客观的存在,而且人伦道德取代宗教信仰,这是使中国成为一个无神倾向的国家的主要因素。

### 三、刚健有为

刚健有为就是人必须具有坚强的性格、勇敢的精神,在人世间有所作为。刚健有为是儒家、法家、墨家思想的主流,孔子的阐述对此作了内容与哲学上的奠基,使之一直是中国文化精神的主流。刚健的精神表现在个体上,就是一种独立不屈的人格和坚定的信念。孔子说:"士不可以不弘毅,"①弘毅就是心胸宽广、意志刚强。"三军可以夺帅也,匹夫不可夺志也"②,"志士仁人,无求生以害仁,有杀身以成仁"③,认为只要能够实行仁德,宁可牺牲自己的生命,也绝不能贪生怕死。孟子更是明确表示"舍生而取义"④,认为大丈夫应该具有"富贵不能淫,贫贱不能移,威武不能屈"的气概⑤。孔子、孟子的论述,成为中国文化精神中坚韧刚毅性格的基础,也是中国历代文人所奉行的信条,是中国文化人文精神的组成部分,更是中国文人人格力量的源泉。

孔子自己,正是刚健个性、刚毅人格的典型。"孔子之时,上无明君,下不得任用"⑥,可以说是个失败者。因为不满鲁国执政者季桓子的作为,也为了自己的政治和学术主张,孔子周游列国,饱经风霜,积极向卫、宋、陈、蔡、齐、楚的国君提出治国的主张,但没有被接纳。直到晚年回归鲁国,聚徒讲学,著书立说,孔子也从未动摇自己的信念。正是这弘毅的文化性格和坚持不懈的努力,造就了圣人。战国时代,列国争雄,也需要杰出的人才为君主谋划。有杰出的成功者,也有凄惨的失败者。其中,苏秦以"出门数岁,大困而归"⑦,遭到嫂妹妻妾的讪笑,闭门读书,细心揣摩,终于有成。他游说诸侯,搅动天下,荣归故里,嫂前倨后恭。司马迁坚持自己的观点,为李陵辩护。即便遭受

---

① 《论语·泰伯》,《十三经注疏》本。
② 《论语·子罕》,《十三经注疏》本。
③ 《论语·卫灵公》,《十三经注疏》本。
④ 《孟子·告子上》,《十三经注疏》本。
⑤ 《孟子·滕文公下》,《十三经注疏》本。
⑥ (汉)司马迁:《史记·太史公自序》,岳麓书社,1988年版。
⑦ (汉)司马迁:《史记·苏秦列传》,岳麓书社,1988年版。

奇耻大辱的腐刑,也没有改变自己的态度,并以惊人的毅力完成了中国史学史上第一部纪传体通史《史记》的著述,达到了自己设定的"究天人之际,通古今之变,成一家之言"的目标。这种坚持独立的人格、注重气节的思想精神,无疑是中国传统文化之精华。刚健弘毅的文化精神,也成为历代仁人志士的精神坐标。

苏武出使匈奴被扣,北海牧羊19年,汉节不离其身,最后终于回到汉朝;玄奘法师西游取经,历尽千难万险,历时16年,取得经论600余部回归长安;南宋洪皓出使女真,被扣留15年不肯顺从,终于回到南宋,将了解到的金政权情报上奏朝廷;范成大在宋孝宗乾道六年(公元1170年)出使女真几乎被杀,但抱着"提携汉节同生死,休问羝羊解乳否"的坚毅精神①,得以全节而归;文天祥"臣心一片磁针石,不指南方不肯休"②,以生命完成了对刚健弘毅人格的塑造。明代的文臣,不少人将人格精神的追求置于生命之上,被杖刑而死的大臣数十,伤残的更是难以计数,但依然敢于向皇帝抗辩,终于迫使嘉靖不能为生父封皇,并扳倒了严嵩。天启年间的十三君子,尽管命在旦夕,但没有一个向魏忠贤屈服,这是正人君子在封建时代演奏的最惨烈乐章。

刚健弘毅,是中国文化对民族精神的哺育,也是民族性格的体现。最为集中的表现,就是易代之际的情感选择。宋元之际、明清之际,刚健弘毅的精神培育了坚定的忠贞气节,无数文人为了气节,放弃了自身甚至家人,牺牲了自己甚至全家的生命。明清之际,金华朱大典,虽然在官场的作为一般,但组织乡兵家丁守金华,抗清军,城破后"大典阖门纵火焚死"③,刚毅之气节至今令人景仰。贵阳杨文骢虽然是奸臣马士英的妹夫,但国难当头,勇于担当,以数百兵丁与数万清兵鏖战,且战且退,时出奇兵,直到福建浦城战败被围,坚决不降,全家36口血洒疆场,刚烈弘毅的气节精神,彪炳青史。刚健、气节、忠义、节概等,是中国文化的精神内涵,是中国文化精神在特定时间、场合的集中体现。然而,仅仅有刚健是不够的,刚健不是目的,有为方是中国文化刚健精神的效用。

"天将降大任于是人也,必先苦其心志,劳其筋骨,饿其体肤,空乏其身,行拂乱其所为,所以动心忍性,曾益其所不能"④,经历了艰难险阻的锻炼,养成了刚健弘毅的性格,还必须得去承担大任,有所作为。儒家历来强调积极入世,为社稷黎元,为文明的传承做出自己的贡献。即便身处逆境,困顿无奈,也不能放弃自己的责任、义务。"西伯拘而演《周易》;仲尼厄而作《春秋》;屈原放逐,乃赋《离骚》;左丘失明,厥有《国语》;孙子膑脚,《兵法》修列;不韦迁蜀,世传《吕览》;韩非囚秦,《说难》《孤愤》;《诗》三百篇,大抵圣贤发愤之所为作也。"⑤文人的社会职责,当然不限于修书:可以精心州县之事,膏泽黎民百姓;可以用力于河务,解地方之水患;可以启奏君王,宽舒民力;可以横刀立马,建不朽功勋于疆场。在家族、宗族、民族、国家遭受欺凌侵略的时候,中国文化刚健有为的精

---

① (宋)范成大:《范石湖集》卷一二,上海古籍出版社,1981年版。
② (宋)文天祥:《扬子江》,见《文天祥全集》卷一三,中国书店,1985年版。
③ (清)计六奇:《明季南略》卷六,中华书局,1984年版。
④ 《孟子·告子下》,《十三经注疏》本。
⑤ (汉)司马迁:《史记·太史公自序》,岳麓书社,1988年版。

神表现得特别充分,即便是内部纷争存在,也将暂时放下,"兄弟阋于墙,外御其侮"①一类的情况,在中国历史上并不鲜见。

## 四、贵和尚中

"中和"就是和谐统一、合适平衡,是中国文化精神的精髓,也是社会政治的价值取向,是一种没有矛盾、冲突、刺激、极端、紊乱的理想境界。从文化学的角度说,"和"就是糅合交汇而圆润协调,交叉运转而顺畅匀称;"中"就是中庸平衡而稳当合适,恰到好处、不偏不倚而各方满意。"和中",也就是交融和合而圆满稳妥,多方协调和谐,平衡安静。就社会状况而言,和的意义在于"大同",是"政通"的必然结果。而"人和"则包含君臣之和、中央集权与地方行政之和、收支平衡之和、边陲安宁之和、五谷丰登六畜兴旺之和、物价廉平百姓安居乐业之和、亲朋好友左邻右舍之和、父子兄弟夫妇妯娌之和等。可以说,和也是最高的社会政治境界。古人早就认识到和的价值,提倡五味相和、六律相和、正反相和等。"钟成,伶人告和"②,是说乐器的声音相协调,圆润稳当,悦耳动听。于是,历代君王施政,都想达到"政通人和"的效果;历代文人的咏叹,也将与民同乐作为赞美统治者的主题。

执其两端而取其中,则符合尚中的原则。模棱于两可之间,就违背了儒家经典的教诲,是圆滑的表现。《中庸》以及《周易》都有这种尚中的传统观念。"和"注重效果,具有主动性;"中"更多地着眼于过程,具有被动性,二者是统一的。在中国传统文化体系中,小到个人的精神与肉体,一旦失衡,便是疾病;大到宇宙万物,如果失和,就是灾难。《易传·象传》说:"乾道变化,各正性命,保合太和,乃利贞。"天体运行,各按规则,平衡有序,则"太和",即宇宙呈现出的那种至高无上的和谐状态。一旦失和,则灾祸不可估量。今天所说的厄尔尼诺、拉尼那现象,即是大气环流失衡的严重后果。陨石坠落,也是宇宙空间失衡的结果,行星、小行星碎裂,离开运行的轨道,任由其他天体吸引,结局可能是灾难性的。《中庸》也说:"万物并育而不相害,道并行而不相悖。"③正是对这种人间"太和"之境的最好描摹,这与儒家的社会理想是一致的。"中"还有被动符合的意义,是被改造加工后的结果。即便是在中原地区的语言习惯中所说的"中",也是在别人发表意见或提出方案后表示赞同,也是被动的。"木直中绳,輮以为轮,其曲中规"④,意思是直木被水泡火烤,加工之后成为车轮,弯度符合要求,才可以安装到车上运行。中和理论,是儒家社会理想和科学认识的阐述。

尽管以"中庸"为基本出发点,以"周礼"为衡量标准,平衡统一、协调稳定,客观上抑制了社会思潮的进步,限制了人们的创新意识,但在两千多年的社会发展中,特别是社会文明的进程中,具有不可忽视的积极作用。其一,在文化价值观方面,提倡在统一文

---

① 《诗经·小雅·常棣》。
② 《国语·周语下》,岳麓书社,1988年版。
③ 《礼记·中庸》,岳麓书社,1988年版。
④ 《荀子·劝学》。

化的范围内,不同派别、不同类型、不同发展程度、不同民族之间思想文化的交相渗透和多样统一,既维护了民族文化的整体性,又保持了文化多样性。而文化类型多样化,并不断进行融合与再生,正是文化生命力旺盛的重要保障。其二,在民族关系上以和为贵,承认任何民族的文化都有其自身的意义和价值。汉代、唐代处理南匈奴、突厥的问题,一以贯之的亲和政策与朝贡贸易,把生活在中国境内的不同民族融为一体,成为统一的中华民族。中国对外来的民族及其文化也持欢迎与认同的态度,也是文化大国应该具有的气度胸襟。如对待犹太民族及其文化,中国是世界上少数不排斥犹太人的国家之一。犹太人的民族性和宗教信仰是非常突出的,但是他们也慢慢融入了中国社会。其三,在道德伦理与社会行为上的中庸思想,有利于社会秩序的维护和社会的和谐稳定。在中国,中庸之道可以说是一种调节社会矛盾使之达到中和状态的高级哲学,所谓"极高明而道中庸"。它强调人在社会关系中以中为尺度、以和为归宿,主张"无过也无不及",是中华民族一种主要的情感心理原则。其四,贵和尚中的文化理念,使中华民族在总体上体现了一种内敛的而非扩张的文化精神,是中华文化亲和力的核心。

由于整个民族在贵和尚中观念上的认同,使得中国人十分注重和谐局面的实现和保持,表现出一种内敛而非扩张的精神需求。这对社会的稳定和发展是必不可少的,对民族精神的凝聚和扩展也是大有益处的。同时,贵和尚中也是中华民族对世界和平的贡献。其五,我们也应该看到,贵和尚中的文化精神也造就了乡愿情结。尽管孔子对乡愿持批判态度,说"乡愿,德之贼也"(《论语·阳货》),事实上乡愿在一定程度上有利于环境的和谐稳定。但是,不得不注意到,乡愿又在一定程度上不能明辨是非,使善良温柔的人遭受损失或委屈,为了和、中做出牺牲。甚至可以说,贵和尚中也会被错误运用,演变为袒护与纵容,这是应该竭力避免的。

中国文化的特点与基本精神,不论怎样概括,都是不够全面的。因为在不同的时空和不同的比勘对象面前,中国文化的特点与基本精神的表现是不同的。但总体来说,中国文化是和谐刚健的、贵和尚中的、包容内敛的、积极向善的,是具有亲和力、生命力、凝聚力的大文化。

# 第三章　中国古代宗教

宗教是一种历史悠久、影响深远的社会文化现象,神佛显灵的传闻、香烟缭绕的庙宇、仙气缭绕的宫观、耸天尖塔的教堂、祭天祀祖的礼仪、虔诚一心的皈依……持久而深入地在人们的心灵打上了宗教烙印。和其他人文和社科领域的基本概念一样,宗教一词的定义历来众说纷纭、观点林立。目前,学术界一般倾向于从以下三个角度给出定义:以信仰的对象为中心来规定宗教的本质;以信仰主体的个人体验规定宗教的基础和本质;以宗教的社会功能来规定宗教的本质。

梁漱溟先生曾提出判定是否为宗教的两个前提条件:"(一)宗教必以对于人的情志方面之安慰勖勉,为他的事务;(二)宗教必以对于人的知识之超外背反,立他的根据。"①从梁先生的角度出发,我们可以断定中国古代的宗教除了原始宗教外,主要的还包括道教和佛教,而儒学主要契合第一条,视为一种准宗教或更为合适。显然,宗教属于信仰范畴,自从人类摆脱愚昧以来,宗教就与人类密切相关,既是人类文化不可或缺的一个重要组成部分,更在人类社会生活中起着非常显著的作用和影响。虽然基督教、伊斯兰教和佛教一样都属于外来宗教,但佛教后来与中国传统文化相互融合,形成了真正的中国化,而基督教、伊斯兰教基本保持原教义,不能视为中国传统文化的产物,故本章不作介绍。

## 第一节　中国原始宗教

在中国传统文化中,宗教所占的地位似乎没有在西方那样显著,宗教情绪也不如西方那样强烈,但这并不等于说宗教在中国没有广泛影响。在我国历史上,曾经流传过原始宗教、佛教、道教、基督教、伊斯兰教等,宗教文化也是中国文化的一个重要组成部分。因此,研究中国古代宗教的教派流布、教义特点及在中国文化史上的重大影响,有助于我们更进一步地理解中国传统文化的丰富内涵。

### 一、原始宗教的出现

人类一开始并没有任何宗教,即便是原始宗教,其产生也是以人类的自我意识发展为前提的。到了旧石器时代中晚期,随着氏族公社的产生,人类社会形成一个个比较稳

---

① 梁漱溟:《东西文化及哲学》,商务印书馆,1999年版,第97页。

定的血缘集团。这时,人的体质与思维能力有了进步,集团内部的语言有了发展,某些禁忌和规范也已经形成。人们以集体的力量和简陋的工具与自然界做斗争时,一方面逐步认识到人们的生产活动与某些自然现象的联系;另一方面又受着自然界的沉重压迫,对自然界的千姿百态、千变万化的现象得不到正确的理解。于是,恐惧与希望交织在一起,对许多自然现象做出了歪曲或者颠倒的反映,把自然现象神化,原始宗教也便从而产生。

大概在3万～5万年前,早期人类终于完成了自己的整个进化过程,具有了思维能力,能意识到自己的存在,可以将自己即人类和其他动物、植物即自然界相区分开,这就为原始宗教的萌生提供了条件。当具有思维能力的人类向自然界施加影响并改变自然界时,人类的文明便诞生了。所以费尔巴哈指出:"宗教根源于人跟动物的本质区别——意识。"这里的"意识"可以理解为人类的生命和自我意识,这种生命和自我意识又是人的思维能力发展到一定阶段后的必然结果。

在不同的历史时期,社会生产力的发展阶段不同,人类掌握和积累的知识总量不同,对自然界和自然现象的解释也有所不同。在人类社会的早期,由于社会生产力的低下,人类只积累了极少量的常识和经验,为了生存的需要,人类只能结成比较稳定的血缘集团,凭借简陋的工具和集体的力量,共同与自然界做斗争。此时的人类,面对复杂多变的自然界和自然现象,恐惧和希望并存,却因为知识匮乏,难以从理性层面给予合理的解释,只有将人类的生命和自我意识投射到自然界,把自然界设想成和自身类似具有生命意识的,同时其能力又远远超过人类自身的某种生命体,从而加以膜拜和祈祷,希望其帮助和保护自身的生存,这就产生了原始宗教。

从今天的角度看,原始宗教固然有着一定的愚昧内容,但原始宗教同样是社会发展到一定阶段后人与自然界斗争的产物,反映出特定历史时期人与自然界的关系。更为重要的是,由于原始宗教形成于人类社会的初级阶段,某些宗教行为和宗教意识会积淀在人类的心灵深处,或者附着在某种文化现象上,成为后人理解人类自身某些特殊文化现象的一把钥匙,同时也对人类社会的后期发展走向产生潜移默化的影响。即便随着生产力的发展和知识的积累,人类解释和改变自然界的能力越来越强大,但原始宗教的某些要素仍会影响着人类的潜在意识。原始宗教的形态尚未发展成熟,不像后世宗教那样具备系统、完整的教义和组织,主要表现为各种自然崇拜、灵魂崇拜、图腾崇拜、灵物崇拜、生殖崇拜和祖先崇拜等。

## 二、原始宗教的形式

中国原始宗教与其他民族一样,也是自然崇拜,反映了人与自然之间的矛盾,崇拜的是自然物和自然力;大陆文明决定了中国先民以农业为主要的经济运作方式,农业文明又决定了中国原始宗教集中在对日、月、山川、风雨、雷电、大地等这样一些对农业生产有明显影响的自然现象上;农业耕作是以一家一户为生产单位进行的,家庭在生产中的重要位置,导致了它成为社会生活的核心,因此,祖先崇拜在中国原始宗教占有核心地位;由于农业耕作抵抗天灾人祸的能力很弱,所以人们渴望英雄人物的护佑,从而使英雄崇拜在原始宗教中也占据了相当重要的位置。中国原始宗教的主要形式有自然崇拜、灵物崇拜、灵魂崇拜、图腾崇拜、祖先崇拜、英雄崇拜等。

自然崇拜。这是最早的崇拜形式,在原始社会中,人们认为一些自然物和自然现象具有生命、意志、灵性和神奇的能力,并能影响人类的命运,因而将其作为崇拜对象,并向其表示敬畏求其佑护和降福。各原始部族因其生活的环境不同而有不同的自然崇拜对象。如近山则崇拜山神,近海洋、河流则崇拜水神,以及被认为赖以生活的土地、火和日月等。其中天神崇拜非常突出,从周代开始,历代统治者都经常举行大规模的祭天活动。北京现存的天坛、地坛、日坛、月坛,说明中国人一直把这种自然崇拜延续到近代。

灵物崇拜。原始人是相信一些很平凡的东西上附着一种魔力,对人可以起一定的保佑作用,人们将它作为护身符加以珍爱,时时佩带在身上。

灵魂崇拜。原始人们相信在人身上存在着某种纯粹的精神实体——灵魂,它可以和肉体结合,主宰肉体的活动,也可以脱离肉体而单独存在。人死后,骨消肉烂,但灵魂却永远不朽,而且对活人有一定的影响。因此,关于形灭而灵魂不灭的信仰,是广泛流行于古今世界上各种宗教体系中的普通信条。人的肉体会死亡,而灵魂却继续存在甚至可以不灭,这是原始时代以来各种民族宗教体系的共同信仰。由于灵魂被认为是生、老、病、死等生命过程的操纵者,所以对于灵魂的崇拜活动,表现形式基本上都是围绕生、老、病、死等生命过程进行的。到目前为止,在我国发现的最早的宗教遗迹是距今约两万五千年的山顶洞人留下的。考古学家在山顶洞人的公共墓地发现了随葬品和赤铁矿粉末。据古人类学家分析,红色代表血和生命,是火与温暖的象征,撒红色铁矿粉可能表示给死者以温暖,希望死者和生前一样地生活,这说明山顶洞人已经有了关于灵魂的观念。

图3-1　魂瓶,湘西永顺出土

图3-2　纳西族东巴葬仪中的送魂马

图腾崇拜。宗教的最初形式之一。图腾是印第安语"totem"一词的音译,指一个民族的标志或图徽。图腾崇拜即指以某种图腾命名的氏族,对该图腾的起源和与图腾相关的自然对象的崇拜,以及由此而派生的礼仪、禁忌、制度和习俗等。原始部落中的人相信他们的祖先是某种动物或植物,把它神化作为部落的图腾、保护神。例如,狼的图形便是狼氏族的图腾。

祖先崇拜。这是中国原始先民中影响最久远的崇拜形式之一(现在依然存在)。特别是当亲人或部族中有能力、有威望的领袖和英雄死后,出于对逝者的怀念,原始人认为死者的肉体虽然消失,但灵魂不会毁灭,而且具有超人的能力,只要以陪葬、祭祀等方式安慰祖先,或者以虔诚的方式取悦祖先,祖先就会保佑自己甚至整个部族的安全。原始人相信和自己有血缘关系的前辈死了以后,其灵魂对自己的生活仍然有一定的影响,可以为自己赐福或者降灾。人们对于自己的直系亲属产生了无限眷恋之情,随之便产生了祖先崇拜。人们希望自己的祖先也像生前一样能够庇佑本氏族的成员。

英雄崇拜。这是原始人们把真实存在或幻想出来的历史人物加以神化作为崇拜的对象。这些人生前强壮有力,聪明无比,死后其灵魂也可以保佑后辈。中国原始英雄崇拜的对象有两类:一类是部落首领,如炎帝、黄帝、尧、舜等;二是生产和技术的发明者,如神农氏、燧人氏等。

### 三、原始宗教的基本特征

原始宗教的特征是由原始社会的物质生活条件和思维能力的低下所决定的。研究原始宗教的基本特征,对于了解人类历史发展过程的规律是非常重要的,从原始宗教的多种形式来看,主要具备以下几个重要的特征。

第一,万物有灵观念,歪曲反映了原始社会人类生活与自然之间的矛盾。

在人类的童年时期,对于原始人们来说,不可能了解到世界万物存在的根源,但又希望对这些根源做出种种解释,那也就只能用幻想的联系来替代真实的联系,用歪曲现象的神秘观念来解释一切,把人类具有初步自我意识的灵性赋予万物,用万物有灵的观念来解释一切现象的存在和变化,并把万物的灵作为一种异己的神秘力量加以崇拜。

在原始社会存在着自然力压迫人类,迫使人们去依赖自然力,直接地对自然力采取盲目的崇拜的态度。人们希望通过崇拜神灵的宗教行为,来改善人与自然之间的关系。这种对于自然神灵的盲目崇拜的目的是为了整个部落、氏族和村落的利益与命运,个人和家庭对于神灵崇拜不尽职的话,会被认为危害整个集体,因为当时劳动是集体的,如果个人或家庭亵渎了神灵,集体就会受到影响,不可避免地把原始社会的道德规范与原始宗教结合在一期,使原始社会的人们能更加团结一致对抗自然界的异己压迫力量。这样,原始宗教通过自然神灵的崇拜,既把人与自然对立起来,又把人与自然统一起来,直接反映了人类社会生活与自然界之间的矛盾。

原始部落的祖先崇拜和鬼魂崇拜也反映了人类社会生活和自然界之间的矛盾。人们崇拜鬼魂和祖先的目的是为了求得生产上的顺利和丰收,免除病痛恶疾的侵犯,原始社会中的部族之间的战争主要是由于人们受自然压迫引起的,发生武力冲突的直接原因主要是争夺生活资源。

第二,神灵作用的个别性、多神性和宗教形式、崇拜仪式的多样性。

原始宗教的神灵的个别性和多样性,同当时原始人类思维能力不发达是直接相互联系的。在原始时代,由于人们改造自然能力的低下,使得人们不可能有高度的抽象思维能力,只有具体概念,连脱离手指和脚趾的简单抽象的数学数字都不具有,更加无法在观念上形成具有共性的高级万能神灵。这些想象出来的神灵只是具有某一自然力所表现的范围内的能力。如雨神只能降雨,风神只能刮风,山神只能管理某座山,神与神之间谁也管不了谁。这是原始人类对自然力的直接崇拜的必然结果。神灵既然只具有这种十分狭隘的个性,还不能满足原始人对于许多同当时生活有关的种种自然物和自然力的崇拜要求。在万物有灵观念的支配下,就会幻想出种种神灵来,从而形成了原始宗教的多神性。随着越来越多神灵的出现,祈求神灵的内容和形式也就随着增多。

第三,原始宗教的有神论不具有至高无上的神圣性。

原始宗教是原始人类对于自然力的直接崇拜,神灵的作用也是直接和狭隘的,神灵的神秘力量是自然力本身的直接反映,没有产生超自然的万能的高级神灵观念。所以,在原始人眼中,这些幻想出来的神灵并不具有至高无上的神圣性,因此,神灵在原始宗教中是不固定的,被崇拜的对象有很大的不确定性,既然不确定也就不能获得至高无上的神圣性了。原始人崇拜自然神,实质是对自然力的直接崇拜,原始人崇拜鬼魂,实质是崇拜人的自然本质所产生的活动能力,只是把这一能力作了夸张,因此不论是自然崇拜还是鬼魂崇拜都没有超出自然力直接崇拜的狭隘范围,只是把自然力神秘化而已。

## 第二节  道教与传统文化

道教是中国土生土长的一种宗教,它植根于中国这块深厚的文化土壤,既是中国传统文化直接孕育的产物,同中国传统文化的许多领域有着密切的联系,也是我国整个思想文化体系的一个有机组成部分。正因为如此,道教文化具有鲜明的中国本土特色,与其他宗教文化相比,有很大的差异性,更多地表现出中华民族传统信仰的特质。

### 一、道教的起源和发展

道教是我国特有的宗教,素有"国教"之称,现在普遍认为道教正式产生于距今一千八百多年前的东汉末年,以张道陵创立"五斗米道"作为道教正式创教的标志。实际上,道教不同于其他宗教,它并不是由某一个人单独创立的,而是华夏多种文化整合相融,逐步积累的结果。

1. 东汉末年道教的创立

东汉顺帝时,沛国丰(今江苏丰县)人张陵(又称张道陵)到四川鹤鸣山修行传道,教人悔过,又以符水咒法为人治病,由此得到周边民众的拥护。受其道者皆出五斗米,以义舍、义米、义肉互相周济,故称之为"五斗米道",官府则蔑称为"米贼"。张陵部众都以《道德经》为主要经典,还有教规戒律,组织完备。张陵去世后,被弟子尊称为"张天师",因此五斗米道又称"天师道"。此后,张陵之孙张鲁自号"师君",率众在汉中建立起政教合一的政权,前后存在30余年。

"太平道"产生于东汉灵帝时期,钜鹿(今河北平乡)人张角依托道士于吉等人所传的《太平经》创立太平道并设立组织,利用经书中的善恶承负、周穷救急等社会政治思想发动民众,兼以符水和中草药为贫困无力治病的民众看病,因而深得人心,十年间发展到数十万人。汉灵帝中平元年(公元184年)三月,张角等发动黄巾起义。黄巾起义是中国历史上第一次利用宗教思想来发动民众、反抗官府的起义,一度声势浩大,但在统治者的严酷镇压下最后归于失败。太平道也因为曾被张角等利用为思想武器,遭到统治者的严厉取缔,最后中绝。

2. 魏晋南北朝时期的创建和改造

道教自东汉末创立后,虽发展到大江南北,但道教的理论教义和佛教相比,仍粗糙简陋,且组织涣散。更严重的是,道教屡屡成为下层民众反抗统治者的有力工具,这引起了一些道教理论家的警觉。以魏晋南北朝时期的葛洪、陆修静、陶弘景和寇谦之等为代表,对道教教义进行改造和充实,使之更趋理论化、系统化,再加上宫观制度的建立和戒律制度的完善,道教正是在这一时期发展演变为完备成熟的宗教,并从主要传播于民间的道团上升为官方承认的宗教。

东晋时期,道教的神仙理论获得了重大发展,并初成体系。这以倡导神仙道教的理论家和实践家葛洪所著的《抱朴子·内篇》为标志。

葛洪(公元283年—公元363年),字稚川,号抱朴子,丹阳句容(今属江苏)人,是东晋著名的道教理论家、炼丹家、医药学家。他一生著述不辍,养生修道,以丹鼎生涯终老。葛洪最有代表性的著作是《抱朴子》一书。全书分为《内篇》和《外篇》。《内篇》讲神仙方药、鬼怪变化、养生延年、禳邪去祸,属道家;《外篇》言人间得失、世事臧否,属儒家。

葛洪《抱朴子·内篇》总结了战国以来神仙家的理论,又继承魏伯阳的炼丹理论,集魏晋炼丹术之大成,所举仙经神符,多达282种。当代著名道教学者王明先生在《抱朴子内篇校释》的序言中谓:"总的来说,《抱朴子·内篇》是道教史上一部具有比较完整的理论和多种方术的包罗万象的重要著作。"《内篇》充实和发展了神仙道教的学说,促使道教转向以追求长生成仙为最高目标,在道教思想教义的发展史上具有重要的地位。《内篇》的问世,标志着金丹道教神仙理论体系的确立,同时,也标志着上层神仙道教勃兴的开始。

在北朝,对北方天师道进行改革的代表人物是北魏的著名道士寇谦之(公元365年—公元448年)。据《魏书·释老志》载,寇谦之"少修张鲁之术",为正一道教徒,后又师从成公兴,随其入嵩山修炼,隐居石室,服食采药。至神瑞二年(公元415年),感太上降临山顶,授天师之位,并赐《云中音诵新科之戒》20卷,命他"宣吾新科,清整道教"。寇谦之对道教进行改革的总原则是"以礼度为首"。主要措施是"除去三张伪法,租米钱税及男女合气之术",使道教"专以礼度为首,而加以服食闭炼"。是时,诵习道经,亦改"直诵"为"乐诵",即诵经时用音乐伴奏。经过寇谦之改革后的北方天师道被称为"新天师道"或"北天师道"。

继寇谦之之后,南朝刘宋时,又有庐山道士陆修静(公元406年—公元472年),对南方的天师道进行了改革。陆修静自少修习儒学,爱好辞章,年长时弃家入云梦山隐居修道。

陆修静对南朝道教的改革主要体现在他的《陆先生道门科略》中。在这部著作中,他提出了一套整顿、改革的措施。

经陆修静改革后的南方天师道被称为"南天师道",在南朝曾得到一定的发展。不过它的发展很快被上清派和灵宝派的兴盛所遮掩,而逐渐不显于世了。

稍后于陆修静,南朝又出了个博学多才的道教学者陶弘景,他对以前流行于南方的葛洪金丹道教、杨羲的上清经箓道教及陆修静的南天师道,又进一步总结、充实和改革,开创了茅山宗。

陶弘景(公元456年—公元536年),南朝齐、梁时道教学者、炼丹家、医药学家。字通明,自号华阳隐居,谥贞白先生。丹阳秣陵(今江苏南京)人。他是陆修静门徒孙游岳的弟子。他中年隐居修道于茅山,着手弘扬上清经法,除广泛收集整理上清经外,又撰写带有教派史性质的《真诰》,著有《登真隐诀》《真灵位业图》等重要道书。他建立了较为系统、完善的神仙信仰体系。晋代、刘宋以来,到茅山修道的人很多,但并未把茅山发展成为上清派的基地。陶弘景居茅山后,开设道馆,招收徒弟,弘扬上清经法,使茅山成为上清派的传道基地,并形成了茅山宗。该宗特点是以上清经箓为主,兼收并蓄各派道法及儒释思想。陶弘景所开创的茅山宗,对后世道教的发展,有着深远的影响。陶弘景在养生方面主张形神双修,养神与炼形并重。在《养性延命箓》中,他对养神、炼形、行气、导引、房中等养生方法都作了比较科学的阐述。在医药学方面,他的成就很大,著作也最多,在中国医药学史上占有重要的地位。

魏晋南北朝后,道教基本成为一个教义充实、仪式固定、组织健全的成熟宗教。

### 3. 隋唐、五代、北宋的兴盛与发展

在五代(公元907年—公元960年)的53年中,易五姓十三君,社会动荡不安,给道教的滋生繁衍提供了适宜的土壤。其中仍有不少地方王朝崇奉道教。他们尊宠道徒,兴建宫观,收集散失的道书,命道士宣讲道经等,这对道教的维系和发展起了一定的推动作用。如前蜀王建、王衍父子崇信道教,尊礼杜光庭,径称天师;后蜀孟昶好金丹及房中之术;南唐李昇为茅山第十九代宗师王栖霞建玄真观,赐印、绶,号玄博大师。道教在各个地方割据政权的范围内部都有传播。道士则或遁迹山林,或隐于市廛,皆由出世转入世,由追求成仙转而济世人,以拯救现实的苦难,从而把儒家和佛教的某些修持方法和救世理想吸收到道教中来。在唐末五代,外丹术开始走向衰落,内丹术逐渐兴起并日益发达,这对以后全真教的兴起和发展产生了深刻的影响。

唐代统治者为自抬身份,与老子李耳攀上亲戚,道教因此大受唐朝廷扶持。唐玄宗开元二十一年(公元733年)令士庶家藏一本《道德经》,贡举人加试老子策。

唐代的道教理论也进一步完善,涌现出成玄英、司马承祯、杜光庭等著名道士。宋代是道教的又一个繁荣期,由于统治者的亲身提倡,如宋徽宗曾自称"道君皇帝",道教理论研究进一步深化,各种道教书籍层出不穷,据统计,现存《道藏》《续道藏》共收录道教书籍计1 470余种,其中宋人编著者210多种,接近1/5。

此外,宋代道派林立,符箓派有茅山、阁皂山、龙虎山三大宗派,内丹派有神霄派、天心派,南宋初又兴起太一、大道、全真等派。在内丹诸派中,全真派创立时间晚于太一、

大道诸派,但传教过程中坚持儒、释、道三源同流,因而社会基础广泛。元初,王重阳的弟子丘处机又以72岁高龄,历时两年多到达今阿富汗北部觐见成吉思汗,全真教声誉大振,逐渐成为北方第一大教派。

4. 金元明时期道教南北两大派别的形成

金元以来至今,全国道教形成了全真道和正一道两大教派。全真道,为金初创立的教派,主要创派人是王重阳。其重视内丹修炼,不尚符箓,不事黄白之术,以修真养性为正道。他制定了严格的清规戒律,还仿照佛教建立了丛林制度。全真道的教义总体来说,继承了钟离权、吕洞宾的内丹思想。此外,全真道提倡三教合一,三教平等,认为儒道释的核心都是"道",以《道德经》《般若心经》《孝经》作为信徒必读经典。在元代,王重阳的七大弟子又分别开创了全真道七个支派,其中以丘处机开创的龙门派势力最大,这主要是因为丘处机曾为蒙古成吉思汗讲道,劝其勿要滥杀无辜,颇受成吉思汗信赖,被元朝统治者授予主管天下道教的权力。此外,张伯端所创立的内丹修炼为主的教派后来也被划分在全真道,后被称为"南宗"。而王重阳这支则称为"北宗"。

正一道,是元代形成的道教宗派。元成宗大德八年(公元1304年),授江西龙虎山三十八代天师张与材"正一教主,主领三山符箓"。即龙虎山天师道、茅山上清派、阁皂山灵宝派合并为正一道,尊张天师为正一教主,以此与迅速崛起的全真道相抗衡。正一道集符箓派之大成,以行符箓为主要特征,其清规戒律也不如全真道严格。从此正式形成了道教北有全真派、南有正一派两大派别的格局。

到了明代,道教则以张三丰为鲜明代表。明洪武年间,著名道士张三丰来到武当山,择地建庵,传授弟子,并创三丰派。该派主张三教合一,修己利人,供奉真武神。《诸真宗派总簿》记载其共有八个支派,其流传宗谱各不相同,一是自然派,二是三丰祖师自然派,三四五皆称三丰派,六乃三丰祖师日新派,七是日新派,八是三丰祖师蓬莱派。到了永乐年间,永乐皇帝朱棣自诩为真武大帝的化身,而对祭祀真武的张三丰及其武当派大力扶持。此时,道教依然在中国的各种宗教中占据着主导的地位。

5. 明后期至清和民国的逐渐衰落

由明至清,道教开始停滞衰落。清代开始,满族统治者信奉藏传佛教,并压制主要为汉族人信仰的道教。道教从此走向了衰落。明清道教仍分为全真、正一两派,相比之下正一派更为活跃,与权贵关系更为密切。朱元璋借助宗教起事,但立国后对宗教多加抑制。当然,明代仍然有不少帝王信奉道教、服食金丹,即便有数位皇帝因此而死,但依然热衷于此道。明清时期,礼部下设道录司,是中央管理道教徒事务的官署,府、州、县则设道纪司、道正司、道会,各级道官一般由道士充任。

民国时期,随着西方科学和民主思想的传入,道教持续衰落,道团组织涣散、人才凋零,新中国成立以后道观土地多被没收,更使得道教组织的生存和发展陷于困境。直到"文革"以后,道教的发展才重新走上正轨。

## 二、道教的教义和神仙谱系

道教的主要理论来源之一是先秦时期的道家学说,因此道家学说中的道也成为道教一切教义的根本出发点和基本信仰。

1. "道"崇拜

道家思想的核心是道，视"道"为宇宙的本质、万物的始源，也是世界运行的最高法则。道家崇尚自然、反对斗争，有着强烈的辩证法特色，政治上强调无为而治、与民休息，道家思想在汉初一度成为影响西汉统治者的重要社会思潮。汉武帝独尊儒术后，道家思想不再成为官方认为的主流思潮，但仍然在中国传统文化中占据重要地位。道家从哲学层面视"道"为世界本原、主宰者，而道教则从宗教层面视"道"为宇宙万物的本原和主宰者，宇宙万物运行的规律，无所不在，无时不存。道教最早的经书之一《太平经》称："夫道何等也？万物之元首，不可得名者。六级之中，无道不能变化。元气行道，以生万物，天地大小，无不由道而生者也。"这说明道教创立之初，即以道为宇宙和万物的本原。道是产生和支配天地万物的造物主，是至高无上的，具有神秘力量的人格化的神。道在道教整个理论系统中，实居于最核心地位，道教所有教义教理，均由此阐发而来，是道教徒不可动摇的信念。

2. "神仙"崇拜

根据道教的说法，由道衍化为三清尊神：元始天尊住玉清境，灵宝天尊住上清境，道德天尊住太清境。"三清"是道教崇拜的最高神灵，其中元始天尊地位最高，但最具影响力的应该是道德天尊，即太上老君，他是由老子神化而来的。道教的神仙信仰体系十分复杂，是尊奉主神的多神教。在道教看来，修炼成仙的人都可以成为道教徒心中的神仙，因此，三清神以下还有玉皇大帝、护法神将、瑶池女仙、城隍、土地、灶君、财神、八仙等诸多神仙，共同构建成一个超然物外的虚无缥缈的神仙世界。玉皇为诸天之帝、仙真

图3-3 道教三清神

之王,有征召四海五岳之神的权力,万神皆班列其下。次于玉皇大帝的有勾陈上宫天皇大帝,掌天地人三才,主人间兵革;紫微北极大帝,掌天地经纬;后土皇地祇,掌大地山河、阴阳生育,这三者与玉帝合称"四御"。除天帝外,尚有诸大神,包括十方诸天尊、圆明道母天尊(即北斗星)、三官大帝(天、地、水)、真武大帝、南极寿星、东岳大帝,以及英雄神和文化神如关帝、文昌,守护神如城隍、门神、灶神和土地神,行业神和特定功能神如蚕神、财神、瘟神等,还有凡人修炼后成的仙如八仙、张陵、王重阳、张三丰等,其谱系可谓包罗万象、应有尽有。"神仙"崇拜是道教最基本的信仰内容,是不容置疑的根本教义。

3. 天道承负、善恶报应观念

大体而言,道教的宇宙观不够缜密,相比之下,道教的承负观、生死观影响中国人更为深远。和佛教广为流传的因果报应观类似,道教也有天道循环、善恶报应的承负观。《周易·坤·文言》称"积善之家,必有余庆;积不善之家,必有余殃",《道德经》第七十九章也谓"天道无亲,常与善人",这可以看成承负说的思想渊源。《太平经》在解释现实社会中行善者反得恶、行恶者反得善的社会现象时,认为由于天道循环,今人所受到的凶吉祸福归结于祖先的行为善恶,即前人有恶,后人无辜受过,是为承负。同样,前人为善,后人亦受福荫。不仅个人如此,推广至家族,甚至社会、自然都如此。人遭遇的祸福虽然处于天道循环的承负过程中,但人作为生命个体并非只能被动接受,人可以通过行善积德、尊奉神灵、修习道术等后天努力,帮助自身和后代脱负止厄,免遭先人积恶之厄,进而修身守神、内修外养,达到长生久视的仙人之境。葛洪更声称"欲求长生者,必欲积善立功",要做到"慈心于物""仁逮昆虫""赈人之急,救人之穷"等,"如此乃为有德,受福于天,所作必成,求仙可冀也"。道教的承负观沿袭和发展了中国传统的善恶报应伦理观,并深深影响了中国普通民众日常行为中的善恶倾向和选择。

4. 道教重生恶死的生命观和人生观

道教是一种重生恶死、以生为乐,进而追求长生不死即神仙之术的宗教,又因为人的寿命并不取决于包括天命在内的外部因素,而在于自身,因而人只要修性养生、安神固元,即按照道教所宣称的那一套修炼之术修炼,就能长生久视,最后得道成仙,故道教的生死观又与神仙信仰紧密联系。道教因为尊奉不同的修炼方法而形成不同的派别,主要可分为丹鼎派和符箓派。

"我命在我不在天"是道教的基本命题。语出《抱朴子内篇·黄白》:"我命在我不在天,还丹成金亿万年。"道教学者一反儒家"死生有命,富贵在天"的观念,为追求长生积极同自然做斗争,提出了这一力争自己掌握人生命运的口号。内丹家和外丹家试图修炼内外丹,夺天地之造化,掌握自己生命,术数家又想以占验预知自己命运来趋吉避凶。"我命在我不在天"的命题,鼓舞了道教学者战胜自然和社会灾害的勇气,也加强了道士开发人体潜能和追求超自然力的宗教信念。

## 三、道教文化和中国传统社会

鲁迅先生在1918年8月20日给许寿裳的信中称"前曾言中国根底全在道教",意思是道教体现了中国传统文化的特点,从道教入手,可以窥得中国传统文化的内核所在。鲁迅先生此论是站得住脚的,因为道教是中国土生土长的一种宗教,是中国传统社会的产物,原汁原味地保存和体现了中国传统文化的要义和特色。可以认为,道教就是中国传统社会的产物,这突出体现在道教的诸多理论来源。

如前所述,道教借用了道家的很多概念和理论,从老子、庄子、邹衍、《吕氏春秋》和《淮南子》那里,吸取了道家学者关于自然和社会、人生的诸多观点,以至于道教在尚未成熟的秦汉时期,常以黄老道的名义出现。除此之外,道教还"采撷了流传于古代中国尤其是流传于楚文化圈的种种神话,将它们改造、排次,构筑了一个等级森严、名目众多的神祇谱系",将古代中国尤其是楚文化圈内盛行的山川、日月星辰、鬼神祭祀发展为斋醮仪式,将巫医的膏唾、祝咒,民间的臂著五彩、悬苇画鸡、桃印桃符、治邪驱鬼等发展为禁咒、符箓、印镜等法术;它还吸收了当时自然科学(主要是化学及医药学)的成果,一方面把导引等健身术与自己的理论相结合,另一方面神化丹铅方药,构筑了所谓"内丹""外丹"学说。可以说,道教正是在中国古代道家思想的理论基础上,吸取远古鬼神崇拜、民间巫术活动和早期自然科学知识等而形成的。

道教的修道成仙之说主要针对居统治地位的社会上层人士,他们拥有闲暇时间,享有各种政治和经济特权,生活富裕,如何更长久地享受人生正是他们最关注和希望的,因而历代道士都能够在统治者阶层中找到知音,如秦皇汉武、唐宗宋祖、成吉思汗、明太祖等,无不对道教尊重有加,都希冀道教能够延长自己的生命。至于那些因迷信和服食金丹琼浆而误了卿卿性命的帝王将相,更是大有人在。在包括普通民众在内的社会中下层人士中,道教的养生健体、道德说教和心理慰藉功能则具有巨大的影响力。特别是明清以后,代表着正统道教的全真、正一两大派别虽日趋衰落,但道教的多神崇拜、强身健体、积善承负等观念却进一步深入民间社会,普通民众把自己无法解决的现实问题诉诸神仙,以此求得一种心理上的安慰。正是因为道教和中国的民间社会有着极其紧密的联系,所以原来流传民间的诸神,如雷公、土地、关帝、城隍、门神、妈祖、财神、药王等都被吸纳进道教的神仙谱系。

道教中蕴涵有多种自然科学的知识,这是众所周知的。中国古代并无严格意义上的化学学科,道教的金丹家们在长期的炼丹试验活动中,积累了大量和物质性质、化学反应规律相关的经验认识和思想,尽管今天的化学学科证明其中有着大量的谬误,但科学的发展正是从错误中一步步走出来的,其学术价值是不容否定的。当然,道教教徒从事自然试验的目的是修仙炼丹,这就决定了道教在自然科学领域内不可能催生近代意义上的自然科技。此外,道教对哲学、文学等人文艺术学科也有着不容忽视的贡献,从魏晋南北朝到明清,涌现出数量众多的以道教为背景或取材于道教的小说和诗歌,还有不少作者从道教中获得灵感并创作出优秀作品,如李白笃信道教,常与道士交往,这些经历对他的浪漫主义诗风不无裨益。民间社会的各类节俗活动也常常与道教有关。

道教神仙的诞辰,如正月初一元始天尊的诞辰(民间或为冬至日),正月初九的玉皇诞辰,本为道教庆典,但随着道教的流行,影响日渐扩大,逐渐成为民间社会的节俗之一。道教有庆祝三官大帝(天、地、水)诞辰的三元节,分别为正月十五上元节、七月十五中元节和十月十五下元节,此后上元节演变为元宵节,中元节演变为鬼节。春节作为我国最盛大的节俗,也受到道教影响,敬灶神、贴门神、贴桃符、燃爆竹等习俗都与道教有关。

## 第三节 佛教与传统文化

佛教是世界三大宗教之一,距今已有两千多年的历史,它的创立、传播和发展给人类社会带来了巨大影响。两汉之际,佛教传入中国,经过与中国传统思想文化的相互冲突、融合,逐渐发展成为一种具有中国民族特色的宗教。佛教自东汉时期传入我国后,对中国文化起到了极其重要的促进作用,同时,佛教在中国传统文化的熏陶和影响下,也成为不同于印度的中国化的佛教。中国佛教文化作为传统文化的重要组成部分,千百年来对中国社会的政治、经济、道德、宗教、哲学乃至科学、文学和艺术以及各族人民的思想观念和社会生活都发生了极其广泛而深刻的影响。

1. 佛教起源及基本教义

佛教创立于公元前6世纪的古代印度,是东方乃至世界文明史上的一桩大事。佛教的创始人是释迦牟尼(公元前565年—公元前485年)。因他属于释迦部落,被称为"释迦牟尼",意为释迦的圣人。原名乔达摩·悉达多,传说他是当时印度迦毗罗卫国的一个王子,于二十九岁修行,七年成"佛"。释迦牟尼成佛后,宣传佛教四十年,八十岁涅槃。释迦牟尼死后,信奉佛教的人越来越多,并在原有思想的基础上进一步发展,成为东方的一大宗教。

印度佛教自创立到衰落,大致经历了原始佛教、部派佛教、大乘佛教和密教等时期。原始佛教指释迦牟尼创教及弟子传承时期,这一时期佛教的教义明确,教团内部意见统一。在佛陀去世一百余年后,佛教内部因为对教义和戒律的理解不同而分裂成不同部派,大概形成18部派,这就是部派佛教时期。原始佛教的教义较为平实朴素,注意力集中在人生苦难问题上,即人生说教和道德修养领域,而部派佛教则转向哲学思辨,试图囊括全部宇宙人生问题,建立完整的宗教神学体系。再至公元1世纪左右,随着大乘佛教兴起,为了显示自己的正统地位,大乘佛教将之前的原始佛教和部派佛教贬称为小乘。乘者,载也,大乘佛教称小乘佛教只能自救自度,而大乘佛教则普度众生,实现自利利他,故称大乘。大乘佛教把释迦牟尼完全神格化,并把个人的修行目标由阿罗汉提升到佛,提倡自我解脱之余,要帮助无量众生。公元7世纪至13世纪,大乘佛教密教化走向衰落。13世纪末,印度受伊斯兰教国家入侵,佛教被毁,直至19世纪末,佛教才由斯里兰卡倒传回印度。

佛教的基本教义:佛教的基本教义主要有四谛说、八正道、十二因缘说、业报轮回说等内容,这些内容基本上体现出佛教作为一种宗教对社会人生诸多问题的看法、态度和对理想境界的追求。

四谛,指苦、集、灭、道,苦谛指宇宙人生的本质为苦,包括生、老、病、死诸苦和求不

图 3-4 释迦牟尼菩提树下顿悟

图 3-5 释迦牟尼涅槃图

得苦、怨憎会苦、五阴炽盛苦;集谛指造成人生苦难的种种原因,主要是对人生欲望的追求;灭谛指断灭产生世俗苦难的根源,最终达到理想境界即涅槃;道谛指达到理想境界的修行方法。

八正道,是道谛的发挥。具体指出解脱诸苦、断绝轮回、达到涅槃境界的八种途径和方法。其包括正见、正思维、正语、正业、正命、正精进、正念、正定,主要是从身(行为)、口(语言)、意(思想)三个方面对人们的日常生活作出规定,也可以概括为戒、定、慧"三学",是任何一个学佛者都必须修持的。

十二因缘,从缘起出发,说明人生本质及其流转过程,世间一切事物都是因缘而起的假象和幻影,其起源即是无明,即愚昧、贪欲。十二因缘实际上构成业报轮回的基础,人们要摆脱这种业报轮回,唯有从根源上灭无明,而要灭无明,唯有通过佛教修行。佛陀由缘起又提出三个著名命题:诸行无常、诸法无我、涅槃寂静,称"三法印",亦为佛教基本要义。

业报轮回说,"业"指的是人的一切身心活动,任何思想、行为都会给行为者本人带来一定的后果,这后果就叫"报应"或者"果报"。做什么性质的业,就得到什么性质的报,所谓善有善报、恶有恶报是其主要内容。这样"业报"的宗教理论就成为早期佛教的核心,也成了解释人生差别和社会不平等起源的学说。

2. 佛教在中国的传播与发展

佛教在中国的流传,大体而言可分为三个阶段:魏晋以前为输入时期,以翻译佛经为主;两晋南北朝为传播时期,佛教学者在研究各佛经的过程中,形成各种学派和师派;隋唐为兴盛时期,并形成与印度不同、具有中国文化特色的佛教宗派。

(1) 汉朝时代:佛教初传中国

佛教传入中国的确切年代尚无定论,异说颇多,最广泛的说法是东汉永平十年(公元67年)传入中国。《后汉书》记载汉明帝夜梦金人,顶有光明,于是遣使往天竺访问佛法,使者携沙门摄摩腾、竺法兰东还洛阳,并用白马驮着许多佛经回来。永平十一年(公元68年),明帝为两位印度僧人在洛阳建造了中国第一座佛寺,称为白马寺,一僧译出我国现存最早的汉文佛经《四十二章经》。这应当是佛教传入中国的确切记载。总之,这时佛教还不为大多数中国人熟知,主要流行于上层社会,处于依附于道家或道教的情况。

图3-6 中国第一座佛寺——白马寺

图3-7 白马驮经图

(2) 三国两晋时期:佛教走上依附的道路

在魏、吴、蜀三国鼎立的时代,佛教在中国有了进一步的发展,尤其是在北方的魏国及南方的吴国,有关蜀国的佛教史料则很少。由于曹魏建都于洛阳,所以魏国佛教可以说是汉代佛教的延续。

三国时期只有五十多年,从佛教的发展来说,尚属启蒙阶段,因此在思想的建树上,可述者不多。值得注意的是,当时许多文人崇尚清谈之风,有名的竹林七贤,就是那个时代的人物。他们放浪形骸、隐遁山林,批判礼法不遗余力,又纵论老庄之学。当时儒家的地位极为没落,道德沦丧、风纪败坏莫此为甚。由于在乱世生活太痛苦,因此人们兴起出世的愿望。佛教于此时传入中国,时机上可算是"趁虚而入",恰逢其时。

西晋时的佛教活动主要以译经为主。东晋时期中国分为南北两个区域,南方为东晋所统治,北方则是由匈奴、鲜卑、羯、氐、羌等族所建立的十六国所管辖。这些北方的统治者,多数来自西域,同时他们也想利用佛教来巩固其政权,并与以儒道为主流思想的汉族相抗衡,因此,他们往往大力支持佛教的发展。此段时间,正是儒家势力衰微,而神仙方术的庸俗信仰与老庄思想勃兴的时代,人们对"怪力乱神"的事大感兴趣。佛教是外来的宗教,它在此时大盛,也与此有关。日本当代佛教思想史权威柳田圣山认为,佛教之所以能强烈地吸引中国人的兴趣,恐怕不纯然是教理的理解问题,而与人们希望长生不老,喜欢探究超自然的能力有直接的关联。佛教首先即以此通俗信仰的形态,生根于中国社会之间。

三国两晋时期,佛教在与中国固有思想文化的相互冲突与相互融合中得到了迅速的传播与发展,特别是社会的分裂与动荡不安,百姓的苦难与被拯救的渴望,为佛教的传播提供了良好的土壤,使佛教得以赶超中土原有的各种宗教信仰而与传统的儒、道并存并进,为隋唐时期与儒、道形成三足鼎立之势奠定了基础。

(3) 南北朝:佛教登上历史的舞台

东晋灭亡之后,继之而起的王朝,在南方有宋、齐、梁、陈。在北方,则先由魏统一五胡,然后再分裂为东西两半。东魏之后为北齐,西魏之后为北周,最后才由隋统一南北。前后共历一百六十年。南北朝时期的佛教,由于地域的分裂而产生南北两种传统,有"南义""北禅"的各自特点。这个时期的佛教与儒道关系全面展开,也是佛教在三教关系中进一步发展的时期。随着佛教的日趋兴盛,佛道儒三教之争,特别是佛道之争也在这个时期突显出来,"三武一宗"灭佛事件有两次出现在这个时期,而这两次灭佛事件都与佛道之争有密切的关系。

南北朝的统治者把佛教看作有助于统治和维持社会太平的工具,除了扶持佛教外,还对其加紧控制管理,建立了佛教的僧官制度。

由于南北战乱频仍,民族矛盾尖锐,加上佛教的急速发展,遂与儒道二家发生冲突。在南朝,佛教与社会的矛盾主要表现为思想文化的争论,这包括了佛道之间谁高谁低的争论,佛儒之间沙门是否礼敬王者的争论,神灭与否的争论。

(4) 隋唐时代:佛教走向鼎盛时代

中国佛教在隋唐时期达到最高峰。事实上,直到隋唐时代,佛教宗派才出现。而南北朝时期的各宗,除了极少数之外,都逐渐被新兴的中国佛教宗派摄融,而失去了独立的精神。

隋代立国只有三十七年,但因为在政治上统一了南北,也促使佛教的南北两大体系被综合起来。南方佛教的思辨化和北方佛教的实践性,至此达到有机性的统一。

唐代初期统治者支持佛教。唐太宗很重视佛经的翻译工作,特别为自印度取经归国的玄奘建立了大规模的译场。他也下诏在全国各地广建佛寺,以悼念阵亡将士,安抚人心。

隋唐时代是中国佛教最鼎盛的时期,高僧辈出,宗派林立,各擅胜场。政治统一、经济繁荣、文化交流频繁,加上唐朝初年,歌舞升平,都是促成佛教在此时蓬勃发展的原因。

(5) 宋辽金元:从高峰跌到低谷

进入宋代以后,佛教虽然趋于衰微,但仍然有所发展,特别是它传播的范围和在中国民众中的影响,都达到了相当的程度,它对社会生活和文化领域的渗透,也日益加深。儒佛道三教关系表现出了不同于过去的一些新特点,在三教合一逐渐成为整个思想文化基调的背景下,对内禅、净二宗趋于合一,对外佛道儒进一步融合,成为中国佛教发展的基本趋势和最重要的特点。

宋代,禅宗和净土宗成为中国佛教的主流,禅宗最终形成了"五家七宗"。朝廷对佛教进行总体上的控制,同时利用佛教来为国家创造收入。随着印刷术的发展,宋代雕刻了第一部雕版汉文大藏经。这时佛教正在进一步世俗化,各种法会不断,佛教的仪式日益丰富,寺院活动更为商业化。僧人宣扬佛教服务于王权,依附于儒教忠君爱国的原

则,认为佛教的道德有助于王化,有助于社会道德的建立。在理论上,佛学与儒学和道教进一步相互融合,走上了"三教合一"的发展主流。佛教界内部则融合禅、净二宗。

辽代佛教最为兴盛的是华严宗和密宗。皇室提倡佛教,帝后动辄斋僧,民间流行"邑社"的团体。元代统治者尊奉藏传佛教,以喇嘛为帝师,特别利用藏传佛教来稳定西藏和蒙古地区。在藏地,佛教出现了数支派别;在内地,天台宗流行于江浙一带,还有宋以来形成的白莲教和白云宗。总之,这一时期的佛教在民间具有更强大的生命力。

但是总的来说,在这个时期,佛教已由高峰滑落。只是佛教在各个地区的兴衰情况不一,各个宗派的起伏也不相同,充分表现出佛教各宗派在不同时代的不同特色。

(6) 明清:佛教最终走向衰落

明清两代,佛教进一步衰退。明初统治者从制度上限制佛教的社会地位,将佛寺分为"禅""讲""教"三种。每种寺院的僧人,连穿什么样的衣服也有规定。清代沿袭明制,加强僧官制度,内地主要仍为禅、净两宗流行,寺院流行做佛事。

明太祖原系僧侣,对佛教的护持应该是毫无疑问的。然而由于他出身秘密宗教之"明教"(白莲教之前身,与摩尼教和弥勒教有关),深悉宗教力量庞大,乃再度以"既利用又限制"的两面手法来对待佛教。他规定僧尼"或居山泽,或居常住,或游诸方,不干于民"。这使得僧尼的经济只好建立在寺产和经忏上,而不能建立在广大的信众上,这造成佛教的没落。同时明太祖还曾露骨地表示:"释道二教,自汉唐以来,通于民俗,难于尽废,惟严其禁约,毋使滋蔓。"更使得佛教的发展,无形中受到许多的限制。

明代佛教在吸收道教传教方式的基础上,出现了许多糅合儒家伦理与佛教学说的著作,三教合流更为明显。明末以袾宏、真可、德清、智旭四大高僧为旗帜,面对佛教在民间的世俗化和商业化,特别提出了读经的重要性。明代政府曾经取消藏传佛教的特权,但出于政治需要,仍在西北设藏传佛教的僧官,优礼西藏喇嘛。

清朝基本上继承了明朝的佛教政策。历代皇帝对佛教既有保护和扶植,但也有些限制。大清会典的律令规定:僧道不得沿门化缘,不得外出,妇女不得到寺庙进香礼拜等。乾隆皇帝更公开表示"释道是异端",并希望佛道人士可渐次减少。在这样的大环境下,佛教的衰颓,是在所难免的。清末,法相宗曾经一度重兴,一些人想将此作为挽救衰败的国家和世道人心的思想武器。西藏密宗和日本密宗也被引入内地,但并未能扭转佛教下滑的趋势。

清代对藏传佛教予以扶持,给藏传佛教领袖很高的待遇,同时又加强了中央的管理权,规定采用"金瓶掣签"的方式遴选活佛,并以此形成历史定制。在藏区和蒙古地区,佛教在经过宗喀巴大师的宗教改革后,有了更大的发展,并且最终形成了"政教合一"的特有的社会制度。在云南边陲地区,来自缅甸与泰国的南方上座部佛教传入,最终成为这一地区的主流佛教。

3. 佛教与中国传统文化

佛教对中国传统文化的影响是深远的。古代中国人处于一个相对封闭的地理环境之中,疆域虽然很大,但东和东南临大海,西接雪山高原,西南高山丛林环绕,北面沙漠戈壁无垠,再加上无论是北边的匈奴、胡人,南面的山越、夷人,还是西面深眉隆鼻的中亚民族,文明发达程度较之中原华夏民族都有所不及,所以古代中国人自以为居天下正中,汉民族文化程度高于周边四夷的正统观很难被撼动。汉民族文化自身的发展也因为缺少与异质文化的碰撞和交流,自先秦诸子百家争鸣盛况后,就呈现出某种衰败迹象。直到佛教传入,中国文化才第一次遇到强有力的冲击,难能可贵的是,印度佛教本身也在不断地推陈出新,给中国文化不断输入新鲜血液,更对中国以儒、道为主体的固有文化造成一种刺激,促使两千年来中国传统文化不断地吐故纳新、向前发展。

(1) 佛教与中国哲学

中国哲学史是唯物主义和唯心主义、无神论和有神论相互斗争的历史。但从佛教传入中国之后,这两种认识论和思想体系的斗争就形成了错综复杂的局面。佛教哲学的基本点是否认客观现实世界的存在而设想出一个与现实世界相对立的"西方极乐世界"。佛教各派都从不同角度、用不同证据来论证客观世界的虚幻性,同时又千方百计地论证主观精神世界的绝对性,因此佛教哲学属于唯心主义的思想体系。只不过禅宗所主张的"佛向性中作,莫向身外求",更进一步否定了佛教所设想的"西方极乐世界",只承认主观精神世界的绝对存在罢了。这样,禅宗就把佛教哲学的客观唯心主义转化为主观唯心主义。在这个过程中,儒、佛、道三家,互相排斥又互相影响,互相斗争又互相吸收,在唯心主义的思想体系中结为一体。宋代以来的唯心主义思想几乎都从佛教哲学中吸取营养。程颐、朱熹的程朱理学借用了华严宗的某些命题。陆九渊和王守仁的陆王心学则吸收了禅宗的某些思想。而无神论和唯物主义思想也是在批判佛教哲学的斗争中不断成长和发展起来,到明清之际的王夫之发展到较高的思想水平。佛教哲学与中国哲学相互影响、吸取,又相互挑战、斗争,彼此错综,交参互涵。佛教哲学在与中国哲学相互激荡中日益民族化、中国化,从而成为中国的一种宗教哲学。

(2) 佛教与中国文学

佛教对中国文学的影响是显而易见的。佛教为中国文学带来了新的文体、新的意境、新的命意遣词方法,也就带来了形式和内容两方面的重大变化。以题材而言,写佛教的诗文不计其数。从全唐诗来看,其中与佛教有关的诗比比皆是。这些诗赞美佛寺风光,歌颂僧俗友谊。唐宋以来,名僧的社会地位很高,文人纷纷为他们树碑立传,留下许多渗透佛理的散文。其次,以艺术风格而论,由于佛教追求自我解脱,主张离尘出世,至禅宗而宣扬心中求佛,使文学界形成一种清淡悠远的艺术流派。他们在美学上追求"韵外之致","言外之意"。唐代诗人王维奉佛最盛,这种风格也体现得最著。即使是其他流派的作家,其世界观和创作实践都不同程度地受佛教思想的影响,如唐代白居易、宋代苏轼等。以诗歌理论而言,唐宋以后,主张"以禅论诗",讲究诗歌创作要"物象超然","意境空蒙",认为"说禅作诗,本无差别"。以创作队伍而论,在中国文学史上出现了不少和尚诗人,史书上称作"诗僧"。著名的如唐代诗僧寒山、皎然、齐己、贯休,都有诗集留传后世。

(3) 佛教与艺术

中国古代艺术源远流长,自佛教传入后受到刺激和影响,尤其是绘画和雕塑更能显示出佛教的影响。佛教传入中国,印度以及西域的石窟艺术也跟着传入。古印度的佛教艺术主要就是石窟壁画和雕塑,以犍陀罗(今巴基斯坦白沙瓦一带)和阿旃陀(在今印度德干高原)的石窟艺术为代表,均为公元前三世纪到前一世纪的作品。前者以雕塑著称,后者以壁画闻名。中国的石窟艺术正是它们的继承和发展。其影响的路线,就是我们常说的"丝绸之路"。新疆境内现存的石窟艺术,如拜城县克孜尔千佛洞、库车县森木塞姆千佛洞等,不但开凿年代早于中原,其艺术风格也接近犍陀罗。但中原地区的石窟雕塑,则逐渐吸收和融合中国艺术的风格,造像也模拟中国人的形象,当然也保留了印度雕塑艺术的某些特点。如各大寺庙中的十八罗汉和五百罗汉像,既有中国人的形象,又有印度人的形象。至于壁画,自佛教传入以后,以佛教为内容的宗教壁画大大发达起来,出现了像吴道子等著名的宗教画家。在表现手法上,释迦牟尼在印度的修行生活,加入了中国传统的亭台楼阁,使中国人在感觉上更为接近和亲切。

# 第四章　中国古代哲学

中国古代哲学在中国传统文化系统中起主导作用。古代传统的文学、艺术、教育、科学、宗教、风俗等莫不受其引导和影响。中国哲学凝聚了中华文化的基本精神，它是五千年文明发展的智慧结晶。在中国古代文化中，宗教的功能基本上是由哲学来承担的。自古以来，中国人对宇宙的看法、对人生的看法、对生活意义的解释、对价值信念的确立以及他们赖以安身立命的终极依据，都是透过哲学加以反映、凝结和提升的。在西方文化中，宗教处于核心地位。在中国古代文化中，哲学处于核心地位。

## 第一节　中国古代的思想资源和思想传统

### 一、中国哲学的萌芽

古代哲学萌芽于商周之际，西周初年的《尚书》提出五行学说，认为：金、木、水、火、土是构成世界的最基本的事物，《周易》以八卦说明自然现象和社会的关系。《周易》所包含的占卜科学理论令今人大惑不解，以致出现了"《易经》热"。总之，五行说、八卦说、阴阳说，包含着最朴素的原始的哲学思想。

#### （一）五行说

所谓"五行"是指：金、木、水、火、土。《尚书·洪范》中以金、木、水、火、土为构成世界万物最基本的物质。古代思想家用上述五种物质说明世界万物的起源，既是多样的，又是统一的。如西周史伯提出："以土与金木水火杂，以成百物。"战国时出现了"五行相生相胜（克）"的学说，这是中国古代最朴素的唯物主义和辩证法思想。五行相生的关系是：金生水，水生木，木生火，火生土，土生金。五行相生关系反映了古人对组成世界的五种物质的生成关系的朴素直观的经验。金属熔化后成了液体，所以金生水；树木获得水分后才能生长，所以水生木；木能燃烧起火，所以木生火，许多物质燃烧后留下灰烬，所以火生土；金属矿物都在土里，所以土生金。

五行相克（相胜）的关系也不难理解，古人以镰刀和斧子之类的金属工具伐木，所以金克木；用

图 4-1　五行说

木做成工具来耕翻土地，所以木克土；土能堵住水，所以土克水；水能扑灭燃烧的火，所以水能克火，火能熔化金属，所以火克金。

总的来看，五行生克表示的是物质基本形态的变化，五行相互作用，产生万物无穷的变化。在事物的相互关系中，基本作用的方式是相生（促进）与相克（抑制），这是一对矛盾，矛盾的任何一方又可分为两方面，即："我生""生我""我克""克我"四种变化。

### （二）阴阳说

殷周时期有了原始的"阴阳"观念。这是古人根据日光的向背和季节、气候等自然现象的变化规律得出的一种直观的哲学观念。一些思想家把阴阳看作是自然界两种基本的、互相对立和此消彼长的物质力量，把阴阳交替看作是宇宙变化的根本规律和普遍法则。老子认为"万物负阴而抱阳"，认为万事万物都是在阴阳消长中变化的。《易传》提出"一阴一阳之谓道"，把阴阳的概念上升到了哲学的高度。

战国末期，以邹衍为首的阴阳五行家，把阴阳和五行观念糅合到一起，倡导阴阳五行说，认为物质世界是由阴阳二气构成的。金、木、水、火、土是构成百物的基本元素，阴阳五行家是科学和巫术相混杂的学派。

### （三）八卦说

《周易》古经以八卦说明自然现象和社会关系。所谓八卦，指的是乾、坤、震、艮、坎、离、兑、巽，它们有各自的卦形。构成这些卦形的基本符号只有两种，这就是阳爻—和阴爻--，它们是构成《易经》一书卦形符号体系的两个最基本的单位（八卦符号说明如图4-2所示）。

古代思想家认为，八卦分别象征着自然界的八种事物，另外，八卦还分别具有一些特定的象征意义和性质。《易传》就是以此为据来解释自然现象和人类社会的发展变化的。

图4-2 八卦说

## 二、中国古代哲学的发展脉络

从远古时代的阴阳、五行和八卦观念开始，中国哲学走上了它的发展历程。

春秋战国时期，诸子蜂起、百家争鸣，哲学思想异常活跃，涌现出许多如孔子、墨子、老子等重要思想家，形成儒、墨、道、名、法、阴阳、兵、农等学派。它们既相互争论，又相互吸收，既互相渗透，又互相补充，成为我国民族精神文化的不同基因。

东汉以降，印度佛教传入，经过改造而成为中国佛教，中国化佛教哲学包含了很多的哲学思想传统。

宋明时期，理学亦称道学，承续儒家学说，吸取道、释家之思辨，形成了程（颢、颐）朱（熹）理学和陆（九渊）王（阳明）心学。

明清之际，黄（宗羲）、王（夫之）、顾（炎武）、方（以智）、颜（元）等思想家们在承接哲学思想传统的同时,以初步的民主意识和科学意识呼唤"启蒙",显露出走向近代哲学思维的熹微光亮。

其中影响最大的四大思想资源是原始儒家、原始道家、中国佛学、宋明理学。最终由儒家和道家思想占据统治地位。

### 三、原始儒家哲学

**(一)原始儒家哲学**

原始儒家是指先秦时期的儒家学派,代表人物为孔子、孟子、荀子等,原始儒家的经典有《诗》《书》《礼》《乐》《易》《春秋》。原始儒学提出创造性的生命精神,强调"天道""地道""人道"思想,重视"天""地""人"的三才思想,通过"正德、利用、厚生"去"立德、立功、立言",在实际行动中实现人生的价值和意义,完成人之生命。

**(二)儒家的哲学思想**

儒家思想是一种以"仁"为内在的思想核心,以"礼"为外在的行为规范,以中庸为辩证的思维方法,以"知、行、学、思"为其认识论的一整套关于人生道德的哲学思想。儒家的哲学不是从认识论、反映论的角度去探索哲学,而是从精神境界、道德修养、自我完善的角度去探讨哲学的真谛。儒家哲学更侧重人生哲学,研究处世之道。

1. 孔子哲学的思想核心是"仁"

其含义有四:

"仁者,人也","仁"是之所以为人的根本。孔子不仅把"仁"作为外在的行为准则,而且把"仁"作为内在的德性修养。他说:"人而不仁,如礼何?人而不仁,如乐何?"对个人修养,他主张"君子无终食之间违仁,造次必于是,颠沛必于是。"[①]"志士仁人,无求生以害仁,有杀生以成仁。"[②]他教导学生以坚韧不拔的精神向"仁"的方向努力。

"仁者,爱人","仁"的具体含义是"爱人(一种博大的同情心)"。它要求人与人之间的相互关爱,以及对天地万物的悲悯情怀。孔子认为,凡是人,天生都有仁性,都有恻隐之心。孔子之"爱人",虽然根植于血缘亲情,但它并不是到此为止,而是推而广之,把父母子女之爱扩大到社会的各个层面。即"弟子入则孝,出则悌。谨而信,泛爱众,而亲仁。"儒家的理想就是把仁爱的精神从亲人推及所有的人,即孟子后来所阐发的人的"四端之心"和"老吾老以及人之老,幼吾幼以及人之幼"的博爱之心,这是由周代的"敬礼保德"向人的自觉的伦理意识转移的关键一步,由此开启了中国社会以人文教化为主的文化传统。

"仁"是一种宽容"忠恕"的精神。"忠恕"包含了修己和治人两个方面,修己是起点,治人是终点。这是一种深刻的人本主义思想,孔子明确提出"夫仁者,己欲立而立人,己欲达而达人"(《雍也》);又说"己所不欲,勿施于人"(《颜渊》)。这种思想贯穿于孔子思

---

① 《论语·里仁》。
② 《论语·卫灵公》。

想学说的各个方面。孔子曾对他的得意门生曾参说:"参也,吾道一以贯之,汝知之乎?"曾子曰:"唯!"后来其他的同学不明白孔子所指的是什么,就问曾子,曾子说:"夫子之道,忠恕而已矣。"钱穆先生对此解释曰:"尽己之心以待人谓之忠,推己之心以及人谓之恕,无大悬殊也。忠恕之道即仁道,而言忠恕,则较言仁更使人易晓。因仁者乃至高之德,而忠恕则是学者当下之功夫,人人可以尽力也。"

孔子认为政治的最高境界是以"仁"治天下,像尧舜一样"南面而已"。对于为政施治,他倡导立足于对人的关心爱护,希望以教化的方式来达到治国安邦的目的。他提出:"为政以德,譬如北辰居其所而众星共之。"(《为政》)其所谓"德",就是"仁"的精神体现。他又提出"道(治理)千乘之国"的基本原则,是"敬事而信,节用而爱人,使民以时"(《学而》)。他称赞管仲"如其仁,如其仁",就是因为管仲辅佐齐桓公"九合诸侯","一匡天下"而"不以兵车"之力。他称颂"殷有三仁焉",指的就是"微子去之,箕子为之奴,比干谏而死",他们都强烈反对殷纣王的暴政(《微子》)。子张问"仁",孔子更具体指出"能行五者于天下,为仁矣"。这五者就是"恭、宽、信、敏、惠"。因为"恭则不侮,宽则得众,信则人任焉,敏则有功,惠则足以使人"(《阳货》),五者的出发点,都建立在对人的尊重关心和体谅上。

2. 以礼为外在的行为规范

"礼"是孔子思想学说的一个重要范畴。"礼"作为一种社会行为规范,由来已久。孔子曾经说:"殷因于夏礼,所损益可知也;周因于殷礼,所损益可知也。其或继周者,虽百世可知也。"(《为政》)还说过:"周监于二代,郁郁乎文哉! 吾从周。"(《八佾》)孔子认为,到了周代,"礼"发展得最完备,因此,他最为崇奉的是周礼。在孔子看来,"礼"是从天子到庶人,人人必须遵守的行为规范。

孔子所谓的"礼",包含外在形式和内在精神两方面。其内在精神是维护当时的宗法等级制度及相应的各种伦理关系。在《礼记·哀公问》中,他明确指出:"非礼,无以节事天地之神也;非礼,无以辨君臣上下长幼之位也;非礼,无以别男女父子兄弟之亲,婚姻疏数之交也。"而且,在孔子及其他儒者眼里,"揖让周旋之礼"固然重要,但其内在的名分等级观念才是他们着意追求的目标。他曾感叹地说:"礼云礼云,玉帛云乎哉? 乐云乐云,钟鼓云乎哉?"①

"礼"的外在形式,包括祭祀、军旅、冠婚、丧葬、朝聘、会盟等方面的礼节仪式。孔子认为,注重"礼"的内在精神固然重要,而内在精神终究还要靠外在形式来体现。所以对这些礼节仪式,孔子不但认真学习,亲履亲行,而且要求弟子们严格遵守。他教育颜渊要"非礼勿视,非礼勿听,非礼勿言,非礼勿动"(《颜渊》)。对于违背礼法原则的行为,他总是给予严厉的批评和抵制。季氏八佾舞于庭,是对礼的僭越,孔子说:"是可忍也,孰不可忍也!"子贡欲去告朔之饩羊,孔子讽刺地说:"赐也,尔爱其羊,我爱其礼。"(《八佾》)

孔子的"礼",具有明确的教化性质,其要义是要求人们通过加强修养,自觉地约束

---

① 《论语·阳货》。

自己,从而达到社会秩序稳定,人际关系协调的目的,认为"克己复礼为仁。一日克己复礼,天下归仁焉"(《颜渊》)。

### 3. 以中庸为辩证的思想方法

"中庸之道"是孔子晚年提出的修身、处世的理论原则,既具有哲学方法论的意义,又具有品德修养的意义。"中"是指矛盾相互依存所表现出来的"度",即事物变化中的量的规定性。"庸"通"用","中庸"即以"中"为"用",就是要把握矛盾相互依存或相互渗透所应遵循的量的规定性,使矛盾双方在一定的限度内发展,从而保持统一体的和谐。

儒家的辩证思维方法是"中庸"之道,他们把中庸思想当作最高的道德标准,根本的哲学原则,治国的根本方略。中庸用在经济上就是"不患贫而患不均,不患寡而患不安;盖均无贫,和无寡,安无倾(优惠政策)",实际上是平均主义。中庸应用在修身立德上就是伟大寓于平凡,理想寓于现实的精神,要求"执中"。我们不必讲权势,去做极端的人(人上人和最底层人);也不必做出惊天动地的事情,只要在平凡的生活中尽心尽力,就实现了我们的生活目标。孔孟的中庸之道至今仍然是不少人的处世哲学。

### 4. 知行学思的认识论

教育思想是儒家学说的重要组成部分。在创办私学的过程中,孔子提出了"有教无类"的口号,并以培养"君子"为宗旨,以知识和道德教育为主要内容,以启发教学为基本方法,以因材施教和循循善诱为基本方针,以"学而不厌,诲人不倦"为教学楷模,在实践基础上提出了学、思、知、行诸范畴,开辟了古代认识论的新领域。

"学"是孔子强调最多的问题,著名学者王长华先生甚至认为孔子的一生实际上是以"学"为本位的,包括了读书、治学也包括做人,孔子的学,是增长知识和道德修养的统一。孔子称自己"我非生而知之者,好古,敏以求之者也"(《述而》)。要求弟子"发愤忘食","学而时习之","温故而知新"。他一再赞扬好学的颜回,称颜回"退而省其私,亦足以发,回也不愚"(《为政》)。他同时又批评白天睡觉的宰予,说他是"朽木不可雕也,粪土之墙不可圬也"(《公冶长》)。"思"是大脑运用知识进行思想判断的过程,孔子认为不加思考的东西是毫无价值的。他说:"多闻,择其善者而从之;多见而识之,知之次也。"(《述而》)又说:"学而不思则罔,思而不学则殆。"(《为政》)他一方面要求把思考分析建立在学习探求的基础上,另一方面又要求把学到、听到和见到的东西加以分析研究,变成自己的知识,丰富提高自己。在学思关系上,孔子认为学与思缺一不可。"知"是知道、明白的意思,也有聪明和智慧的含义。孔子对弟子说:"知之为知之,不知为不知,是知也。"强调的是实事求是的态度。"行"指具体的实践活动,是人才价值实现的重要环节。在知行关系上,孔子认为不仅要善于学习诗、书、礼、乐等知识,更要在"躬行"上下功夫,他说:"君子欲讷于言而敏于行。"认为只说不做是可耻的,"耻躬之不逮也"(《里仁》),"君子耻其言而过其行"(《宪问》)。可见,孔子非常强调知与行的结合。在教学方法上,孔子善于发现学生各自在性格和学业上的特点,主张因材施教。他说"求也退,故进之;由也兼人,故退之"(《先进》)。他循循善诱,注意启发学生独立思考,激发学生的求知欲望,主张"不愤不启,不悱不发。举一隅不以三隅反,则不复也"(《述而》)。

## 四、原始道家哲学

原始道家的代表人物是老子和庄子,《老子》和《庄子》两本书是把握道家哲学思想的经典,老庄哲学是自成体系的宇宙观、认识论、方法论、自然哲学和人生哲学。其中《老子》为老子关于宇宙生成的专门著作,前后理论一贯,层层推出,哲理庞博,用韵精细,是一首意味深长的哲理诗。《庄子》一书的哲理性也很强。老庄在中国哲学史上的地位,如同苏格拉底和柏拉图在西方哲学史上的地位。

### (一) 老子哲学的中心思想与理论基础是"道"

#### 1. 老子哲学本原:"道"本体论

在老庄看来,"道"既是宇宙万物的本原,又是宇宙万物赖以存在的依据,"道"是一个高度抽象的一元性、超越性的哲学范畴。

"道"作为宇宙的本体或本根,先于天地而存在,具有"独立不改"的永恒性,是"周行而不殆"的运动实体。所谓:"有物混成,先天地生,寂兮寥兮,独立不改,周行而不殆,可以为天下母。吾不知其名,字之曰道,强为字之名曰大。"①所谓"道之为物,惟恍惟惚。惚兮恍兮,其中有象;恍兮惚兮,其中有物。窈兮冥兮,其中有精;其精甚真,其中有信"②。"视之不见名曰夷,听之不闻名曰希,搏之不得名曰微"③等,都是对"道"的形象化的描述。"道"是一个有点神秘的、实有的存在体。虽然它无形无名,不能为我们的感觉所感知,但它是真实存在的,可以为我们的思维所把握。这就是老子的《道德经》开篇首章提出的一个重要命题:"道可道,非常道;名可名,非常名。"这句话的直解是"道是存在的,然一般人所说的道,并非自然之道;名是要用的,然一般人所命之名,并非自然之名。"可以从三个方面来理解道本体的意义。

第一,道为万物之本原。老子认为道是宇宙和自然万物产生的根源。老子说:"道生一,一生二,二生三,三生万物。万物负阴而抱阳,冲气以为和。"④这是从宇宙生成的角度来说的,这里的一、二、三已经不是抽象的实数,而是具体的由少及多、由小及大的宇宙万物,这宇宙万物皆由道而生成。实际上,老子所说的"一"就是先天地之前就已存在的混沌之气,所谓"二"就是一气分为阴阳二物,所谓"三"就是阴阳二物相反而又相成,由此衍生出世间万物。所谓"万物负阴而抱阳"是指任何事物内部都存在着矛盾的双方,所谓"冲气以为和",是指矛盾双方既对立又统一,由此推动了万事万物的变化和发展。宇宙的发生和发展,老子皆统之于道,这是老子在总结前人关于宇宙形成的各种学说的基础上(气说、水说、土说、光说等)所首创的新学说,这个学说把我国古代哲学家关于宇宙生成的原理从具体的物质实体提高到了抽象的存在实体的高度,毫无疑问,这是老子对中国哲学的巨大贡献。

---

① 《道德经》二十五章。
② 《道德经》二十一章。
③ 《道德经》十四章。
④ 《道德经》第四十二章。

第二,道物不二。道不是具体的某一物,但道又存在于每一物之中,离开了具体的物质实体,道也就不复存在,所以是"道不离物,物不离道"。也就是说,道之于物,犹水之于波,水皆有波,波却不能离开水而独立存在,宇宙是运动不息的长流,道就像流水之上的波浪,流水在下,众波在上,二者生生不息,须臾不可分离,所以老子说:"渊兮似万物之宗",又说"大道汜其左右"。这些思想都含有朴素的辩证唯物主义成分。

第三,"道"法自然。老子的自然之道,是不需要凭借任何外力的自行存在,其中既包括自然的本质,又包括自然的现象。"希言自然。故飘风不终朝,骤雨不终日,孰为此者?天地。天地尚不能久,而况于人乎?"①是说天地皆有自然之性而不可太过。违反了自然之性的结果只能适得其反(此外讲宇宙自然)。"是以圣人欲不欲,不贵难得之货。学不学,复众人之所过。以辅万物之自然,而不敢为"②,是说明万物都是按自然的法则而运行的,所以人亦应依顺自然而无私,不要把自己的主观意愿强加上去。老子"无为而治"的政治原则即据此而建立(此处讲社会人生)。最后,第二十五章说:"故道大,天大,地大,王亦大。域中有四大,而王居其一焉。人法地,地法天,天法道,道法自然。""道法自然"即以自然为法则,这是老子对道与自然的关系的一个绝对性结论。老子认为,道就是自然,而自然就是"道"的根本属性,这种自然观构成了道家思想的实质和理论基础。其政治与人生观所提倡的贵柔、守雌都是自然本性的引申和演化。

老子的本体论从根本上回答了世界的本质及其构成、演化等问题,标志着中国哲学的初步奠基。

2. 老子的辩证法:有无相生

老子哲学中最基本的一个问题就是"有"与"无"的关系。"有无相生",是老子哲学用以说明天地万物所以然、所以生、所以成的基本范畴,可以从三个方面来理解。

第一,从具体的事物来看,任何一个事物都是"无"与"有"的统一。也就是说,任何一个事物必有其所赖以生的物质和所以生的理由,而后成为某物,这是实在的对立统一。第二,"有"一定是依"无"而存在的,而"无"也必须由于"有"才能显现,"有"与"无"相反而相成。第三,就万物的变化过程来看,推其原始,是因为"无"形之气生出一切"有"形之物,穷究其终,则一切"有"形之物最终仍复归于"无"形之气。总之,老子的有无之辩,既非"贵无",也非"崇有",而是"有无相生,万物以成"。"无"是宇宙万物的原始,"有"是天地万物的理由。

3. 老子的认识论:为学日益,为道日损

老子的认识论也很独特,他认为"为学日益,为道日损",意思是求学的过程在于积累,使知识一天比一天增多,其结果却使人离道越来越远;求道的过程在于减少,使知识一天比一天减少,其结果使人与道合一。老子的这种认识论是很难言说的,注重的是感悟和体验,那种玄虚微妙的感受因为人和人各不相同,因而有很强的多义性和歧义性,这种认识方法和古希腊的哲学方法论有很大差异。古希腊哲学家认为,凡是可以言说

---

① 《道德经》第二十三章。
② 《道德经》第六十四章。

的,才是可以认识的,凡是不可以言说的,就是不可以认识的,强调只有通过理性的、逻辑的和思辨的方法得出的,具有永恒的、不变的认识,并且能够用明晰的语言表述清楚的才更接近真理。老子的认识论恰恰与此相反,他在《道德经》开篇第一章就说:"道可道,非常道;名可名,非常名。"认为人们常常说的道,并不是真正的道,真正的道是不能言说的。老子更强调整体地把握和认识宇宙的开阔性和无限性,正像李泽厚所说:"老庄之道是无法说明白的,说了千言万语,还有万语千言要说。"老子的这种思想对中国古代艺术产生了非常大的影响,中国文学创作和艺术创作的许多规律皆由此而引申出来,比如诗歌创作的含蓄、蕴藉,意味深长,绘画创作的空灵、玄远,读者必须把自己的感情投入进去进行感知,才能得到审美的享受。两者并列不合适,应举具体绘画作品。

### 4. 老子的社会理想:无为而治

老子有极其鲜明的政治态度和社会理想,正像司马迁在《史记》中所说"道德五千言,皆君人南面之术"。老子的政治态度就是"无为而治"。"无为而治"是老子宇宙观和社会观的统一。它的无为而治的政治原理是本之于他的"天道自然观"而产生的。如《道德经》说:"道常无为而无不为。侯王若能守之,万物将自化。"(三十七章)"上德无为而无不为,下德为之而有不为。"(三十八章)"以正治国,以奇用兵,以无事取天下。故圣人云:'我无为而民自化,我好静而民自正,我无事而民自富,我无欲而民自朴'"(五十七章)。也就是说,老子的"无为而治"是把大道顺自然以行而无私的法则在政治上的合理应用,它包含有三个方面的意义。

第一,"无为而无不为",这是老子的政治观。老子的无为并不是消极的无所作为,而是积极遵道以动,放德而行,则百姓顺风而自化,故不需要严刑酷法的制裁。此是针对当时统治者之间的国土之争、奢侈之风、烦苛之征而言的。老子认为治理国家,不能以私心处事,以私利损之,而应遵循自然的法则,因势利导,使人各安其生,各得其所,故曰:"爱民治国,能无为乎!"

第二,"无为也,则用天下而有余"。这是老子的社会观。老子认为,只要能顺天之时,随地之利,因人之力,则天下各尽其用矣。无为则顺道而行,无事则不扰,政简则民安,所以老子说"以无事取天下"。《老子》第八十章说:"小国寡民,使有什伯之器而不用,使民重死而不远徙。虽有舟舆,无所乘之;虽有甲兵,无所陈之;使人复结绳而用之。至治之极。甘其食,美其服,安其居,乐其俗。邻国相望,鸡犬之声相闻,民至老死不相往来。"这就是老子的理想国。这样的国家并非是蛮荒的原始社会,因为这里有文明进步的各种产物,政治上的国家、军队,经济上的什伯之器、舟车、甘食、美服,思想上的语言文字,都一应俱全,没有世袭的王侯贵族,没有苛捐杂税,没有剥削,人人生而平等,由人们推举出来的没有私心的有道者(圣人无常心,以百姓心为心)进行管理,则见这样的国家也算是小康之世了。

老子所向往的这种和平相处、没有争端、各不相扰的世界格局不正是我们现代人孜孜以求的吗?不过,在人欲横流的阶级社会里,老子希望人们用去私寡欲、自食其力、顺道而行来反对统治者的横征暴敛、骄奢淫逸、恣意妄为显然只能是一种妄想,是一种永远也不可能实现的"乌托邦"。老子的社会理想实际上代表了当时新兴的自耕农的利益和要求,具有平均主义的倾向,在客观上是对当时统治阶层的批判,应该说具有进步的和社会主义的合理因素在内,所以,看见"小国寡民"、"太上之世"的字样,就认为老子是落后的、保守的甚至是倒退的,这样的看法是有失公允的。

第三,"为无为,事无事"。老子认为只要掌握了事物发生发展的法则,就能预见未来,故在政治上要"为之于未有,治之于未乱",故不见其为,而事成,不见其治,而功立。这也就是我们今天所谓的"防患于未然"之意。

道家运用"否定"的方法,否定知识、名教,否定一切外在形式的束缚,以化解人生之忧,以求精神的超脱解放。庄子的人生哲学是对人之平等的价值观之肯定。道家的人生理想必须贯注于现实的人生之中。"《老子》和《庄子》像永不枯竭的山泉井,满载宝藏,放下汲桶,唾手可得。"意思是人们要想从老庄哲学中获得营养,需付出努力,对老庄哲学的理解和阐释需要相当渊博的哲学和宗教功底。关于儒家和道家处世的态度的不同,我们可以从他们对一首歌谣的解释中看出来:"沧浪之水清兮,可以濯我缨;沧浪之水浊兮,可以浊我足。"孔子听了这首歌谣,深有感触地教诲弟子说:"小子听之,清斯濯缨,浊斯濯足矣。自取之也。"孔子的意思是,水自身的或清或浊,决定了它或享"濯缨"之荣,或遭"濯足"之辱。水的境遇是由它自身的内因决定的。孟子进而阐发道:"夫人必自侮,然后人侮之;家必自毁,而后人毁之;国必自伐,而后人伐之。"孟子的意思是,人的荣辱,国家的兴亡,都是由其自身的内因决定的,正如流水,自身的清浊不同,便会受到不同的对待。孔、孟用"沧浪之水"旨在强调人们应当加强自身的"仁"的修养,反映了一种积极向上的人生态度。

### 五、中国佛教哲学

印度佛教传入中国后,经过从汉代到唐代六百余年的消化、吸收和改造,形成了中国化的佛教哲学。最具中国特色的佛教宗派有天台宗、华严宗和禅宗。

中国佛教智慧采用否定、遮拨的方法(并不仅限于这一方法),破除人们对宇宙一切表层世界或似是而非的知识系统之所"执"(着),以求获得精神上的自由、解脱,而直悟生命的本性(本真)。中国佛学各宗派有一套自己独特的运思模型。

(1) 天台宗的运思是圆融的慧思,他们采取层层圆而无偏、遍而无漏的辩证综合方式,用"三谛圆融"说把一心同时观照的表象世界之空无、假有、非空非有等各个方向,互不妨碍、彼此圆融地统一起来;

(2) 华严宗提倡开放的心灵运思,其"理无碍、事无碍、理事无碍、事事无碍"和"一即一切、一切即一"的主张,把本体与现象、现象与现象之间的关系都看作是互为依恃、互为因果、相即相入的,把世界看作是无限丰富的,看作是融摄了不同层次的相对价值系统的绝对价值系统,在一无限和谐的实在中主体和客体互为依藉、互相关联;

(3) 禅宗主张不立文字、直指人心,见性成佛。其认为自性是佛、平常即道,一旦见到自己的真性和本有心灵,就了解了终极的实在和得到了菩提(智慧)。

## 六、宋明理学中的哲学思想(亦称"道学")

宋明理学是儒、道、释三大思想资源与传统在宋、元、明时期新的综合,它以儒学为主干,融摄道、佛的智慧,建立了以理气论、心性论为中心的道德形而上学体系。

### (一)宋明理学的最高理想是"孔颜乐处"和圣贤人格

对"孔颜乐处"的描述散见于《论语》中。《论语·述而》载:"子曰:'饭疏食,饮水,曲肱而枕之,乐亦在其中矣。不义而富且贵,于我如浮云。'"孔子说,吃着粗粮,饮着白水,弯着胳膊当枕头,这也充满乐趣。用不义的手段得到富贵,对于我好像浮云那样转瞬即逝而无足轻重。又载孔子对自己的描述:"其为人也,发愤忘食,乐以忘忧,不知老之将至云尔。"发愤学习和教学,是最大快乐,自觉年轻多了,忘了自己渐渐地老了。《论语·雍也》载:孔子说:"贤哉,回也!一箪食,一瓢饮,在陋巷。人不堪其忧,回也不改其乐。贤哉,回也!"这是孔子对学生颜回的赞扬,说颜回用非常简陋的竹器吃饭,用瓢饮水,住在陋巷,别人受不了这种困苦,颜回却不改变乐观态度。也就是说,对于孔子、颜回这样品德高尚的人来说,快乐不在于物质享受,而在于精神的追求。因此,"孔颜乐处"是儒学关于人格理想与道德境界的命题,汉、宋以来的儒学大师都把它奉为最高的人格理想与道德境界。"孔颜乐处"简单来说,是指儒家知识分子那种安贫乐道、达观自信的处世态度与人生境界。

古代中国人的理想人格是一种圣贤人格。两千多年来,孔子等人在历代以儒生为主体的知识分子的美化中,其形象不断被完善,其地位代代升高,由古人成圣人,由圣人而及天理,由外在的典范而成为内在人性,直至被抬到宇宙本体的高度。至此,它就不仅是个体向往的人生理想,而且成了安置于人性之中的监控个体行为的至高无上的权威。

### (二)宋明理学阐明了道德理性和知识理性的关系

宋明理学建立起了"理本论""心本论"和"气本论"三大思想体系。朱熹是宋代理学的集大成者,他集中讨论了理气的关系与心性关系问题,他认为"天地间,有理有气,即阴阳二气",他认为理先气后,气是从理出来的,他强调道德理性对人的情感欲望的制约,人心必须服从道心,"人欲"必须服从"天理",提出"存天理,灭人欲","心包万理,万理居于一心"。为了涵养心性,他要求人们"居敬""穷理"。居敬就是专心一致,"穷理"就是深入研究。他还要求人们"格物致知",即"穷天理,明人伦,讲圣言,通世故",向天理和社会学习。

王阳明又叫王守仁,是明代理学家。他建立了理学界的"心学体系",其中,"知与行"的探讨和"致良知"的学说颇有特色。"知"是就道德意义的自觉程度而言,也指一般知识活动。"行"是指行动、实践,现在一般把"知与行"理解为知识与行动,理论与实践。王阳明在朱熹的"知先行后"观点的基础上,提出了"知行合一"的观点,"圣学只一个功夫,知行不可分作两事",一方面要求人们在内心精神上下功夫,另一方面要求人们言行一致,表里一致。

"良知"本是孟子提出的,指辨明是非善恶之心,是人们心中早已有的正义感。王阳明的"致良知"有两层含义:一是扩充良知,除去心中的私心杂念,保持善良的心;二是加强实践,把心中的善意具体地表现出来。同时"致良知"也是艰难的修养德行的功夫,他说:"良知自知,原是容易的,只是不能致那良知,便是知之匪艰,行之惟艰。"他要求人们不畏艰难,实践自己的良知。

**(三)宋明理学是儒学在宋代的发展和进步,但在实践层面却成了扼杀人生命精神的工具**

宋明理学在元明清几代都是官方的哲学,在元明清七百年中,奉儒学为正宗,而在14世纪到21世纪,宋明理学对东亚产生了广泛的影响。传到日本后,其影响达400年。其正面影响是:对培养气节操守,重视品德,讲求以理统情,自我克制,发奋立志起了重要的作用;把道德、自律、人的社会责任感、历史使命感提高到本位论的高度,造就了一批有气节、品德好,既忠君又报国的名相和名将,如抗金英雄岳飞、文天祥,抗倭名将戚继光等。当然,我们也应当看到,理学也有糟粕和负面影响:维护专制等级统治,存天理,灭人欲,压制和扼杀人的本性,统治阶级把理和封建纲常伦理结合起来,推行残酷的天理——"三纲五常",给中国人民带来了精神压抑的灾难。

## 第二节 中国古代哲学的思维方式

两千年来,中国古代哲学流派纷呈、众说纷纭,构成了中国丰富多彩、气象万千的哲学史长卷。从世界角度看,中国哲学和印度哲学、源于希腊盛于欧洲的西方哲学并列,号称"世界三大哲学体系",当然,和西方哲学相比,中国古代哲学具有自己的特色。

### 一、哲学概念的传入

在中国古代学术史上,并没有哲学一说,没有一位学者用哲学来命名自己的学术体系。所以很明显,哲学一词非国人所创,是一个外来名词。"哲学"一词源自希腊文,拉丁文写成 Philosophia,据说毕达哥拉斯是首个用该词来指称从事一种专门性质活动的人,但哲学作为一门专门的理论学科,要到苏格拉底、柏拉图和亚里士多德时期才确定下来。Philosophia 一词最早传入中国是在明代万历年间,当时翻译为"理学",后来还被译为"斐禄所费亚""爱知学""智学""格致学"等。事实上,Philosophia 的中文译名"哲学"是来自日本。19世纪70年代,日本学者西周将 Philosophia 翻译为"哲学",此后数年,哲学这个中文译名开始得到大家认可并传入中国。

### 二、中国古代哲学的基本前提

中国古代哲学头绪众多、纷繁复杂,但有两个预设的基本前提或谓价值立场不可忽略,那就是实用前提和道德前提。这里的"实用"一词并不带贬义,只是指中国古代哲学有一种服务于现实社会、现实政治的强烈倾向,也可以称之为功利性。如前所论,西方哲学有一种纯粹的、以知识本身为最高追求目标的传统,但这种传统在我国殊为少见。

在孔子以前,中国的知识主要由贵族所垄断,所谓"学在官府",普通民众没有接受教育的机会,直到孔子宣布"有教无类",任何下层民众只要有兴趣,有一定的经济能力(交得起学费),都可以跟随他接受教育、学习知识,此后知识才不被少数人所垄断。孔子本人虽然贫困,出身没落贵族,却有一种极其强烈的历史责任感和使命感,要凭借自己掌握的知识为现实社会指出一条光明坦途,这实际上是预设了知识服务现实社会的价值前提和立场,由此引导了中国知识分子达济天下的积极入世传统。正如黑格尔所说:"孔子只是一个实际的世间智者,在他那里思辨的哲学是一点也没有的——只有一些善良的、老练的、道德的教训。"①黑格尔说的是"思辨的哲学",在这方面,孔子确实没有兴趣。

到北宋,大儒张载更把中国知识分子的这种传统高度概括为"为天地立心,为生民立道,为往圣继绝学,为万世开太平"②。至于实现兼济天下的途径,无非两条,或者借助于外在的世俗权力,或者借助于内在的道德约束。外在的世俗权力指王权,孔子授徒时宣称"学而优则仕",明确要求弟子以所学服务于当时的诸侯国君。和儒学并列的另一显学——墨家也说"以学干禄",都以入仕为首选。掌握知识的士人阶层在服务于王权的过程中,相对容易地获得地位、声誉以及经济上的优厚回报,这更进一步强化了士人的入世精神,而随着王权的日益强大,士人缺少经济来源,其独立意识也渐渐被消解。内在的道德约束即人性的自我规范,唯有通过道德教化来实现,于是历代正统儒家士人,身在官场就致力于推行道德教化、移风易俗,埋首学问则强调道德人心,企图以道德规范上至天子、下至小民的所有社会成员。

中国古代的学者、思想家对世界万物也充满好奇,也对宇宙自然、社会人生做出了卓有成效的探索,还对人类自身的思维与外部世界的关系有独到见解。但是,在宇宙自然和社会人生这两者中,中国古代的学者、思想家选择了后者,他们研究宇宙自然的目的,是为了论证和阐释社会与人生。因此可以认为,中国古代有哲学,尤其是在先秦、魏晋、隋唐、宋明时期,中国古代的先贤们在哲学领域所取得的成就都斐然可陈,但是,先秦诸子之学、魏晋玄学、宋明理学等本身并不等同于哲学。同时,由于中国社会的发展历程、深层次结构、文化传统都与西方社会迥异,因而中国古代哲学具有自身的一些特点,并不和西方哲学为知识而知识的传统相一致。

道德立场是中国古代哲学的另一预设前提。中国古代的哲学家和思想家不但预设道德前提,还大都倾向于人性本善,更准确地说,应该是相信人皆有向善的本能和向善的可能,因为有这种本能和可能,所以学者们尤其注重道德教化,这使得中国古代哲学乃至中国传统社会都呈现出伦理化、道德化的显著迹象。

众所周知,先秦时期的孟子主张性善,认为恻隐、羞恶、辞让、是非之心乃仁义礼智

---

① [德]黑格尔著,贺麟等译:《哲学史讲演录》(第1卷),商务印书馆,1959年版,第119页。
② (宋)张载:《张载集·近思录拾遗》,中华书局,1978年版,第320页。

之端,即为根本善,每个人生而有之,无须训练就已经具备。但孟子所谓的仁义礼智仅仅是四种善端,他同样认为"人之所以异于禽兽者几希"①。因此,孟子所谓性善,并非指人的本能都是善,而是指人异于禽兽的地方在于人有特殊的性质即善,这种善绝非已经完成,或是已然成形,充其量只是一种萌芽,所以孟子称之为"端"。他很清楚这种善端非常稀薄,以至于人只要稍稍放纵就会湮灭这种善端,所以他最希望看到并全力倡导的,是大力扩充这种善端,最后如"火燃泉达"一样蔓延拓展,这正如"浩然正气"的培育一样。

荀子则主张性恶,认为人生来都贪利多欲,本性中只存在恶的一面,一切善的行为举止,都是后天的教育训练的结果。但荀子认为人性本恶并不影响人可以为尧舜,人人都有为善的可能,特别是经过后天的道德熏陶。可见,孟子的着重点在于扩充人性中善的可能性,旨在正面鼓励人们积极向上、奋发作为。荀子的着眼点在于提醒人们要时时刻刻警惕和防范人性,从反面警示人们积极向上、奋发作为。因此,孟荀二说实有相反相成之效。

孟、荀以后,性善与性恶论在争执中各有发展,但就总体而言,性善论无疑占据上风。到宋明理学时,为了突出人心向善的要求,将人性分为天地之性和气质之性,前者至善、完美无缺,在人身上表现为道心,后者有善有不善,在人身上表现为人心。道心和人心都统一于人身,不过圣人身上以天地之性即道心为主,普通人则以气质之性即人心为主。因此,理学家要求普通人以道心主宰人心,人心听命于道心,从而实现向善的可能和目标。

不难看出,从先秦诸子到宋明理学家,他们并不否认人性中有恶的一面,但他们一直强调的却都是人性趋善的这种可能和要求,相信可以通过后天的努力和教化,剔除人性中恶的一面,彰显人性善的一面。儒学声称人皆可以为尧舜,禅宗强调人皆可以成佛,都是建立在人性为善或者说人性应该为善的基础上。与之形成对比的是西方文化的另一源头古希伯来宗教,它认为人可以得救,但始终不能神化,不可能像神那样完美无缺。人不但不能成为神,而且人的堕落性是随时可能、永无止境的,这种对人性中与宇宙中种种黑暗势力的正视和省悟,被学者称为"幽暗意识"。② 显然,这种对人性之恶的警醒在中国文化中很少得到正视。

基于人皆有向善的本能和向善的可能这一伦理前提,道德就成为中国哲学体系中不可或缺的重要因素,无处不在,起着沟通宇宙万物、社会人生和个人的重要纽带作用。作为外部世界的天和自然界,不但和人一样具有道德的属性,更是至善的代表,是人世间所有一切的最终依据和指标,这样就借助于外部世界确立了道德的神圣性。士人则以"修身、齐家、治国、平天下"为座右铭,修身为根本,只要竭尽全力提高自己的道德修养,进而就可以和睦家庭、治理国家。即便仕途不尽如人意,只要保证自身的道德修养,仍然可独善其身,或追求"孔颜乐处",或怡情山水,保证自身处于一种良好境界。

---

① 杨伯峻译注:《孟子译注·离娄章句下》,中华书局,1960年版,第191页。
② 张灏:《幽暗意识与民主传统》,新星出版社,2006年版,第24页。

在现实政治领域,更以道德属性去规范和要求君主,即格君心,以为只要保证君主的良好品德,就可以实现国家的良好治理,这就是由内圣而外王。从宇宙到社会,从社会到人生,都被道德化、伦理化,认为只要道德完善,所有一切社会问题都可以迎刃而解。至于道德的具体内容,则被明确规定为维护统治阶层利益的那套礼教制度,不允许任何人质疑。人性的善恶取向,至今仍然众说不一,但可以肯定的是,人性是一个复杂的多面体,很难以单纯的善或恶来概括。我们不能只看到人性中善的一面或为善的可能性,就忽略了人性中可以给人类社会带来巨大危害的恶的一面,而且,道德总是表现为一定历史时期和一定社会发展阶段的人们的主观观念和想法,并不具备客观性,因此整个社会的泛道德化,只会对学术的独立和人的自由造成损害。

### 三、中国古代哲学中的思维方式

由于哲学研究的是关于整个世界的学说,试图从根本上把握关于宇宙自然、人类社会和知识的一般规律,因而从哲学中可以看出一个民族的思维方式和习惯。大体而言,根据中国哲学各家各派的主张和观点,可以归纳出中国古代哲学家和思想家思维方式最重要的特点,即一元思维模式。一元思维模式在中国哲学中表现为天与人、物与我、自然与社会以及知与行的合一,实质上就是指作为主体的个人与作为客体的外部世界的混同,这与西方的主客体两分正好相反。在一元思维模式中,作为认识主体的个人无法将自身和客观外部世界作严格的区分,也就难以对外部世界作深入的考察和分析,只能以主客体互相融合、渗透的方式,对外部世界做出经验的、体悟的、直接的推断。宇宙自然是中西方哲学家都关注的外部世界,但西方人把外部世界与人类自身加以严格区分和甄别,尤其是自然界和人类个体,这两者之间是无法打通、不可逾越的。

近代西方哲学较之古代,有一次"认识论转向",即由离开人的意识和思维直接断言世界本身,转向以反省人类意识及其与世界的相互关系为出发点,首先关注人类的自身思维,认为我们所谓的外部世界,不过是人类思维的反映,人类的所有知识成果也都是人类思维的成果,由此对思维与存在的二元关系展开深入探讨。又如从语言学的角度看,英文中"文化"一词,即"Culture"来源于拉丁文"Cultura",本意为耕耘、耕作土地,种植、栽培庄稼,培育、饲养家畜,指人类从自然界中谋得物质生活资料的农耕活动和耕作技术,是人类改造自然的一种方式,在这里,主、客体两分的迹象非常明显。

中国古代的哲学家、思想家则有意识地不将主体、客体作清晰界定。如中国传统文化中的诗与画,无论是唐诗还是山水画,最为崇尚的境界之一就是物我两忘,意境固然有妙不可言之处,但代价是作为个体的人要完全融合在大自然中,完全泯灭自然与人的差别,个体的价值无从体现。

一元思维模式集中体现在中国古代哲学最重要的命题之一——"天人合一"中。古汉语中的"天"有多种含义,但不管是物质之天、自然之天,还是主宰之天、义理之天,天人合一都强调人与天的相通,人与天不是割裂、对立的两者,而是彼此联系、息息相通、关系密切的两者。为此,不惜取消人的主体独立性,否则天人无法相通,而人的主体性一旦被取消,必然导致将人归结于天,把人从属于天。天的绝对权威性的树立,要归结于宋明理学,即以理作为天的根本特质,并以理作为世间万物的根本。由一元思维模式出发,又必然产生直觉思维模式和整体思维模式。由于主客体不分,中国古代的哲学家、思想家擅长从整体上把握对象,以直觉方式做出综合性的判断,不习惯于作充分细致、层层深入的推理论证。

在中国古代哲学中,并非没有形而上的逻辑推理,但这种传统相对来说比较薄弱。先秦名家和墨学中的逻辑学要义后世不彰,唐代注重概念和逻辑的唯识学稍扬即黯,即为明证。这既是因为古代哲学的前提是服务于现实世界,因而学者们没有太多兴趣关注和现实世界没有直接关系的抽象思辨,同时也是因为在中国古代的哲学家、思想家看来,要从整体上把握世界,仅靠局部的论证、推理是远远不够的,只有以直觉、顿悟的方式直指本质,以纯粹的感性方式去领悟事物的本质,在刹那间实现主体意识对世界的领悟,实现现实人生和超越世界的冥合,这是事半功倍地真正把握问题的关键。在这方面,中国化的禅宗可以说代表了中国人的典型思维方式。这种思维方式必然具有神秘性、经验性和非逻辑性,以为人类的知识就只存在于感性认识中,它所能达到的最高成就是通过个人体验,实现现实世界和超越世界的统一、个人精神和宇宙精神的贯通,最终获得审美上的愉悦和解脱。但是从真实认识世界和人类自身的角度出发,人类都不能停留在感性经验为主的直觉和整体思维模式上,有必要进一步发展到理性思维和逻辑的层次。

最后还要补充的是,先秦时的孟子、唐宋时的禅宗和尚和心学代表陆九渊、王阳明等,代表着中国古代哲学中重视凸显人的主体性的趋势,如牟宗三先生认为"中国思想的三大主流,即儒、释、道三教,都重主体性"[①]。但实际上,这种主体意识不是建立在主、客两分的坚实基础之上,而是在人性道德层面,以修身养性的自我修炼方式进行的,只能称为一种道德主体性。道德主体可以脱离现实世界,在纯精神领域获得一种超越性的自由,但是作为与客体二元对立的主体的人,却不可能完全脱离现实世界,人的现实自由既不可能在远离人间烟火处实现,也不可能只落实在精神层面,因此,道德主体所导致的只是一种精神自由,与真实意义上的、相对社会制约而言的人的自由没有必然联系。

## 第三节 中国传统思维方式和行为方式

中国传统哲学各家各派有着各不相同的思维方式。中国古代哲学家运用概念,判断和推理的过程,体现出两大特点:一是兼重分析与综合,二是崇尚直觉本悟。

### 一、逻辑分析与辩证综合

分析就是在头脑中把事物整体分解为各个部分进行思考的过程。中国古代的哲学

---

① 牟宗三:《中国哲学的特质》,上海古籍出版社,1997年版,第4页。

家,固然欣赏整体动态、辩证综合与直觉体悟的思维方式,但更善于把逻辑分析和辨证综合结合起来,加以运用。

儒家倡导"学思并重"。孔子强调"学而不思则罔,思而不学则殆"。孟子提出"心之官则思"的命题。《中庸》提出了"博学之,审问之,慎思之,明辨之,笃行之"的为学五步骤。荀子及其后学则比较推崇"名辨"之学即逻辑之学,荀子主张形式逻辑的类推原则,有实证分析的认知倾向。后期墨家比较重视逻辑分析方法,其《墨经》显示出了墨家分析思维的光辉成就。惠施的"历物"十事,既表现了辩证思维,也表现了分析思维。公孙龙的"离坚白",其"离"即分别之意,指分类定性分析之法。法家韩非也很强调分析性、确定性的认知方式。宋明理学家中,朱熹比较重视理性分析。

中国传统哲学思维方式的缺点是分析方法的薄弱。中国儒、道、释诸家所推崇的整体、流动、当下体悟的方法,是悟道的方法,与应对现象层面的方法确实有很大区别。

## 二、崇尚直觉本悟

直觉本悟就是依靠未经充分逻辑推理的直观感受体悟事物。它主要依靠已经获得的知识和积累的经验为依据,加以顿悟。

道家借助具体的形象符号启发人们把握事物的抽象意义,崇尚一种观物取向、立象尽意的思维方式。庄子主张"得鱼而忘筌""得意而忘言"。魏晋玄学家王弼提出"得意在忘象,得象在忘言"的命题。

中国哲学儒、道、释诸家都主张直觉地把握宇宙人生之根据和全体。儒家的道德直觉、道家的艺术直觉、佛家的宗教直觉,都把主客体当下冥合的高峰体验推到极致。道家认为心灵的虚寂状态最容易引发直觉思维。老子主张"涤除玄览"。庄子主张"心斋""坐忘"。儒家强调扬弃知觉思维,直接用身心体验宇宙终极的实在,达到对道德本体之契合的一种境界或方法。孔子倡导"默而识之"。孟子要求"不虑而知""不学而能"的良知良能。荀子的"虚壹而静""大清明",张载的"大其心则能体天下之物",朱熹的"豁然贯通焉""众物之表里精粗无不到,吾心之全体大用无不明",陆九渊的"吾心"与"宇宙"的冥契,王阳明的"致良知",等等,都要求在思维上达到与道德本体契合的一种境界。佛家更是一种精神性的自得和内心的体验,彻见心性之本原。

超越逻辑,不落言筌,止息思维,扫除概念,排斥分析、推理等理性思维活动,精神内敛,默然返照,当下消解了主客、能所、内外、物我的界限,浑然与天道合一,这是一种思维状态,也是一种思维方式。其特点是主体直接渗入客体,主体对于最高本体的把握,不是站在现实生活之外作理智分析,而是投身于日常生活之中,形成一种感性体验,以动态的直接透视来体察生动活泼的宇宙生命和人的生命以及二者之融会。儒、道、释三家所共通的、最高的智慧与境界,即是通过直觉体悟的方法来彻悟最高的存在。

## 三、中国古代哲学的行为方式——知行动态统合

知行关系问题是中国哲学家特别重视的问题之一,它所涵盖的是理论理性与实践理性的统一。中国哲学家们偏重于践行尽性,履行实践,言行一致,知行统一。他们要

求按照哲学信条，身体力行，集知识和美德于一身，不断地把自己修行到"无我"的境界。

宋、元、明、清时期，知行问题的讨论渐趋成熟，广泛涉及知行的先后、难易、轻重、分合以及格物致知的方法与判断真、善、美标准等方面的问题。

明清之际的思想家王夫之批判地继承朱（熹）王（阳明）学说，把"知行统一"建立在"行"的基础上，反对"离行以为知"，提出了"行先知后"说，较为辩证地解决了"知"与"行"的关系问题。

在中国古代哲学中，"道""易""诚""仁""太极"等本体，是超越的又是内在的，就人与世界的"共在"关系而言，则是通过天人、体用、心物、知行之契合来加以沟通和联结的。

中国古代哲学的宇宙观念、人生智慧、思维方法和行为方式，在21世纪仍然是全人类极其宝贵的思想传统和思想资料，是中国现代化事业的源头活水之一。

通常认为，哲学探讨的是关于整个世界及其发展的最普遍、最一般的规律，这里的整个世界包括宇宙自然、社会人生和人类思维。中国古代哲学研究的内容主要包括三大部分：宇宙论，目的在于探求世界之道理；人生论，目的在于探求人生之道理；知识论，目的在于探求知识之道理。但需要明确的是，中国古代没有明确的哲学概念，也没有像西方那样形成一门正式的学科。从上述哲学所包括的内容来看，中国古代的哲学意识和思想是颇为丰富的，尽管中国古代的学者在阐释宇宙、人生和运用知识论或谓方法论时不具备清晰的条理，有时其论证手段还具有非理性、非逻辑的色彩，但这正说明中国哲学自有其特色，与欧洲、印度哲学都有所不同。

# 第五章　中国古代文学

中国古代文学自原始歌谣和神话开始,到五四新文化运动结束,时间长达三千余年,涉及诗歌、散文、词、小说、戏剧、文艺理论与文学批评,体裁多、作家多、作品多、流派多、风格多,不同历史时期的时代特征明显,是中国灿烂文化最重要的组成部分,在文化功能实现中具有极为重要的地位。本章将中国文学作为文化现象的一种类型加以介绍,重点概述中国古代文学的文化价值、文学典范和文化精神,兼顾各时期代表性的作家作品,以增强中国文化的可感性。

## 第一节　中国古代文学的发展历程

王国维在《宋元戏曲考序》中说:"凡一代有一代之文学,楚之骚,汉之赋,六代之骈语,唐之诗,宋之词,元之曲,皆所谓一代之文学,而后世莫能继焉者。"但代表一代文学成就,体现一代文学特征的品类,并不能涵盖整个时代的文学成就。承认了这一点,我们看待各个时期的文学典范,就不会忽略其他文学体裁或品类的成就。

### 一、《诗经》与楚辞

#### (一)《诗经》

《诗经》原先只称为"诗",或"诗三百",汉代被确定为儒家经典后方称"诗经"。它收录了西周初年至春秋中叶500年间的诗歌305篇(实际上有311篇,其中6篇有目无辞),按照其产生地域和音乐的特征不同,分为"风""雅""颂"三部分。"风"是十五国风,是15个地区的诗歌共160篇。"雅"即正乐,是朝廷音乐,在宴饮典礼中使用。诗歌作品有"大雅"31篇,"小雅"74篇。"颂"是宗庙祭祀音乐,分"周颂""鲁颂""商颂"3部分,共有诗歌40篇。

"诗三百"的成书,有"采诗说""献诗说""删诗说"等。"采诗说"是"男年六十,女年五十无子者,官衣食之,使之民间求诗。乡移于邑,邑移于国,国以闻于天子"(《春秋公羊传·解诂》"宣公十五年",《十三经注疏》本)。这种说法有一定的可能性。"献诗说"源于汉代班固的记载:"孟春之月,群居者将散,行人振木铎徇于路以采诗,献之大师,比其音律,以闻于天子。"①献诗是上下沟通的需要,也是满足粉饰太平的需要;采诗是了解民情风俗的必要手段,有利于统治政策的制定与调整。"删诗说",汉代学者认为《诗经》是经过孔子删减而成的。这种说法的真实性就不大了,因为孔子删诗而成"诗三百"的说法,只是儒家的美好传说。孔子能够依照"诗三百"的顺序歌咏之,不是问题。但"古者诗三千余篇","孔子去其重"(《史记·孔子世家》),并将符合音律与教化需要的保留下来,成为"诗三百",可能性不大。"诗三百"集结编定成书大约在公元前6世纪中叶,早于孔子出生的时间。

春秋中叶以后,天子名存实亡,列国争王争霸,礼崩乐坏,文化下移,朝廷乐官如鸟兽散。《诗》《书》《礼》《乐》等宫廷典籍也随着乐官流入社会,流进私门,变作私门招徒讲学、传道授业的教材。先秦私学传《诗》以孔门最盛。孔子传《诗》,特别看重《诗》的社会功能。《论语·阳货》:"子曰:'小子何莫学夫诗?诗可以兴,可以观,可以群,可以怨。迩之事父,远之事君。多识于鸟兽草木之名。'"秦代,焚书坑儒,《诗经》竹帛烟消,化为灰烬。到西汉统一,时人靠着口头记诵,才使它幸而复活。西汉传《诗》者有四大家。《后汉书·儒林传》:"诗有齐、鲁、韩、毛。"齐,指齐人辕固生。鲁,指鲁人申培。韩,指燕人韩婴。毛,指鲁人大毛公毛亨和赵人小毛公毛苌。

汉武帝时重今文经学,由汉代通行隶书写定的被称为今文经的齐、鲁、韩三家《诗》,跻身官学,同列争宠。而由战国古文字写定的被称为古文经的《毛诗》,晚出于三家诗,一直被排斥于官学之外,只能在民间私下传授。

东汉后期,兼通今古文经的经学大师郑玄为《毛诗》作笺,才使《毛诗》声名鹊起。《诗经》的传授和研究,自汉以下,主要用于经学。经学是开始于汉代、绵延至清代的一门专攻儒家经典的学问,这门学问的宗旨是为封建社会的思想教育和理论建设服务。《诗经》作为经学的一科,讲授和研究的主题,自然不是艺术形式而是思想内容。大致说来,"汉学"重"美刺","宋学"重"义理",清代"汉学"重"考据"。《诗经》的应用和传授,不但有"经学"一途,也有文学一途。《诗经》是历代文学创作之士学习的楷模。同时,《诗经》又是历代文学理论家研究的典范。古人对《诗经》的体裁、语言、表现手法、风神意境等都有深入的探讨。

《诗经》的主要内容有以下几方面:

(1) 祭祖颂歌和周民族的史诗。在《诗经·大雅》里,集中保存了五首古老的周民族史诗:《生民》《公刘》《绵》《皇矣》《大明》。它们用粗线条较为完整地勾画出了周民族发祥、创业、建国、兴盛的光辉史迹,无愧为周民族的英雄史诗。

(2) 反映丧乱、针砭时弊的怨刺诗。如《国风》中的《魏风·硕鼠》愤怒地斥责剥削阶级是贪婪可憎的大老鼠。《魏风·伐檀》发出了奴隶不平的呐喊和反抗的呼声。"二雅"中的《民劳》《正月》等反映了君主赋税苛重、政治黑暗、民不聊生的现实。

(3) 反映爱情生活的婚恋诗。其中有热烈奔放的情歌,如《周南·关雎》《郑风·风雨》《郑风·野有蔓草》《邶风·静女》等。它们或表现对爱情的大胆追求和对情人的热

---

① 《汉书·食货志》,《四部精要》本,上海古籍出版社,1993年版。

切相思,或描述热恋的情景和讴歌爱情的甜蜜,洋溢着热烈欢快的情调。其中还有深沉执着的恋歌,如《王风·采葛》《卫风·木瓜》《秦风·蒹葭》《鄘风·柏舟》《郑风·将仲子》等便是这方面的代表作品。以《邶风·谷风》和《卫风·氓》为代表的"弃妇诗",以浓郁的哀伤情调,描述了沉痛的婚恋悲剧。

（4）描写农业生产生活和相关的政治、宗教活动的农事诗。如《噫嘻》《载芟》《良耜》《丰年》等作品,就是耕种田地、春夏祈谷、秋冬报祭时的祭祀乐歌。农事诗中的杰出作品,当推历代传诵的《豳风·七月》,它反映了农夫们一年到头除进行农业生产之外,还要为奴隶主贵族养蚕、制衣、打猎、盖房,然而却过着饥寒交迫的悲惨生活的现象。

（5）反映战争和徭役的征役诗。主要写战争频繁,苛酷的兵役、徭役给广大民众带来的深重苦难,如《唐风·鸨羽》《王风·君子于役》,又如小雅中的《大东》《北山》《渐渐之石》,《国风》中的《卫风·伯兮》等。也有从正面描写天子、诸侯的武功,表现出强烈的自豪感,充满乐观精神的诗,如大雅中的《江汉》,小雅中的《六月》都反映了宣王时期的武功。

（6）以君臣、亲朋欢聚宴享为主要内容的燕飨诗。这更多地反映了上层生活的欢乐和谐,如《小雅·鹿鸣》就是天子宴群臣嘉宾之诗,后也被用于贵族宴请宾客。燕飨诗赞美守礼有序、宾主融洽的关系,对不能循礼自制的宴饮是否定的。

《诗经》的艺术,历来有"诗六义"的定评。《毛诗序》里有对"风""雅""颂"的解释,"风,风也,教也。风以动之,教以化之","雅者,正也,言王政之所由废兴也。政有大小,故有小雅焉,有大雅焉","颂者,美盛德之形容,以其成功告于神明者也"。朱熹《诗集传》中有对"赋""比""兴"的解释,赋是"敷陈其事而直言之也";比是"以彼物比此物也";兴是"先言他物以引起所咏之词也"①。就是说,中国第一部诗歌总集,从文学创作内容到艺术手法,已经形成了现实主义传统,并提倡可以在一定程度上带有批判现实的精神。

**（二）楚辞**

《楚辞》是我国古代一部重要的诗歌作品集。楚辞在汉代又被称作"赋",如司马迁在《史记》中说,屈原"乃作《怀沙》之赋"。实际上,楚辞作为一种产生于楚地的独立诗体,是不应与汉赋混淆的。汉赋是适应汉代宫廷需要而发展起来的一种半诗半文或称带韵散文的作品,赋一般用主客问答为叙事的形式,它不是抒情,而是铺陈辞藻,咏物说理。楚辞则不同,它虽然也富于文采,描写细致,含有叙事成分,但它以抒发个人感情为主,是一种诗歌。它指称的是公元前四世纪的战国时代在我国南方楚地形成的一种叫作"辞"的新诗体。这种诗体经屈原发扬光大,其后宋玉等作家继续从事楚辞的创作。

《楚辞》之所以被冠以"楚",是因为它的声韵、歌调、思想乃至精神风貌,都带有鲜明的楚地特点。从形式上看,《楚辞》打破了《诗经》以四言为主的句式,而代之以五、六言乃至七、八言的长句句式,并保留了咏唱中的叹声词"兮";从体制上看,它突破了《诗经》

---

① （宋）朱熹:《诗集传·诗卷第一》,岳麓书社,1994年版。

以短章、复叠为主的局限,发展成为"有节有章"的长篇巨幅,更适合表现繁复的社会生活内容和抒写在较大时段跨度中经历的复杂情感。另外,《楚辞》与音乐仍保持着较密切的联系。

在楚辞之前的《诗经》,诗句以四字句为主,篇章比较短,风格朴素;楚辞则篇章宏阔,气势汪洋恣肆,诗的篇幅扩大了,句式参差错落,富于变化,而感情奔放、想象力丰富、文采华美、风格绚烂,与《诗经》截然不同。一般来说,《诗经》产生于北方,代表了当时的中原文化,而《楚辞》则是南方楚地的乡土文学,《楚辞》是伟大的浪漫主义诗人屈原及后来其他作家吸收南方民间文学营养并加以创造性提高的结果。《诗经》和《楚辞》一起构成了中国古代诗歌史上的两大源头,两者分别开创了中国古代诗歌现实主义和浪漫主义的先河,成为中国古代诗歌史上的"双璧",在中国文学史上有着特殊的意义。

楚辞战国后期产生于楚国。楚国僻处南方,有着独特的地理环境和优越的自然条件,政治制度、文化传统和风俗习惯与黄河流域诸国有很大差异,因而被视为"南蛮"。到春秋时代,楚国强大起来,成为"五霸"之一。至战国时代,各国政治、文化交流频繁,楚国开始大量接受中原文化,但仍保持着自己的文化特色。楚辞便是在这样的文化土壤中诞生的诗歌体裁,其发扬光大者就是楚国的著名爱国诗人——屈原。

齐梁时代的文学理论家刘勰评论说:"不有屈原,岂见《离骚》?惊才风逸,壮志烟高。"(《文心雕龙·辨骚》)这里说的《离骚》是"楚辞"的代词。楚辞的样式是屈原创造的,它突破了《诗经》的四言格式,扩大了诗句的容量,提高了诗歌的表现力。继屈原之后,宋玉、唐勒、景差效法屈原,从事楚辞写作;到汉代又有贾谊、淮南小山、东方朔、王褒等人继续写作,使楚辞成为一个时期诗歌的代表性体裁,后人称之为"骚体诗"。

屈原(约公元前340年—公元前278年),名平,字原。他出身楚国贵族,年轻时就表现出杰出的才能,做了楚怀王的左徒(官名),协助怀王筹划国家大事,发布政令;对外接待各国使者,处理外交事务,很得怀王信任,这样就招来一些人的妒忌。他的政敌上官大夫在怀王面前造他的谣,说屈原居功自傲,连怀王也不放在眼里,怀王就恼怒而疏远了屈原。当时在战国"七雄"中,最强大的是秦、齐、楚三国,"合纵""连横"的斗争非常激烈,最后谁能取胜,就由这三国的内政外交的得失来决定。屈原在楚国内政上主张选贤任能,励精图治,企图建立一个理想的如尧舜禹汤时代的社会;在外交上则主张联齐合纵,对抗强秦的连横。由于怀王疏远了他,屈原这些正确的主张都未能实行。

怀王是个昏庸的君主,在秦惠王的离间和诱惑下,接连上当,断绝了和齐国的联盟关系,结果损兵折将,丢失土地,国力渐渐衰弱下来。秦昭王继位后,提出和楚通婚,约怀王相会,屈原极力劝阻怀王不要再上当。但怀王在其幼子子兰的怂恿下还是去了,结果遭到秦国的武力劫持,死在秦国。怀王的长子顷襄王继位,令尹子兰和上官大夫等人又在顷襄王面前构陷屈原,顷襄王一怒之下把屈原流放到江南。屈原晚年在沅水、湘水流域长期过着流放生活,眼看祖国日益衰弱,即将被秦灭亡,自己报效君王的抱负不得施展,忧心如焚,写了大量抒发忧愤的诗作,最后在绝望中投汨罗江自尽。

《离骚》是一篇带有自述性质的长篇政治抒情诗,也是世界诗歌史上最长的一首长篇抒情诗,是屈原的代表作。"离骚"就是"离忧",抒发因离开国君和政治中心而不得实

现强国救民抱负的幽愤之情。也有人把"离骚"解释作"牢骚"来讲。《离骚》全诗共373句，2 490字。屈原在这篇绚丽多姿、波澜起伏、想象瑰奇、气魄宏伟的长诗中，运用浪漫的手法，驰骋其无比丰富的想象力，上天入地，把现实世界、神话世界和理想世界融合起来，描绘出一个色彩斑斓、迷离惝恍的世界；塑造出一个志行高洁、顽强不屈的抒情主人公形象；揭露了楚王的昏聩多变、善恶不分、忠奸不辨；抨击了旧贵族的嫉贤妒能、逸佞贪婪；抒发了自己报国无门的幽愤，表现了诗人崇高的爱国主义精神和"宁为玉碎，不为瓦全"的坚贞品格。《离骚》两千多年来教育、感奋了无数读者，陶冶了一代又一代人的思想情操，屈原也成为爱国者的榜样。

《离骚》之外，屈原的重要作品是《九歌》和《九章》。《九歌》是屈原在楚国民间祭神乐歌的基础上改作的一组诗歌，依次是：《东皇太一》(祭天神)、《东君》(祭太阳神)、《云中君》(祭云神)、《湘君》(祭湘水神)、《湘夫人》(祭湘水女神)、《大司命》(祭主管人类寿命之神)、《少司命》(祭主管儿童命运之神)、《河伯》(祭黄河之神)、《山鬼》(祭山神)、《国殇》(祭为国捐躯的烈士)、《礼魂》(祭祀完毕的送神曲)。《九歌》写得哀婉缠绵，语言优美，文学价值很高。尤其是《国殇》，描写了万马千军厮杀的场面，形象生动，悲惨壮烈，动人心魄，是屈原爱国精神的表现。《九章》是九首各自独立的诗篇：《惜诵》《涉江》《哀郢》《抽思》《怀沙》《思美人》《惜往日》《橘颂》《悲回风》。其中《橘颂》是他早年的作品，通过歌颂橘树风格，赞美人的高贵品格，可视为诗人勉励自己的作品。其余都作于诗人流放期间，内容全为忧国伤时的抒情，比《离骚》更为凄苦和沉痛，是纪实性的身世之哀。

《楚辞》的编纂始于西汉。汉成帝河平三年，文学家刘向领校中秘书衙，负责整理屈原、宋玉等人的作品，编定了《楚辞》。《楚辞》一书中的大部分作品为屈原所作。屈原留在世上的作品有《离骚》《九歌》《天问》《九章》等，《招魂》也可能是他的作品。此外，又有托名屈原的《远游》《卜居》《渔父》《大招》等篇，学者多认为是后人所作。

《诗经》的文学成就和现实主义精神主要体现在"十五国风"之中，评论家多以"风"代称《诗经》，与《离骚》合称"风骚"，同是中国古典诗歌的源头，更是中国古代文学的文学风格、文学精神源头，是后世作家遵从的典范。

## 二、先秦散文与汉代辞赋

先秦散文与汉代辞赋，是继《诗经》、楚辞之后产生的又一个文学典范，在文化史上具有重要的地位。先秦散文包括叙事散文和说理散文，主要是先秦诸子的著作和历史著作。

### （一）先秦说理散文

先秦说理散文实际上就是先秦诸子散文，各家学派为阐述自己的道理与学术见解而著书立说，形成了"百家争鸣"的学术繁荣壮观局面。先秦诸子散文的发展，可分为三个阶段。春秋末、战国初为第一阶段，代表作有《论语》《墨子》，文章多为语录体，或为简明的议论短章。战国中期为第二阶段，代表作是《孟子》《庄子》，文章逐渐由语录体发展为对话式论辩文与专题论文。战国后期为第三个阶段，《荀子》《韩非子》是其代表作，其文章基本上都是鸿篇巨制的专题论文，完善了论说文的体制。

《论语》记载了孔子及其弟子的言行,由孔子的弟子及再传弟子纂录而成,是孔子政治、教育、哲学思想的结晶。孔子政治主张的核心是"仁",强调"仁者爱人"。教育上提出了"因材施教""有教无类"的观点,同时在道德伦理、哲学思辨、人格修养、教化治国、文明礼仪等方面提出了一系列人文精神的概念和要求。就其文体而言,《论语》属于语录体。《论语》的文学价值首先表现在它对孔子及其门人弟子等性格形象的塑造上。其塑造绝大部分并非有意。不过,也正因于此,反倒更真实地反映了说话人原始的性格和风貌。如孔子的思想深沉、举止端方、平易温和及愤怒状、狼狈态,子路的直率、鲁莽、刚烈,颜渊的沉默寡言、安贫乐道及敏而好学等。也有少数篇章较长,经过作者的加工来表现人物性格形象,如《侍坐》,它通过孔子问志、学生言志、孔子评志,将孔子的和蔼平易、子路的坦直与鲁莽、冉求的怯懦谨慎、公西华的察言观色与外谨内恃、曾皙的恬淡洒脱等思想性格,都生动形象地表现了出来。

其次,《论语》言简意赅,朴素生动,富有哲理和情感色彩,形成一种平易雅正、隽永含蓄的语言风格。有不少警句成为后人生活、学习、工作的座右铭。如"三人行必有我师焉""人无远虑,必有近忧""三军可夺帅也,匹夫不可夺志也""岁寒,然后知松柏之后凋也"等。另外,作为语录体作品,《论语》旨在记言,多用口语,通俗浅显。但孔子强调"文质彬彬",故师徒问语答言皆有物有文,虽润色而似出自然。

墨子(生卒年不详),名翟,鲁国人,一说宋国人。墨子为手工业者出身,曾做过宋国大夫。其学与儒学对立,同为当时显学。他所创墨者集团,既是学术团体,又是生活刻苦、纪律严明的政治团体。他提倡"尚贤""尚同""兼爱""非攻""节用""节葬""非乐""非命"等。其思想反映了当时中下阶层的愿望。《墨子》反对文采,讲究逻辑性,提出了著名的"三表法",强调为文立论要"上本之于古者圣王之事","下察百姓人民之利"。因而,全书文章风格质朴,较少文采,而逻辑性强,善用归纳法和类比法说理,理论联系实际,有较强的现实意义。其文章的基本结构,大体是先提出问题,然后加以分析,最后作简括总结。文有标题,论点明确,论证充分。如《兼爱》上篇就是这样结构完整、层次清楚的论说文。对墨子形象的表现,是《墨子》较具文学性的一面。《公输》《鲁问》《耕柱》等篇在记载墨子言行时,也将他"摩顶放踵"、热心救世的形象展现给了读者,生动感人。此外,《墨子》中大量的排比、对偶、比喻等修辞手法,也使其文朗朗上口,有一定的文学性。

《孟子》是记载孟子及其弟子言行的语录体散文,由孟子和其弟子万章等合著。全书七篇,每篇分上下。孟子是孔子之孙子思的再传弟子,是孔子之后儒家学派的重要代表。孟子曾仕齐为卿,游说滕、鲁,晚年退归邹,授徒讲学,著书立说。他主张"王道""仁政",反对不义战争和横征暴敛;提倡"民贵君轻",以民为本。他又倡言"性善",重视个人后天的道德修养。《孟子》的文学价值,首先表现在它再现了孟子作为儒家学者济世救民的形象和他作为普通人刚直而富于情感的个性特点。他藐视帝王,有时近于狷介;鄙夷奸佞,有时近乎偏狭;争论文艺,有时近于偏颇;待人诚恳率直,有时近于天真。

《孟子》文章雄辩,充满论战性质,但又注意论辩技巧,刚柔相济。或根据不同对象,掌握对方心理,妙设机巧,引人入彀,层层紧逼,步步追问,势不可当。如"齐桓晋文之事",孟子巧妙避开齐宣王想了解"霸道"的心理,并逐步将话题转到"王道"上来,就近取喻,肯定齐王有"仁心",可以"王天下",以引起他对"王道"的兴趣,然后才正面阐述自己的"王道"主张。或欲擒故纵,诱敌深入,让对方摆出论点,树起批驳的靶子,然后因势利导,层层推进,使对方陷入自相矛盾的境地。如"有为神农之言者许行"章(《滕文公上》),批驳许行"贤者与民并耕而食"的主张即是如此。或用比喻和寓言说理,形象生动,引人入胜。如"鱼我所欲也"(《告子上》)以"舍鱼而取熊掌"比喻"舍生而取义"的道理。语言上,《孟子》不仅词彩华赡,痛快流利,而且感情强烈,气势磅礴,富于鼓动性。其中不少词语十分精辟,如"明察秋毫""水深火热""出尔反尔""出类拔萃""心悦诚服""一曝十寒"等。

《庄子》是庄子及其门人后学的著作。原有52篇,现存33篇,分为内篇7,外篇15,杂篇11。一般认为,内篇是庄子自著,外、杂篇出于其门人、后学之手。《庄子》在诸子散文中艺术成就最高。首先,它善于通过形象的比喻和情节性强的寓言故事说理,将文学与哲理熔为一炉,使深邃的哲理形象生动,充满情趣。如《逍遥游》为说明作者追求"无所待"的绝对自由的思想,全文用了大鹏、学鸠、蜩、斥鴳、朝菌、冥灵等众多形象,或大或小或高或低,或大年或小年等活动及现象皆"有所待"比喻在物质世界里没有绝对自由,然后才得出自己的正面意见。至于以寓言说理,更是突出。

《庄子》自言寓言占十分之九,现在统计有180余则。这些寓言想象丰富,生动形象,增强了文章的浪漫色彩和说服力、感染力。如"触蛮之争"(《则阳》),借触、蛮争夺蜗角,嘲笑了诸侯间争夺土地的战争,及其给百姓带来的巨大灾难;"庖丁解牛"(《养生主》),以解牛为喻,说明了养生的道理。其次,《庄子》想象丰富,构思奇特,选象组象,大胆夸张,云谲波诡,意境雄阔,具有浓厚的浪漫主义色彩。如"任公子钓鱼"(《外物》),"五十犗(健牛)以为饵,蹲乎会稽,投竿东海",鱼吞钩后,奋鬐抗争,"白波若山,海水震荡,声侔鬼神",惊心动魄,气象万千。所钓之鱼,竟能供大半个中国的人饱餐不尽。《逍遥游》中的大鹏展翅图景写来尤为雄阔。它由"不知其几千里"大的鲲鱼变化而成,振翅而飞,竟"水击三千里,抟扶摇而上者九万里",其境之壮,其思之奇,前所未有。再次,《庄子》的语言,在诸子中成就也最高。不仅嬉笑怒骂,激情澎湃,气势磅礴,而且语汇丰富,造语新奇,如"逍遥""混沌""造化""志怪""小说""寓言""运斤成风""游刃有余""邯郸学步""东施效颦"等,至今还广为运用。《庄子》的思想与艺术对后世文学的影响,在诸子中也极为突出。郭沫若认为"秦汉以来的一部中国文学史差不多大半在他的影响之下"①。

《荀子》是荀况及其门徒所作,今本32篇,大部分为荀子自著,小部分出于他的门徒。荀子是与孟子齐名的儒学大师,其学说以孔子儒学为基础,批判性地吸取诸家之说,最大特征是隆礼重法。他反对天命迷信,强调天人相分和"制天命而用之"。反对性善说,提倡性恶说,由此特别强调后天教育、环境影响及个人努力。他弟子中著名的有韩非、李斯。《荀子》文章主要是长篇专题性论说文,这些论文大都善于围绕题目或一定

---

① 《庄子与鲁迅》。

的中心,以类比、引证、比喻、排偶反复说理,层层展开论述,结构绵密严谨,说理透辟,发挥尽致,风格沉着深厚,语言朴素简洁而词彩缤纷,句法整练而富于气势。如《劝学篇》是一篇劝人学习的专论,旁征博引、生动详尽地阐明了学习的重要性,以及学习的态度、途径和方法,结构严谨,说理透彻。尤其论述学习态度一段,一连用了九个比喻,从正反两方面反复论述学习贵在专心致志,想象丰富,形象生动。同时,这些比喻又重迭排列,整齐而流畅,气势充沛,音节铿锵。《荀子》又有《成相篇》《佹诗》和《赋篇》,属文学范畴。《成相篇》是用楚地民歌形式宣传政治主张的作品,为韵文。《赋篇》包括"礼""知""云""蚕""箴"五首小赋和所附《佹诗》二首。五首小赋以四言韵语为主,间杂散文,很像谜语,乃战国"隐书"一体,开了后世咏物赋及说理赋的先河。

《韩非子》是战国末期法家代表人物韩非子创作的一部政治哲学文集,今存55篇,少数篇章为后人窜入。其中多为说理文,逻辑严密,分析透彻,条理分明,深刻明切,词锋犀利,风格峻峭。如《五蠹》以洋洋洒洒近七千言的篇幅,指责五蠹对国家的危害,这是先秦论说文的进一步发展。另外,善于分析类比、归纳总结,善于用历史故事和寓言故事阐明事理,也是《韩非子》的突出特点。《韩非子》有寓言故事三百多个,其中以《说林》上下、内外《储说》最集中。这些寓言,大多生动形象,含意深刻,发人深思,同时情节生动幽默,有较浓的文学色彩,如"守株待兔"(《五蠹》)、"郑人买履""买椟还珠"(《外储说左上》)、"自相矛盾"(《难一》)等。

### (二) 先秦叙事散文

先秦历史散文最早见于甲骨卜辞,简短地记录了极其重要的历史事件。但文学史上讨论的主要是历史著作,包括国别体、编年体两类,《国语》《左传》《战国策》在文学和史学两方面都具有不可替代的重要价值。中国古代政权建立中有一个重要的角色——史官,至迟在周代就明确了史官的地位和工作性质,规定朝廷和诸侯均要设立史官,有大史、小史、左史、右史等职,君王诸侯有所言动,史官必须记录,"左史记言,右史记事。事为《春秋》,言为《尚书》"①。

《尚书》是中国最早的记言史书,是一部历史文献汇编,其所载典、谟、训、诰、誓、命之文,乃是春秋以前历代史官所收藏的政府重要文件和政治论文。其主要内容不外乎政府的文告、主上的誓言、君王的命令和贵族的诫词。相传有100篇,今存58篇,其中33篇为今古文《尚书》所共有,其余则是东晋时期伪作的《古文尚书》,没有任何可信度。所谓今文《尚书》,是指汉代广为流传的用通用隶书写成的版本。经过秦火之后,汉代学者经过搜集、校勘、结集并重新书写的为今文《尚书》。而汉武帝时期陆续发现的古本《尚书》依然用籀书写成,33篇作品保留了原书的基本面目,与今文《尚书》误差不大,证明了今文《尚书》的学术价值。《尚书》中最具有文学色彩的作品是《秦誓》。

《春秋》是鲁国的史书,也是中国现存先秦典籍中年代最早的编年体史书。从朝廷到诸侯国均有史官记事记言,应该都有《春秋》,但保存下来的只有鲁国的《春秋》。保存

---

① 《汉书·艺文志》,《四部精要》本,上海古籍出版社,1993年版。

下来的《春秋》虽然记录的是鲁国历史,但也大量记录了周王朝史实与相关诸侯国的事件,可以看作是经过孔子加工编定的以鲁国为核心的春秋历史,即便直接说是鲁国史书亦可。《春秋》记事起于鲁隐公元年(公元前722年),终于鲁哀公十四年(公元前481年),记载了242年的历史,用最简洁的语言记录了当时的重大事件。在正名定分、尊王攘夷思想指导下,往往于一字一词中有所褒贬,表达了孔子的基本政治倾向,是为"春秋笔法"。如"隐公元年"条记载:"郑伯克段于鄢",仅仅六字,倾向性十分明显。但同样的历史事件,在《左传》中就有绘声绘色的描写,详尽而具有文学性。相传由于《春秋》过于简略,许多史实不够清晰,需要为之作传解析,于是有了《春秋》三传:《春秋左氏传》《春秋公羊传》和《春秋谷梁传》。实际上,《春秋左氏传》简称《左传》或《左氏春秋》,是一部独立的史书,也可以认为是配合《春秋》的史书,其记事到鲁哀公二十七年,比《春秋》下延十三年。

与《春秋》相比,《左传》记事详载本末及有关传闻逸事,叙事完整而内容丰富全面,文采生动,人物形象饱满,长于描写战争,在正常叙述中往往采用倒叙、插叙等手法交代因果,以"初"为标记。《左传》的作者何人,历来有不同意见。司马迁、班固都认为是鲁国史官左丘明。根据书中记载春秋列国政治、军事、外交各方面的活动与纪事年代,《左传》当是春秋时期的鲁国史官所写,并在流传的过程中得到加工整理。现存的注本主要是西晋时杜预的《春秋左氏经传集解》、唐代孔颖达的《春秋左传正义》、清代洪亮吉的《春秋左传诂》等。《左传》不仅是研究春秋历史的重要史料,也是先秦叙事散文的重要标杆。《左传》的文学价值主要表现在:增加了大量的历史史实和传说故事,叙述更加完整;通过事件的描述和人物形象的塑造,多角度展示了作者的历史观和道德观;善于描写战争,详细交代战争的起因、谋划、发展、结局及其影响,对后世纪传体通史和历史演义小说具有直接的影响;叙事中或叙事结束,作者往往用"君子曰"或"孔子曰"加一段评论表明立场,增强了作品的感情色彩;其结构安排充满了戏剧技巧,设置了诸多的悬念与急转,具有极强的感染力。

《国语》是一部成书于战国初期的国别体史书,是各国史料的汇编。但各国所占的比重不一,侧重点也有所不同,原因在于编者所掌握的各国史料有差异。《国语》的记事,起于周穆王,终于鲁悼公,其时间跨度为公元前990年—公元前453年。全书21卷,记录了周、鲁、齐、晋、郑、楚、吴、越八国的事件。其中《晋语》多达九卷,并主要记录晋文公的历史,《吴语》记录夫差伐越及吴国灭亡,《越语》记载勾践灭吴的故事,为后世的文学创作提供了丰富的素材和想象的空间。所以《国语》的史料价值和文学价值亦值得重视。

《战国策》,又称《修书》《国策》《国事》《短书》《长书》等,是战国时代各国史料的汇编,成书于秦汉间,记事上接春秋,下迄秦并六国,时间长达269年(公元前490年—公元前221年),具体为何人所作,难以稽考,最终由西汉后期的刘向整理,并定名《战国策》,沿用至今。《战国策》的基本内容是战国时谋臣策士纵横捭阖的斗争经历和谋划言语,具有外交辞令的精彩和政治军事谋略的精深与狠毒,保存了不少纵横家的言辞与著述信息。全书33卷12万字,杂记东周、西周、秦、楚、燕、韩、赵、魏、齐、宋、卫、中山12

诸侯国的军政大事。全书记载497事,分别是东周策1卷28事,西周策1卷17事,秦策5卷64事,齐策6卷59事,楚策4卷52事,赵策4卷66事,魏策4卷84事,韩策3卷70事,燕策3卷32事,宋、卫策1卷15事,中山策1卷10事。书中集中反映了战国时代的历史风云,也叙述了许多重大的历史事件,但多数作品出自策士之手,不免夸张与虚拟。所以《战国策》的史料价值有所降低,但文学价值大为提升,更反映了"士"这样一个特殊的群体游离了统治阶层之后的特殊历史作用以及对中国社会政治文化和道德观、价值观的影响。战国时代的策士,在政治上崇尚谋略,强调审时度势,主张举贤授能;在人生观上追求功名显达、富贵利禄;对人品的要求不拘一格、经常变幻,只为自己的目标而奋斗;在价值观上弱化是非而强化了成功失败的意义。

《战国策》的文学价值,超越了先秦任何叙事著作。其一,《战国策》塑造了大量鲜明生动的社会各阶层的人物形象,尤其是"士"的形象。其二,创作了大量生动有趣的故事,情节曲折,波澜起伏,想象离奇,具有很强的戏剧性。其三,分门别类的叙写和以人、以事为中心不同的描写手法,丰富了叙事文学的艺术技巧。其四,高超的语言技巧成为后世文学创作学习的榜样。其五,虚构的寓言故事和掌故逸闻,增强了说服力,也形成了诸多哲理性、文学性相结合的成语。其六,铺张扬厉、夸张渲染的文风使整部作品气势恢宏、汪洋恣肆,成为中国古典散文文气的源头。

**(三) 汉代辞赋**

汉赋是汉代成就突出的文体。赋,本是诵的意思,《汉书·艺文志》谓"不歌而诵为之赋"。荀子的《赋篇》第一次以"赋"名篇,汉人沿用其义,凡辞赋均名为赋。汉赋的内容可分为五类:一是渲染宫殿城市;二是描写帝王游猎;三是叙述旅行经历;四是抒发不遇之情;五是杂谈禽兽草木。而以前二者为汉赋之代表。汉赋在结构上,一般都有三部分,即序、本文和被称作"乱"或"讯"的结尾。汉赋写法上大多以丰辞缛藻、穷极声貌来大肆铺陈,为汉帝国的强大或统治者的文治武功高唱赞歌,只在结尾处略带几笔,微露讽谏之意。

汉代赋早期是对楚辞的继承,称骚体赋,主要表达作者一时一事的感受和个人的情绪,具有一定的抑郁情怀。从西汉中叶到东汉中叶称汉大赋,枚乘、司马相如等人的作品标志着汉大赋的成熟。东汉后期,文人趋向于表达个人生活,形成了言情小赋的创作高潮。早期的骚体赋作家作品主要有贾谊的《鹏鸟赋》和《吊屈原赋》、司马迁的《悲士不遇赋》、淮南小山的《招隐士》等。

西汉中叶到东汉中叶,流行的体式是汉大赋,其开阔恢宏、气势夺人,往往采用主客论难的形式铺张扬厉、夸张恣肆、抑客扬主、解决问题或疑虑,达到认知的同化或思想上的提升。司马相如的《子虚赋》和《上林赋》等,纵横开阖,绮丽摛艳,语言精彩,气势磅礴,具有摄人心魄的力量。枚乘的《七发》,假托楚太子有疾,吴客往视,指出太子的病是"久耽安乐,日夜无极"造成的,是"纵耳目之欲,恣支体之安"以至于习以为常的音乐、饮食、车马、游观等的必然结果,虽经吴客夸耀盛赞,仍然不能激发太子的兴趣。越出宫闱,以田猎、观涛提振太子的精神,使其"阳气见于眉宇之间""有起色"。最后,吴客提出为太子请如同前代"方术之士有资略者"讲解"天下要言妙道",终于使太子"霍然病已"。

因为枚乘说七事以启发太子,后人模仿其结构形态,称为"七体"。

东汉后期,随着帝国衰弱,文人出路逼仄,外戚、宦官干政,朝政紊乱乖张,文人笔下充满忧郁的情调,出现了张衡及其《归田赋》、赵壹及其《刺世疾邪赋》、蔡邕及其《述行赋》等作家作品,这是一种末世的叹息,更是对社会、人生的深沉思考。撇开汉赋的演变轨迹,仅仅从内容上来认识,也可以将其分为两大类:一类是言志抒情的小赋,一类是铺陈夸张的体物大赋。文学发展的内在规律和社会发展的外部环境,决定了两汉不同时期作家在体量、内容与风格上的选择。西汉武帝后期,国力强盛,社会繁荣,好大喜功的举动与歌功颂德的文辞相约而至,直接导致了文坛上铺张扬厉的风气。但敏锐的文人还是察觉到社会危机的存在,对君王提出了委婉的讽谏,只是隐含太深,如司马相如的《大人赋》《子虚赋》《上林赋》。所以,宋代的刘筠在《汉武》诗中感叹:"相如作赋徒能讽,却助飘飘逸气多。"简而言之,汉赋铺张夸耀是汉代社会繁荣、国力强大的盛世气度在文学上的反映,孕育了文学开阔恢宏的气象,对于中国文学积极昂扬的文人精神具有引导价值。

汉赋至魏晋定型为小赋,至南北朝演化成骈赋,至唐宋转变为律赋与文赋。

### 三、唐诗宋词

唐诗宋词,是 700 年间中国韵文学巅峰时代的典范,辉煌的成就达到了难以逾越的高度,成为后人景仰的丰碑。

#### (一) 唐诗

唐代初期,诗歌创作仍受南朝诗风的影响,题材较为狭窄,追求华丽辞藻。待到被称为"四杰"的王勃、杨炯、卢照邻、骆宾王出现,才扩大了诗的表现范围,从台阁走向关山和塞漠,显示出雄伟的气势和开阔的襟怀。他们无论写边塞,还是写行旅、送别,都有着这样的情思风貌。在诗的体式上,这时完成了五七言律体的定型。律诗属于近体诗,是相对于古体诗而言的。古体分四、五、七言和杂言,平仄没有限制,也不求对偶。近体诗平仄和押韵有一定的体式,也要求对偶。律体的定型,对我国诗歌的发展影响深远,它成了我国古代诗歌的一种主要体式。

在初唐的后期,出现了两位重要诗人:陈子昂和张若虚。陈子昂主张诗应该有所寄托。他的 38 首《感遇》诗,就是这一主张的实践。但他写得最好的诗是那首《登幽州台歌》:"前不见古人,后不见来者。念天地之悠悠,独怆然而涕下。"抒写不遇的悲怆,但其中蕴含的是自信和抱负,情怀壮伟,有一种得风气之先而不被理解的伟大孤独感。张若虚的《春江花月夜》,写月夜春江明丽纯美的境界,融入浓烈情思和深刻哲理,婉转的音调,无穷的韵味,创造出了非常完美的意境。陈子昂和张若虚艺术上的成熟,透露出盛唐诗歌行将到来的信息。

盛唐是唐诗发展的高峰。此时诗坛群星辉映。王维和孟浩然善于表现山水田园的美,表现人与自然和谐相处的那种宁静平和的心境。王维的山水诗融诗情画意于一体,把人引向秀丽明净的境界,那境界里洋溢着蓬勃生机。如《山居秋暝》:"空山新雨后,天气晚来秋。明月松间照,清泉石上流。竹喧归浣女,莲动下渔舟。随意春芳歇,王孙自可留。"雨后的松林间月色斑驳,流泉淙淙。浣纱女踏着月色从竹林间喧闹着归来;渔人正分开荷叶摇舟远去。山村之夜,如诗如画。他还有一些诗,宁静中带几分禅意。在唐代的重要诗人中,他是受佛教思想影响最为明显的一位。但他不是一位完全遁世的诗人,有些诗写得慷慨激昂,有的诗表现出浓烈的人间情思。那首《送元二使安西》,由于写出了人们深情惜别时的普遍感受,后来被编入乐府,成为离筵上反复吟唱的歌曲《阳关三叠》。

　　孟浩然善于用最省净的笔墨,写山水田园的秀美。《过故人庄》写做客田家的喜悦,恬静的农舍,真挚的友情,充满浓郁的生活情趣。《春晓》写春日那种明媚、静美、舒畅的感受。那首《宿建德江》,只用20个字,便写出了无尽的情思韵味:"移舟泊烟渚,日暮客愁新。野旷天低树,江清月近人。"暮烟笼罩中的一抹树林,一轮水中月影。在这朦胧而明净、深远而静谧的境界中,弥漫着一缕淡淡的乡愁。孟浩然的许多诗,都这样以极俭省的文字,表现多重境界和情思。这时和王维、孟浩然的诗歌风格相近的还有常建、储光羲等人。

　　盛唐有一些诗人,善于写边塞生活,如王昌龄、高适、岑参、祖咏等。他们大都到过边塞,领略过边塞的壮丽景色,向往边塞立功。在他们的诗中,祖国山河的壮美与保家卫国的豪迈情怀表现得淋漓尽致。王昌龄写了二十几首边塞诗,最有名的是《出塞》《从军行》。他的边塞诗有一种深厚的历史感和清刚的风格。其他题材的诗他也写得很好,七言绝句有极高的艺术成就。高适的诗风趋于雄壮慷慨:"万里不惜死,一朝得成功。画图麒麟阁,入朝明光宫。大笑向文士,一经何足穷!古人昧此道,往往成老翁。"(《塞下曲》)从这首诗里我们可以感受到他的豪侠气质。边塞诗人的代表还有岑参。他写边塞风物的雄奇瑰丽,写军人的豪雄奔放。荒漠与艰苦,在他笔下都成了充满豪情的壮丽图画。

　　最能反映盛唐精神风貌,代表盛唐诗歌高度艺术成就的,是伟大诗人李白。李白是一位性格豪迈、感情奔放、不受拘束而又向往建功立业的诗人,他的诗充分表现了盛唐社会士人的自信与抱负,神采飞扬,充满理想主义色彩。他的诗的成就是多方面的,极大地丰富了古体诗的表现技巧,把乐府诗的写作推进到一个新的高度;他的七言绝句和王昌龄的七言绝句一起被后世推为唐人七绝的代表作。他的诗有着鲜明的艺术个性:爆发式的抒情、变幻莫测的想象和明丽的意象。他把乐府和歌行写得有如行云流水,感情喷涌而出时,如黄河之水,奔腾千里,一泻而下。他生于盛唐,感受着盛唐昂扬的时代精神,晚年又亲眼看到唐代社会的衰败,理想和现实之间产生巨大反差。他的诗里既有在指顾之间建立不世功业的信心,又常常有愤慨不平和对于朝廷黑暗的抨击。他的诗想象瑰奇,常常想人所想不到处。前人评他的诗,说是"发想无端",《蜀道难》《梦游天姥吟留别》都是例子。在想象之中,又常常带着夸张的成分,写愁生白发,说是"白发三千丈";写庐山的五老峰,说是:"青天削出金芙蓉";写黄河,说是"黄河落天走东海,万里写入胸怀间",他是一位富于想象的诗人,他的诗常常带着强烈的主观色彩。又由于他性格开朗豪放,他的诗意象明丽清新、色彩鲜艳。他纯然是一位天才的诗人。

　　当时另一位伟大诗人,是被后人称为"诗圣"的杜甫。杜甫比李白小十一岁,两人的深厚友情成为千古传颂的文坛佳话。杜甫的青年时代,和许多盛唐诗人一样,都有过"裘马轻狂"的漫游生活。但是他的主要活动是在"安史之乱"以后。他深受儒家思想影响,有"致君尧舜"的抱负,一生却穷愁潦倒,因此在感情上更能体验到民众的疾苦。"安史之乱"给唐代社会带来巨大的破坏,使半个中国沦为丘墟。杜甫在战火中流离转徙,写下了《北征》《三吏》《三别》《兵车行》《自京赴奉先县咏怀五百字》等一系列表现民生疾苦的诗作。战争中的许多重大事件,战争带来的破坏,战火中百姓的心态,在杜诗中都有极为生动的反映。唐代没有任何一位诗人,像他那样深广地反映"安史之乱"的历史,因此他的诗被称为"诗史"。由于自身遭遇坎坷,他对百姓的苦难往往感同身受,发为歌吟,家国之痛与个人的悲哀也就融为一体。《春望》《登楼》《登岳阳楼》都是这样的诗。"戎马关山北,凭轩涕泗流","感时花溅泪,恨别鸟惊心",百感交集,身世之感与家国之悲,已经很难分开了。

唐诗到杜甫是一大转变,题材转向写时事、写底层百姓的生活;写法上采取叙事和细节描写,在叙事和细节描写中抒情。为便于写时事,他多用古体,但他更高的成就是律诗。在他一千四百多首诗中,律诗占百分之七十以上。他的律诗的成就,主要是拓宽了表现范围,尽力发挥律诗这一体式的表现力,既严格遵守格律规则,又打破格律的束缚。变化莫测而又不离规矩,写得出神入化。像《春望》《春夜喜雨》《登高》等诗,都是例子。有时为了更完整地表现由某一事件引起的感想,他采用组诗的形式。用组诗写时事,是杜甫的创造。律诗,尤其是七律,到了杜诗,是高度的成熟了。在艺术手法和艺术风格上,杜甫与李白不同,李诗感情喷涌而出,杜诗反复咏叹;李诗想象瑰奇,杜诗写实;李诗奔放飘逸,杜诗沉郁顿挫。一般认为,在中国的诗歌发展史上,杜甫带有集大成的性质,对于后来者有着极为深远的影响。

唐代中期,诗歌的发展走向多元化,出现了有明确艺术主张的不同流派。韩愈、孟郊和他们周围的一些诗人,在盛唐诗歌那样高的成就面前,另寻新路。他们追求怪奇的美,重主观,常常打破律体约束,以散文句式入诗。在这一派的诗人里,李贺是一位灵心善感、只活了27岁的天才诗人。在他的诗里,充满青春乐趣的五彩缤纷的世界,以及人生寥落的悲哀,与过早到来的迟暮之感交织在一起。他的诗,想象怪奇而丰富,意象色彩斑斓,而且组合密集。在这个诗派里,他的诗有着特别鲜明的风格特征。这时的另一个诗派,以白居易、元稹为主。他们主张诗应有为而发,应有益于政教之用。白居易提出"文章合为时而著,歌诗合为事而作"。元、白都写有新题乐府,表示了对于国家的关心、对于黑暗现象的抨击和对于生民疾苦的同情。白居易的50篇新乐府,有写得深刻的,如《卖炭翁》等。在艺术表现上,白居易主张要写得通俗易懂,趣味与韩、孟诗派正好相反。白居易既写有大量的讽喻诗,也写了不少闲适诗,而艺术上最成功的,是长篇歌行《长恨歌》和《琵琶行》。中唐的著名诗人还有柳宗元和刘禹锡,他们的艺术趣味既不同于韩、孟,也不同于元、白,而有着自己的特点。

晚唐诗歌又一变。中唐的那种改革锐气消失了,诗人们走向自我。这时出现了大量写得非常好的咏史诗,杜牧、许浑是代表诗人。杜牧是写咏史诗的大手笔,对于历史的思索其实是对于现实的感慨,历史感和现实感在流丽自然的形象和感慨苍茫的叹息中融为一体，《江南春》《泊秦淮》等诗都是咏史佳作。晚唐艺术成就最高的一位诗人是李商隐。盛唐诗的意境创造，达到了意象玲珑、无迹可寻的纯美境界，是唐诗的一个高峰。杜甫由写实而走向集大成，是又一个高峰。中唐诗人在盛极难继的情况下，另辟蹊径，或追求怪奇，或追求平易，别开天地，又是一个高峰。诗发展至此，大有山穷水尽之势。李商隐以其深厚的文化素养、惊人的才华，开拓出一个充满朦胧、幽约的美，让人咀嚼回味的诗的境界，达到了新的高峰。他是一位善于表现心灵历程的诗人，感情浓烈而细腻。他的爱情诗深情绵邈，隐约迷离，刻骨铭心而又不易索解。他的不少诗，特别是无题诗，情思流动是跳跃式的，意象组合是非逻辑的，意旨朦胧而情思可感，往往可作多种解释。他的艺术技巧，达到了出神入化的境界，极大地扩大了诗的感情容量，为唐诗的发展做出了最后的贡献。

唐诗数量之多，超越了前代的总和。据新编《全唐诗》统计，留传至今的尚有55 000余首，普遍颂习的作品也在千首以上，仅仅绝句就有10 000多首，还有不少作品在历史的长河中消失，已经无法统计。唐诗的作家上自君王将相，下至贩夫走卒，各行各业，无所不包。自具风格的大家数十，更有"诗仙"李白、"诗圣"杜甫这样的诗坛"双子星"。杜甫流传下来的作品有1 400多首，白居易则有2 800余首，这是大家。也有不少诗人虽留传的作品不多，如张若虚、刘希夷、王之涣、张继等，但以特别的作品或诗句为人们所熟知。当然还有不少诗人留下了作品，但没有留下姓名，成为研究的缺憾。

### （二）宋词

宋词是在唐五代词的基础上发展而来的。词最初被称为"曲子词"（因为词与诗歌不同，它一般是先有乐，然后按乐填词），为俗乐的一种。有一个传统的说法"词为诗余"，诗作为正统的文学形式存在，而词则是从民间的俗曲转化而来。诗歌可以用来批评朝政、促进社会发展，在孔子那里就有"兴、观、群、怨"的说法。而词主要用于娱乐、消遣。一般认为，词的渊源是胡夷之曲和中原里巷之曲的融合。唐玄宗开元天宝年间，胡夷音乐深受人们的喜爱。刘禹锡在朗州作司马时，当地人所唱的竹枝曲被刘禹锡改成了竹枝词。杨海明先生在《唐宋词史》中认为江南的地域、民情风俗以及政治状况对词产生了很大影响：(1) 江南多水，帮助造就了词境的柔媚；(2) 斜桥红袖帮助造就了词情的香艳；(3) 江南小气帮助造就了词风的软弱。

词为曲而填，因而词的体式受曲体的影响。词的分片、句式的长短、节奏的缓急、音调的抑扬等都依曲而定，因为曲有曲调，所以词也有词调，词调的名称就是词牌名。其实，刚开始的时候，一方面我们可以根据词牌名看词的格调，比方说"满江红"就是激昂的格调，"临江仙"谈的是游仙之事，"渔歌子"写的是打鱼之事。另一方面，作者在填词时虽按乐谱填写，但在某些音节，可以你多填上几个字，我少填几个字，在个别音律处还可以略变一下平仄韵律，使演唱更为悦耳动听。可是"宋代以后，乐谱逐渐散失，再加上多数诗人本来就不懂音乐，他们填词意在作诗而不在演唱，于是干脆不去理睬曲谱，只按前人已经填了的某调，一字字、一句句地照填下去，'依样画葫芦'——你叫《更漏子》，我也叫《更漏子》，你开头三字的格式是'仄平平'，我也照填'仄平平'。这样一来，格式反而固定了，严格了。明清两代更有人归纳旧词，厘定词谱，使填词者有所依据。于是词便成了一种纯粹的文学样式,一种格律十分严格的诗体"①。词内容与格调渐渐与词牌相分离,便词渐渐独立于音乐之外。同时词从字数上分为小令(58字)、中调(58—90字)、长调(90字以上)。

宋词不像唐诗与宋诗,往往在不同的历史时期就有不同的诗歌流派,但对宋词风格的划分自古有之。明代张綖在《诗余图谱·凡例》后的"附识"中说:"词体大略有二:一体婉约,一体豪放。婉约者欲其词调蕴藉,豪放者欲其气象恢宏。"此论一出,词分婉约、豪放即不绝于耳。然而宋代词人并没有有意识的词派,词人中有纯粹的婉约词人却没有纯粹的豪放词人,写豪放词的人往往多有婉约之作。晚清陈廷焯在《白雨斋词话》中细分宋词的流派,有"十四体"之说;近人詹安泰在《宋词风格流派略谈》一文中提出"八派"之说;今人刘扬忠在《唐宋词流派史》中按照宋代不同的历史时期作了划分。

宋词发展的基本脉络可以分为五个阶段:(1)北宋初年,很多人认为奢靡轻软的文风助长了社会政治的腐化而导致了前后蜀、南唐的灭亡,再加上当时的官吏选择制度考察的主要是诗、赋、论、策等,而词是不入流的,因而在这个时期词坛沉寂,60年间词人与词作寥寥。(2)北宋中期,宋仁宗好词,他在位40年,使词获得了很大的发展。晏殊、欧阳修、张先等人承袭晚唐五代词风,在风格上以个性化的色彩体现出不同程度的创新。词发展到柳永,他因为仕途坎坷而自我放纵,沉溺于歌楼妓馆之中,在词的创作中以市民生活入词,并把传统的小令发展为慢词(依慢曲而填的词。慢曲,唐宋杂曲的四种体制"令、引、近、慢"之一,每片八拍),丰富了词的体式。词发展到苏轼,他以旷达超逸的襟怀与深沉的思考开创了词的豪放风格。同时词在题材的选择上不再有任何的局限。(3)北宋后期,秦观、贺铸走的依然是柔婉词风的道路,把婉约词写得更加细密、更加柔弱。之后,周邦彦在词的章法技巧上更加纯熟,成为婉约词的集大成者。(4)北宋与南宋之交,最杰出的词人当是李清照,她奉行"词别是一家"的理念,形成了柔丽清新的"易安体"。在此之后,张元干、张孝祥、陆游等词人在词中诉说报国之心、内心之苦。辛弃疾为代表的"辛派词"在南宋气势最盛,更加逞才使气。(5)南宋后期,周邦彦影响下的格律词复兴,姜夔、史达祖、吴文英等人注重词的典雅精巧、音律和谐。

## 四、元明杂剧

元杂剧是中国古典戏剧成熟的标志,也是元代文学的典型代表。文化史和文学史上所说的元曲,包括元杂剧和元散曲两大类,是代表了一代成就的文学样式。元杂剧已经是成熟的戏剧形式,结合了音乐、歌舞、说白、杂技和舞台设计等多种元素,其舞台分类属于歌剧。元杂剧的基本体制是一本四折演一完整故事,一般由一个角色演唱,每折用一个宫调内的若干支曲子组成完整套曲,一韵到底。其角色主要是正旦和正末,正旦主唱的为旦本戏,正末主唱的为末本戏。有的剧本还加有楔子,放在开头则交代故事的缘由,放在折与折之间则起到连接过渡作用。元杂剧剧本的基本结构元素是歌词、科、白三个部分。歌词是推动故事情节发展和抒情的主体;科是舞台动作,包括演员的表演

---

① 陈振寰:《读词常识》,上海古籍出版社,1982年版,第2页。

和后台的配合动作及声响；白指语言，舞台上演员之间的说话，包括对白、独白、旁白和背白等形态。元代前期的杂剧中心在大都（今北京），后期的创作活动中心在杭州。

　　元代不到百年的时间，杂剧创作取得了突出的成就：有姓名可考者200余人，见于文献记载的剧目有700余种，今存于臧懋循《元曲选》和隋树森《元曲选外编》的作品尚有260余种。戏剧史上称为"元曲四大家"的作家是关汉卿、马致远、王实甫和白朴，或没有王实甫，而列入郑光祖。中国古典表演艺术的各种因子相结合，吸收宋杂剧和金院本的创作表演技艺，联系清商音乐与民间小调相融合的伴奏技巧，化装与舞台设置的成熟等，是元杂剧兴盛的内部原因。而元朝统治阶层的喜好推动了杂剧表演的兴盛；城市经济的畸形繁荣为戏剧活动提供了场所和经济保障；市民阶层的扩大形成了广阔的市场；知识分子地位下降为杂剧的编剧、导演、表演提供了优秀的人才；大量优秀的女艺人参与戏剧表演，增强了杂剧的魅力；元代社会现实和错综复杂的矛盾为杂剧提供了丰富的素材，有利于杂剧题材的选择、提炼、加工。以上条件，是元杂剧全面繁荣的主要保障，推动了元杂剧取得卓越的成就。

　　首先，元杂剧反映了元代社会的主要矛盾和问题，公案题材的剧作表现得最为明显，赞扬了反抗精神，抨击了黑暗势力、落后观念、丑陋习俗和不合理的封建礼教，塑造并颂扬了不畏强暴、敢于斗争、反抗压迫、争取自由的叛逆形象。元杂剧反映的元代社会问题甚多，主要有以下几个方面：民族压迫与种族歧视问题，知识分子问题，妇女问题，社会治安问题，无业游民问题，贪污、酷刑与冤狱问题，高利贷问题等。在元蒙贵族统治下的中国社会，知识分子的出路、生存成为问题，使中国文化的生命载体出现了消亡的危险。关汉卿的《窦娥冤》最为集中地反映了这些主要问题。穷苦寒酸的儒生窦天章饱读诗书、满腹经纶，却无力为妻子治病而成为鳏夫，带着年幼的女儿难以生存，只好借了高利贷活命。因为还不起高利贷，将女儿端云抵冲给蔡婆婆做童养媳，改名窦娥。窦娥的命运从此改变。赛卢医因为不能归还高利贷，就想到杀了蔡婆婆以逃脱债务，社会治安问题由此可见一斑。救下蔡婆婆的张驴儿父子，得知蔡家两代寡妇、广有钱财，就公然登堂入室，企图霸占她们的人身和财产，可见游民问题之严重。而张驴儿误杀父亲，诬陷窦娥，居然为太守认可。终于，在严刑之下，统治者完成了又一桩冤案，法制何在，天理何在？窦娥觉醒了，向天地发出了责问和怒吼，以三桩誓愿完成了她最后的抗争。窦娥被黑暗的社会吞噬了，作者用幻化的方式为她申冤，不是反抗斗争的发展延续，而是作者的理想甚至是幻想期待。因此，《窦娥冤》具有震撼人心的特别力量。

　　其次，元杂剧具有反封建礼教的斗争精神，赞美了人性的美，肯定了人的正常情感和合理的精神诉求，是对理学"存天理，灭人欲"思想的否定。元杂剧中爱情婚姻题材的作品，集中体现了这样的思想。《西厢记》《拜月亭》《墙头马上》《倩女离魂》等作品，热情歌颂真诚健康的爱情。《西厢记》中的张生、莺莺，都是出身于封建官僚家庭的青年男女，敢于冲破封建礼教的束缚，大胆地追求自己的幸福。他们没有世俗的门第观念，轻视功名富贵，只为一腔真情，跨越礼教鸿沟，终于在红娘的帮助下实现了圆满的结局。婢女身份的红娘在其中扮演了重要的角色，成为张生、莺莺感情成败的关键因素。她机智聪明，古道热肠，勇于担当，无私无畏，据理力争，随机应变，帮助张生、莺莺，使礼教为真情让步,是数百年来活跃在舞台上的光辉形象。《倩女离魂》中的张倩女为了自己心爱的王文举几乎丧命,真情所使,灵魂出窍,追随幸福,终于如愿。此剧虽然情节如同志怪小说,却是一曲爱情的赞歌。

再次,元杂剧具有明确的情感倾向和是非判断,褒贬分明,反映了大多数人的情感意志和道德观念、政治倾向。在历史剧中,进步思想与民主精神表达得比较明显。历史上和社会生活中明显有着一些不合理、不合情的教条,有着贤人遭厄的悲剧,元杂剧通过历史故事的演绎和社会生活的艺术再现,用形象和故事情节诠释了进步的思想理念,而不是直接用符号式的台词标榜。《赵氏孤儿》演绎的是历史真实故事,见于《左传》和《史记》,但纪君祥不仅提炼成忠奸斗争的精彩故事,揭露了奸臣屠岸贾的险恶心肠,赞扬了公孙杵臼、程婴的忠贞侠义,张扬了中华文化的道德力量,是非分明,褒贬明确,矛头直指昏君的误国误民也误己的危害,更通过对历史纵深的剖析,替被压迫民族和被压迫人民发出了对故国的呼唤,抒发了压抑已久的民族感情。《单刀会》《西蜀梦》等作品,也在舞台上展示了元代统治者并不欢迎的历史英雄,使观众获得了替代式情感享受。

最后,元杂剧作为成熟的代言体表演艺术,以通俗的艺术形式传播中国文化,使中国传统文化精神又增加了一个承载、表现的载体和扩大影响的途径。相对于中国传统的文学体裁,戏剧具有特殊的新鲜度和吸引力,在城乡拥有广泛的市场。台上演绎,台下评点,不知不觉间,已经将大量的文化信息传递给观众。马致远的《汉宫秋》安排了王昭君跳江而死的情节,"是要通过这一壮烈行动的描写,来反映当时广大人民不屈服于外族统治的战斗精神和反抗意志"(顾学颉《元明杂剧》),大局为重、国家利益至上的文化精神,已经传播到观众的心里。

南戏是"南曲戏文"的简称,是在温州杂剧的基础上形成的地方剧种,早年出现的作品有《小孙屠》《错立身》《张协状元》等。杂剧盛行之后,南戏一度陷入低谷。但随着杂剧的衰弱,南戏吸取了杂剧的营养,结合市井喜好,出现了创作和演出的高潮。《荆钗记》《白兔记》《拜月亭》《杀狗记》被称作"南戏四大传奇",高明的《琵琶记》是南戏最高成就的代表。

### 五、明清小说

明清小说的创作,从题材到艺术,从长篇到短篇,从文言到白话,代表了我国古典小说的最高成就,此期是中国古典小说的极盛时期。不仅长篇小说出现了杰出的"四大名著",短篇小说的成就也具有集大成的意义:文言小说出现具有总结性意义的作品《聊斋志异》,白话小说的搜集仿制,保存了大量宋元话本的面貌,创作也推向了新的高潮。其中,冯梦龙的"三言"与凌濛初的"二拍"是最为杰出的作品。

明代是我国古典长篇小说创作的高峰期:长篇小说有"四大奇书"——长篇历史小说《三国演义》、长篇英雄传奇《水浒传》、长篇神魔小说《西游记》、长篇世情小说《金瓶梅》。《封神演义》《西游补》《新列国志》等,也是明代重要的长篇小说。《西游记》之后,明代形成了一个神魔小说流派,出现了30部左右长短不一、内容各异的神魔小说作品。一类是《西游记》的续书、仿作、节本、改编本,如《续西游记》100回、《西游补》16回,其作者均不详。仿作中"四游记"系列较为重要,包括吴元泰的《八仙出处东游记传》(简称《东游记》)56回、余象斗的《五显灵官大帝华光天王传》(简称《南游记》)18回和《北方真武祖师玄天上帝出身志传》(简称《北游记》)24回、杨志和(或作杨致和)删节改编《西游记》而成的《唐三藏西游全传》(简称《西游记》)。一类是专门为神仙列传的作品,佛教、道教及民间传说中的神仙形象,均有作品表现,如达摩、观音、吕纯阳、天妃、济颠、太上老君等。代表性作品有朱鼎臣的《南海观世音菩萨出身修行传》25回、沈孟柈的《钱塘渔隐济颠师语录》1卷、邓志谟的《晋代许旌阳得道擒妖铁树记》15回和《萨真人得道咒枣记》15回以及《吕纯阳得道飞剑记》13回等。还有一类是依附历史,描绘神仙灵异的作品,在广大市民中有很大的市场,如许仲琳、李云翔的《封神演义》100回、罗懋登的《三宝太监西洋记》100回等。影响最大、成就最高的当是《封神演义》。此外,明代还有少量小说,如《如意君传》《绣榻野史》等,剔除色情描写,历史的借鉴意义和文学的导向作用还是比较明显的。明代的短篇小说有白话和文言两个系列,白话小说以"三言""二拍"为代表,明代文言笔记体小说也有相当的发展。

  章回小说发展到清代,尽管由于文化专制下创作自由受到一定的限制,但在"康乾盛世"里还是出现了代表我国古典长篇章回体小说最高成就的《红楼梦》和代表讽刺小说最高成就的《儒林外史》。还有不少作品在文化史上影响巨大,如署名"西周生"的《醒世姻缘传》100回、夏敬渠的《野叟曝言》154回、李海观的《歧路灯》108回、李百川的《绿野仙踪》100回、李汝珍的《镜花缘》100回等。

  清代章回体小说创作有四个现象值得注意:一是续书创作。或仿作,如陈忱的《水浒后传》;或假借原书人名而重新创作,如丁耀亢的《续金瓶梅》。二是才子佳人小说创作成风。如张匀的《平山冷燕》《玉娇梨》《定情人》,徐震的《合珠浦》《珍珠舶》《赛花铃》,名教中人的《好逑传》,云封山人的《铁花仙史》,李春荣的《水石缘》,黄岩的《岭南逸史》等。三是晚清的谴责小说形成一个创作高潮,最著名的是"四大谴责小说":李伯元的《官场现形记》、吴趼人的《二十年目睹之怪现状》、刘鹗的《老残游记》、曾朴的《孽海花》。四是历史演义和英雄传奇小说再度掀起高潮。褚人获的《隋唐演义》,钱彩的《说岳全传》,文康的《儿女英雄传》,杜纲的《南史演义》《北史演义》,石玉昆的《小五义》和《续小五义》以及经俞樾修订的《七侠五义》等,在清代小说史上均占有重要的地位。这些作品,不仅是时代的反映、历史的回顾,也是对英雄的呼唤。晚清陈森的《品花宝鉴》、俞达的《青楼梦》、韩邦庆的《海上花列传》等狎邪小说,虽然积极意义无多,但亦是古典章回体小说多元化的组成部分。

  《红楼梦》是中国古典小说的巅峰之作,是一部内涵丰厚的作品,展示了一个层次多重又互相融合的悲剧世界。全书的主线是宝玉和黛玉、宝钗的爱情婚姻悲剧,体现了封建礼教对人的严重束缚。围绕着"悲金悼玉"的爱情婚姻悲剧,《红楼梦》还写出了"千红一哭""万艳同悲"的"女儿国"的悲剧,对封建社会和文化进行深刻反思。《红楼梦》以贾府的衰落过程为主线,贯穿起史、王、薛等大家族的没落,描绘了上至皇宫,下及乡村的广阔历史画面,广泛深刻地反映了封建末世复杂深刻的矛盾冲突,显示了封建富贵家族的本质特征和必然衰败的历史命运。《红楼梦》在文学创作上获得了巨大成功,达到了新的境界,塑造出了成群的性格鲜明而又富有社会内蕴的人物形象。曹雪芹就自己对现实世界的感受、体验而塑造人物,突出其真实性;注意写人物性格的多个侧面,甚至是美丑互渗的表现;人物之间相互映照、互为补充,生发出更为丰富、深刻的意思。《红楼梦》彻底地摆脱了说书体通俗小说的模式,极大地丰富了小说的叙事艺术,对中国小说的发展产生了深远影响。首先,采用"草蛇灰线,伏脉千里""注此写彼,手挥目送"的方法,使每一个情节具有多方面的意义,故事和画面之间的转换非常自然,不着痕迹。其次,把日常生活中的大小事件错综结合着写,小矛盾凝聚成大矛盾,小事件积累成大事件,波澜起伏,情趣盎然。再次,作者隐退到幕后,由作者创造的虚拟化以至角色化的叙述来叙事,在中国小说史上第一次自觉采用了颇具有现代意味的叙述人叙事方式。在叙述角度上也创造性地以叙述人多角度复合叙述,取代了说书人单一的全知角度的叙述。《红楼梦》继承了我国文学语言的优良传统并加以丰富和发展,达到了炉火纯青的地步。以北方口语为基础,融会了古典书面语言的精粹,经过作家高度提炼加工,形成了生动形象、准确精练、自然流畅、有生活气息和感染力的文学语言。

　　文言短篇小说则以蒲松龄《聊斋志异》和纪昀《阅微草堂笔记》为代表。中国古代的文学,从原始歌谣、神话到近代诗歌、小说,经历了3 000多年的发展历程,形成了基本的文化精神,既是中国古代文学的灵魂,也是中国文化的艺术体现,需要从文学活动的整体观照中认识。

## 第二节　中国古代文学的文化价值

　　中国古代文学是中国文化的重要载体,以各个时代的作家不同体裁的具体作品传承着中国文化,成为包含中国文化元素最多的文化产品,也是永不枯竭的文化资源。相比于典章制度,文学作品更接近普通百姓;相比于哲学著作,文学作品更容易为读者所接受;相比于道德礼仪条文,文学作品具有鲜明的形象性与潜移默化的教育作用。

### 一、浩瀚的典籍是中国文学的重要载体

　　从中华民族的先民们发出含义固定的声音开始,就已经产生了文学创作。文学活动几乎存在于先民的一切生产生活过程中。今天能够看到的甲骨卜辞中,已经有成熟的文学作品。从此,大量的文学作品得到保留,成为中国文化典籍中数量最为庞大的系列。今天所能见到的大型丛书中,《四库全书》1 500册、《四库禁毁书丛刊》311册、《四库禁毁书丛刊补编》90册、《四库未收书辑刊》301册、《续修四库全书》1 800册、《四库全书存目丛书》1 200册、《四库全书存目丛书补编》100册,蔚为壮观。而所谓"四库",指的是经、史、子、集四类。其中,集部的图书远远超过了经、史、子各类,几乎是经、史、子各类的总和。

　　除了已经搜集到的文集外,散佚的文集不计其数,更有并未印行的文集,在战火和20世纪的文化浩劫中被淹没销毁,或者尚有许多手写和刻印的家藏本没有进入研究者

的视线。这些图书是数量可观的文化遗产,有待于发掘整理。从秦火开始到近现代大大小小不知多少的战争,毁灭了无数文化典籍,但经、史、子类的图书基本上得以保全,而"有碍"的集部图书,却遭到统治者有意识的定向销毁。在历史的长河中,也有不少典籍自然湮灭,更有许多文集因为没有付梓而遗失,或全部,或部分。以《浮生六记》为例,因为沈复无意而为之,没有藏之名山或流芳百世的意思,就是一部记载真实人生经历的自传,仅仅百年后就不见其原著全貌,只能从各种抄本辑校成《中山记历》和《养生记道》。而古代的相当一部分文学家,同时也是政治家、思想家、哲学家,是中国文化的建设者和传播者。可见,古代文学不论是作家作品或是文学活动,均是中国古代文化的组成部分,也是传承古代文化的重要工具。中国是一个统一的多民族国家,各民族文学都有自身发生、繁衍、发展的历史和突出成就,藏族的史诗《格萨尔王传》、维吾尔族的叙事长诗《福乐智慧》、傣族的《召树屯》、彝族的叙事长诗《阿诗玛》、蒙古族的近代叙事诗《嘎达梅林》等,都是中国文学宝库中闪亮的明珠。少数民族的诸多作家,不仅有本民族语言文字创作的作品,更有用汉语创作的作品,如元好问的诗歌、贯云石的散曲等,是中国文化宝库中极为珍贵的财富。

## 二、漫长的发展过程中建设和丰富中国文化

按照今天文艺理论的基本见解,文学艺术起源于劳动,这是最接近正确的一个答案。原始人类在从事生产劳动的过程中,付出了极大的体力,与今天机械化作业有着本质的区别。于是,在劳作的过程中发出一定的吟唱,以减轻疲劳。这种吟唱与劳动的节奏相配合,形成了有韵律的声音,就是文学艺术。"今夫举大木者,前呼'邪许',后亦应之,此举重劝力之歌也。"①举重劝力,使用的是口号,达到减轻疲劳感和提高劳动效率的效果,证明了文学艺术起源于劳动。但文学艺术的产生是多重因素共同作用的结果,人类的生存也不是只有劳动。所以在劳动中产生文学艺术是正确的,但不能排除人类的本能,即原始的表现欲望和模仿的天性。而在原始部落形成之后,表现敬畏崇拜的各种活动中,也包含了大量的文学艺术因子,对于文学艺术的形成发挥了重要的作用。

先秦文学是指秦以前的中国古代文学,从时间上讲,是从莽莽太古到秦朝统一。但是文学创作的工具是文字,文字的产生又远远晚于文学创作活动的时间,通过文字记录而得以保存的上古文学作品也就相当有限,并且其真实性不断受到怀疑。中国的文字基本定型并大量使用,一般认为是在殷商后期,约公元前 14 世纪。之后,文字广泛使用并成为文学创作的工具,"作家"的概念也随之出现,文学史的发展则翻开了新的篇章。但在文字记载之前,文学活动早已展开,是先民们集体性的文学活动,是口头创作并口耳传播,所以,得以保存下来的作品极其有限。但西周统治者出于体察民情教化百姓的需要,搜集记录了诸多文学作品,成为中国文学辉煌的开端。

先秦文学主要包括先秦歌谣、神话、诗歌和散文等,是中国文学的源头,各种主要的文体肇始于此。秦汉文学主要包括秦与两汉时期的诗歌、散文、赋、史传文学以及小说,

---

① (汉)刘安:《淮南子》卷一二《道应训》,岳麓书社 1989 年版。

是中国文学发展的承传时期。秦朝只有短短的15年,就在农民起义的浪潮中覆灭,在文学史上几乎可以忽略。但从公元前255年始,史学上奉秦为正朝,故此间产生的文学作品归入秦代。最杰出的作品是李斯的《谏逐客书》。

两汉400余年,不仅是社会政治经济昌盛的时期,也是封建文化的高涨期。无论是作家的文学素养,还是文学作品的数量、质量,抑或作品的思想深度、艺术水平,都对后世产生了广泛的影响,价值取向、审美风尚、文体样式等方面也成为后世学习的典范。汉代文学的主要体现是诗歌、散文、赋和史传文学。魏晋南北朝是中国历史长期分裂战乱的时期,给百姓生活和社会发展带来了极大的灾难,造成了无数的人间悲剧。而这样的战乱,开始于公元184年的黄巾起义。在镇压黄巾起义过程中形成的各路军阀为了争夺地盘和战争资源,展开了大规模的战争。其中,官渡之战决定了曹操对北方的实际统治,赤壁之战奠定了三国鼎立的局面,至汉献帝建安二十五年(公元220年)曹操去世,曹丕代汉自立建元,进入三国的历史。随后,蜀汉政权在诸葛亮去世后逐渐衰弱,东吴政权也不及孙权时期强盛,而北方的曹魏政权逐渐向司马氏集团过渡,形成了西晋的短期统一。在"八王之乱"的沉重打击和北方少数民族军队的进逼下,司马氏集团被迫向南方流亡,在南京重新建立政权,史称"东晋"。

东晋政权虽然建都南京,当地富庶繁华,歌舞升平,脂粉云集,整个统治集团流行着享乐的生活情调,但随时面临着北方入侵的危险。而政权内部,豪门世族把持朝政,军阀作乱,干预朝政,东晋最终被刘宋、萧齐、萧梁、陈政权取代,史称"南朝"。而北方,匈奴、鲜卑、羯、氐、羌等少数民族纷纷建立政权,统治了黄河流域的大片河山,并逐渐走向统一,形成了北魏政权。公元534年,北魏分裂为东魏和西魏,不久,分别为北齐和北周所取代。公元581年2月,北周相杨坚称帝,建立隋朝,于公元589年消灭陈,完成了全国的统一,结束了长达4个世纪的分裂战乱局面。魏晋南北朝文学是指从建安到隋统一这一时期的文学,这是中国文学的觉醒时期。诗歌、散文、辞赋、小说、文艺理论和文学批评均取得了卓越的成就。

唐代是中国封建文化全面高涨的时期,诗歌创作达到了难以逾越的高度,散文呈现多元化发展的局面,既有传统的四六文杰出成就,又有散文的新局面,韩愈、柳宗元等将散文创作推向新的高峰,小说也取得了卓越的成就,还创造了新的文学样式——词。

两宋文学是指公元960年到公元1276年间的文学,包括北宋、南宋、辽、金4个政权的文学。就两宋历史社会而言,相对于汉唐的大一统局面,北宋与契丹、西夏、吐蕃、大理等政权并存,南宋与女真、吐蕃、大理、蒙元政权并存,整体处于压抑的环境中,时刻面临入侵和亡国的危险。就文学而言,是唐宋封建文化高潮的组成部分,文学创作呈现出承前启后的状态,作家多、作品多,进步与落后、积极与消极对比明显,女性作家占有一定的地位。但两宋的政治、经济、外交和军事形势,总是处于被动和弱小的状态,文人缺乏汉唐那样开阔恢宏的气势,是一种内敛的自我压制的精神状态。尽管社会环境并不有利,但两宋的文学创作依然取得了骄人的成就,并形成了两宋的时代特征。诗、词总结了过去,小说、戏剧开拓了未来,两宋文人的文学、哲学、史学、艺术、自然科学等各方面的修养远远高于前代。所以,就单一文学题材而言,除宋词之外,无一高于其他各代,但综合成就是任何一代无法比拟的。

元代文学是指元朝统一到明朝建立这段时期的中国文学。元代文学的主要成绩不仅体现在新兴的文学样式——元曲上,同时还表现在传统诗词的继承和发扬上,并且在元代后期还出现了对后世影响巨大的南戏。明代文学是近古文学高潮的组成部分,诗文延续了唐宋的传统并多元发展,小说、戏剧成为时代的特色,词曲的发展也取得可喜的成就,并出现了众多的诗文、戏剧流派,精彩纷呈,佳篇如云,成为近代学界研究的热点。

清代是中国封建社会最后一个统一的王朝,也是古代文学的最后阶段,这不仅是时间的分段,也是体裁、风格、文学语言、创作精神等方面明确的割断。清代文学有三个发展时期:从清朝建立到乾隆中期为清前期;乾隆中期以后到鸦片战争爆发为清中期;鸦片战争爆发到新文化运动为晚清时期,又称近代文学。清代虽是古代文学的最后阶段,却是又一个辉煌的阶段,诗、词、文成就超越元、明,直逼唐、宋;小说、戏剧比肩明代并呈现出更为壮观的场面;文学批评与文艺理论呈现出收官的特征,形成了中国古典文艺理论的归结。

## 三、睿智的思考是中国文学哲理意蕴的重要表征

哲学家的认识与分析,能产生精辟的论断;文学家瞬间的创作灵感,也是长期积累后在特定环境中多种元素碰撞的火花,以之为肇端,创作出作者未必然、读者未必不然的作品。中国古代文学中,有大量的作品就是作家解剖生活甚至解剖自己灵魂的艺术结晶,具有文学的和思想的双重价值。文学中的思想,与哲学、伦理学、社会学、政治学中的理性或逻辑思维一样,是中国文化的重要元素,对于多种文化现象形成和文化产品的生产有引领价值,对认识、继承和传播中国文化也具有提纲挈领的作用。这就是文学中的哲理思维,或者说理趣。

中国古代文学中的哲理思维,至少可以追溯到《诗经》的时代,《鸿雁》中就有生产与生活关系的思考。司马迁的《史记》"究天人之际,通古今之变",全书贯穿着深刻的历史思索和分析。张衡的《归田赋》探讨了人生的玄妙哲理。魏晋南北朝文人生逢乱世,不少文人莫名其妙地卷入政治斗争而惨遭杀害,于是他们展开了对生死成败的思考,并在诗歌中凝练地表白:"人生非金石,岂能长寿考","有生必有死,早终非命促","对酒当歌,人生几何。譬如朝露,去日苦多",等等,深思中带有悲凉。在"上品无寒门,下品无势族"的社会中,出身决定人生,因而也就有了不平之鸣。如左思的《咏史》其二"郁郁涧底松,离离山上苗。以彼径寸茎,荫此百尺条",是艺术化的社会不公现象。

随着时代的推移,到宋代,哲理诗的创作达到高潮。虽然不免有语录口号式的作品,但多数诗篇达到了生动的形象性与深邃的哲理性相结合的境界。梅尧臣的《陶者》、张俞的《蚕妇》仅仅20字,就揭示了深刻的社会现实问题。王安石的《游褒禅山记》用亲身的体会指出独立见解的重要性。苏轼的《题西林壁》是认识社会、人生和事物的深刻见解,道出了"当局者迷,旁观者清"简单道理的同时,更指出认识事物本质的途径。杨万里的《夜宿灵鹫禅寺》《小池》等,思虑深刻,余味悠长。朱熹的《观书有感》两首,将深

邃的道理与简单的生活经验结合，阐述了水到渠成的原理。尤其是第二首"昨夜江边春水生，艨艟巨舰一毛轻。向来枉费推移力，此日中流自在行"，说明苦干蛮干不如先创造条件，条件具备了，事情就容易办成。文学创作上的哲理化倾向，加强了作为中国文化组成部分的中国古代文学的思想深度，同时也容易导致作品的晦涩凝滞，影响文学作品的审美价值。这一点，必须正视。

### 四、中国古代的文学作品发挥了文化的主要功能

一般来讲，文化的功能主要是记录、传播、凝聚、娱乐、认知、教化、调控等，而文学作品在很大程度上发挥了文化的主要功能。中国社会的发展历程，当然主要见于史书的记录，但史书同时也是文学巨著。鲁迅称《史记》为"史家之绝唱，无韵之《离骚》"，肯定了《史记》的史学价值、文学特性和文学的文化功能。赵晔的《吴越春秋》、袁康和吴平的《越绝书》，主观上是叙述吴越争霸的故事，却详细记录这一段历史，弥补史书的细节缺失。文学发挥文化的传播功能，相比于各种哲学著作或礼仪教条，具有形象明晰、语言通俗、易于记诵的特点，往往能够达到更好的效果。

中国文化的发展历史和主要精神，在文学作品中有着大量的记录。孔子强调："仁人志士，无求生以害仁，有杀身以成仁。"（《论语·卫灵公》）文天祥的《过零丁洋》中有"人生自古谁无死，留取丹心照汗青"的誓言。"诗三百"被尊为儒家经典，孔子有"兴观群怨"之说，指的就是《诗经》具有娱乐、凝聚、教化、调控功能，所发挥作用的方式，往往是"润物细无声"。张英任内阁学士时，桐城老家的邻居造围墙占用了小巷子的通道，家人写信向张英告状，要求他联系地方长官进行阻止。张英的回信只有一首小诗："千里修书只为墙，让他三尺又何妨。万里长城今犹在，不见当年秦始皇。"接到书信的张家上下立即动手，将自家的围墙拆了重建，让出一条三尺宽的通道。邻家很是羞愧，将新建的围墙也拆了，向内收缩三尺，通道变成"六尺巷"。一首小诗，替代了对簿公堂，巧妙地化解了邻里之间的紧张关系。

## 第三节 中国古代文学的文化精神

### 一、关注现实的理性精神

中国古代文学有着自己的鲜明特征。不可否认，中国古代的文学受到儒家思想的滋养，形成了深厚的现实主义传统。但在儒家学说产生之前，原始歌谣、"诗三百"关注的主要对象是现实生活，是衣食住行、战争、婚姻家庭，而不是天上的神仙。尽管后来受到道家思想的影响，大量作品富有浪漫主义色彩，但仍然是基于现实的一种理想主义表现。这种关注现实的特征具体表现在：(1) 中国古代文学作品关注的重点是人间而不是虚幻的天国，崇拜代表自身理想的可以接触的人间英雄，而不是只能想象的上天神灵。(2) 中国古代文学作品描写的意象基本上源于生活，是实际遇到的对象，即便虚

构,也是依赖于曾经的存在。所以作品表现的内容,是身边的人、景、事和与此相关的家国大事。(3)中国古代文学作品具有传统的忧患意识,包括对自身命运的忧虑、对国家民族的忧虑。从表现原始部落战争的作品到鸦片战争时期爱国主义诗歌创作高潮的出现,忧患意识一脉相承,充满着理性的思考。(4)中国古代的神话传说,充满着现实的人文精神。表达征服自然的愿望如"后羿射日""鲧禹治水""女娲补天""精卫填海""夸父追日"等,期待着自然顺应人的需要而变化。传说中的有巢氏、燧人氏、神农氏、嫘祖、仓颉等,是能力、智慧的化身,并没有脱离人的本质。(5)中国古代的文学创作,不论是抒情还是叙事,都是以人以及人生存、活动的环境为中心。无论是写神仙还是鬼怪,表现的都是人的情感和愿望,没有离开现实中的人及人的愿望和感情。不可忽视中国文学中的浪漫幻想,也有从人间想到了天国的作品,如南北朝时期出现游仙诗创作的高潮,神怪小说大量涌现,但实际上这些都是对现实的不满与无奈的产物,是作者的逃避与向往。

真正代表中国古代文学成就的,是现实主义的作品,是对现实的理性观察、分析、思考和艺术再现。所以,"诗三百"是现实主义诗歌创作的源头,历代诗歌名家、大家,都是现实主义诗人。代表中国古典诗歌最高成就的诗人杜甫,作品中是大量的社会现实和人生现实,并且充满着对社会人生的理性思索。代表中国古典小说最高成就的《红楼梦》,从宝、黛、钗的爱情纠葛入手,全面反映了封建末世的社会现实,体现了作者对现实社会人生的思考分析。关注现实,文学创作就不仅反映现实,更作用于现实,所以中国文学强调文学的实用性。子曰:"诵'诗三百',授之以政,不达;使于四方,不能专对。虽多,亦奚以为?"①不能用诗来处理实际问题,就不是称职的官吏,从另一个角度揭示了文学的实用性。儒家的创始人已经断定,"诗三百"可以用于政令、外交,并没有将它作为单纯的文学作品。《毛诗序》强调"上以风化下,下以风刺上","一国之事,系一人之本,谓之'风';言天下之事,形四方之风,谓之'雅'。'雅'者,正也,言王政之所由废兴也","'颂'者,美盛德之形容,以其成功告于神明者也"②,注重的是"诗三百"的实用价值。文学作品是"或以抒下情而通讽喻,或以宣上德而尽忠孝",是"先臣之旧式,国家之遗美",不可缺少,还是强调文学为现实服务。为人们津津乐道的曹丕名言"盖文章,经国之大业,不朽之盛事",并没有谈独立的文学,只是将写作当作治理国家的手段而已。即便隋唐以后,依然时有论说。白居易认为,诗歌应该"救济人病,裨补时阙","文章合为时而著,歌诗合为事而作",为政治、国家的大事服务。王安石认为"文者,务为有补于世而已矣",而不是为文章而文章。明代初年,宋濂之所以被朱元璋称为"开国文臣之首",不仅因为做官和写文章,还因为他致力于道统文学体系的建设。清代桐城派古文声势浩大,其古文理论与统治意志一致,是不能忽视的。"义理、考据、辞章"三位一体,注重文章承载儒家学说,是桐城古文影响全国、兴盛百年的重要原因。

---

① 《论语·子路》,《十三经注疏》本。
② (唐)孔颖达:《毛诗正义》卷一,《十三经注疏》本。

## 二、文以载道的教化传统

注重文学的社会教化功用,就是借助文学的承载功能,融入符合统治集团意志思想的内容,在传播中发挥引导作用,教化社会个体,为群体树立榜样,使整个社会公众的思维、行为纳入统治者预定的轨道。以诗文为教化手段的文学功用观,是古代最重要的文学观念,在诗歌创作的最初阶段就已经受到统治者的重视。春秋、战国时期,儒家首先提出"诗教",目的就是要以文学作品和文学创作的过程作为人文教化的工具。孔子为"诗三百"定性:"诗三百,一言以蔽之,曰思无邪。"①因为"诗三百"是正面的、积极的作品,所以,学习"诗三百"就可以对社会发挥积极作用,而"诗三百"的教化功能就得到体现:"《诗》可以兴,可以观,可以群,可以怨。迩之事父,远之事君。"②就是说,学习了"诗三百",接受其中的道理和知识,可以承担起社会的责任,成为孝子忠臣,有利于家庭,有利于国家。从此,文学的教化功能长期受到儒生们的重视,也就奠定了整个古代文学的基本精神。

不但儒家重视文学的教化作用,其他各家学派也明白文章的社会功用,文章能够传播自己的观点,可以影响读者。于是先秦诸子著书立说,其目的也都是为了宣扬自己的政治理想和社会设计,体现了对现实政治的强烈关注。唐宋古文家明确以"文以载道"为依归,认为文学的目的是通过"载道"来提高和完善人的道德理想,进而宣扬政治,服务于社会。而这样的"道",并不是单纯指文学作品的内容,更重要的是儒家经典思想和符合统治阶级意愿的学说、观点,目的还是为了教化社会大众安分守己,成为顺民。所以,韩愈强调"养其根而俟其实,加其膏而希其光"。这里的"根""膏"就是"仁义道德",就是圣人之言,也就是儒家学说。宋代理学家认为"文以载道"是指文学的价值在于阐述经典的道理,在于它的社会功利性。欧阳修说,"若道之充焉,虽行乎天地,入于渊泉,无不之也"(《答吴充秀才书》),指出了文章的内涵必须丰富。而内涵就是"道",是圣人的思想精神。经过唐宋古文家的论述、明清文人的实践,"文以载道"的观念得到了继承、发扬和践行,文章和诗歌的教化效果也得到彰显。显然,"文以载道"思想对中国古代文学的发展产生了深刻的影响。从积极的方面来看,它为中国古代文学注入了政治热情、进取精神,培养和浇灌了文学家的社会责任感和使命感,使作家重视国家和人民的群体利益。从负面来看,它使文学沦为政治的附庸,从而削弱了其主体意识和个性自由。这种影响不仅体现在文人士大夫的诗文词曲作品中,也体现在小说、戏曲等叙事文学中。

## 三、写意手法与中和之美

所谓中国古代文学的写意手法,主要指诗歌的艺术手法,侧重于文学意象的内涵精神,而其外在形态、色彩、大小、位置等则处于次要的地位。文学意象的内涵精神,又是

---

① 《论语·为政》,《十三经注疏》本。
② 《论语·阳货》,《十三经注疏》本。

通过诗人、哲人的审视分析而加以艺术呈现,明确承载了诗人的审美取向。综观中国古典诗歌,从创作实绩到评论阐述,所追求的美感是中和平实,避免了极端的情感宣泄。中国古代文学的抒情手法虽然也追求写实,通过花鸟虫鱼等意象传达诗人的情绪,但更高的追求是言外之意、韵外之致。因为言外之意、韵外之致具有巨大容量与可塑性,也即所谓的诗之境界。实际上,还具有很强的隐蔽性,以掩饰文人复杂的心灵世界。古人为文作诗又常常强调"以意为主""意在笔先""以神统形",以表现意境为主。梅尧臣论诗,主张"状难写之景,如在目前;含不尽之意,见于言外"①。就是强调写意的灵动丰富,而通过抽象的描绘,难以描述的景观令人产生遐想,使眼前出现诗情画意。唐宋诗词、元代散曲之美,便主要在于意境之美。那种为历代文学家所憧憬的变化莫测、言有尽而意无穷的化境,正是在凝练含蓄的艺术表现形态上才可能达到的目标。

中国传统的诗学,注重中和稳当的审美享受,以符合温柔敦厚的诗教原则,所以文学创作反对片面化和极端化,要求中正、和谐,无过无不及。表现外在的自然景物如此,宣泄内心的情感意绪也是如此,需要有节制地宣泄情感,而不是把情感表达得过分强烈。因此,中国古代文学在总体上具有含蓄深沉、意味隽永、怨而不怒的艺术特征,与中华民族平和、宽容、偏重理性的文化性格完全一致。从先秦到近代,意气风发的诗歌作品少之又少,正是温柔敦厚、中正平和的审美追求使然。在中国古典诗歌中,此类佳篇俯拾皆是。但散文名篇体现这样的艺术风格和审美特征,就比较难以发现,范仲淹的《岳阳楼记》,以被贬官员的冷静心态,介绍同样被贬的滕宗亮重修岳阳楼以作为精神寄托的事迹,使内心难以言表的郁闷与怨怒,巧妙地怨而不怒地表达出来。"越明年,政通人和,百废俱兴",这是一个"被处分"的官员一年的政绩,其中是非,不言自明。欧阳修的《醉翁亭记》里,描写了一个风流倜傥、酣醉委顿、游山玩水、不务正业的太守。可是在他的治理下,滁州物产丰富、百姓富足、民风淳朴、社会稳定、官民融洽、人人贤达、临溪而渔、酿泉为酒、歌于途中、休于树下、前呼后应、伛偻提携、风景优美、人心安泰,形成一幅"大同"的图画。可是,这也是被贬官员的作为,端稳平实,中正和平之气回荡其间。

## 四、积极入世的使命意识

中国古代文学作品中不乏老庄思想,但儒家思想的主流地位不可动摇,并在创作中得到充分的体现。尤其是儒家积极入世和勇于担当的使命意识,在诗词曲文等各种文体的作品中不难发现。在文学走向独立之初,曹丕说文章是"经国之大业,不朽之盛事",将文章与经邦济国联系起来,肯定了文学在国家稳定、社会进步中的作用。其实,从《诗经》中的《东山》《采薇》《无衣》《载驰》等篇章中,我们就可以看到保卫家园、驰骋疆场的使命意识。屈原的《离骚》在描写自己的挫折与窘困时,并没有忘记国家的存亡和君王的安危。中国古典诗歌的两大源头都充满着使命意识。历代文人不断强调"立德、立功、立言",正是中国文人传统的积极入世精神的体现,两汉之后,更成为历代文人表现的主题。或者直接表达用事的愿望,充满了积极的进取精神和豪情壮志,诸葛亮的

---

① (宋)欧阳修:《六一诗话》,何文焕《历代诗话》本,中华书局1980年版。

《出师表》即体现了一种舍我其谁的担当精神。盛唐边塞诗也是集中的表现,如王昌龄的《从军行》其四:"青海长云暗雪山,孤城遥望玉门关。黄沙百战穿金甲,不破楼兰终不还。"宋代岳飞的《满江红》"待从头、收拾旧山河,朝天阙"也正是对建功立业的雄心大志的咏叹。或者为没有作为而忧虑甚至羞愧,孟浩然的《望洞庭湖赠张丞相》表达的急切心情正是如此:"欲济无舟楫,端居耻圣明。"或者于平淡中寄托了郁闷,是用世思想的又一种表达方式,杜甫《南征》的"老病南征日,君恩北望心"、苏轼《记承天寺夜游》的"何夜无月?何处无竹柏?但少闲人如吾两人耳"、辛弃疾《卜算子》的"万一朝廷举力田,舍我其谁也",潇洒中蕴涵了急切的期待,真正的用意在于"了却君王天下事,赢得生前身后名"。

中国古代文学作品中有多少作品包含使命意识,很难准确统计。但可以肯定的是,有强弱明暗的不同方式,有急切从容的不同程度,有正面抒发和侧面烘托的不同技巧。如同中国文化的多样性,文学作品中的功名观、进取精神、使命意识的表达,也是多样的。

# 第六章　中国古代艺术

　　艺术是满足人们审美需求的一种意识形态,起源于生活并渗透在生活的各个方面。艺术并不是劳动生产的产物,而是人类创造能力的自由体现,但是它在发展的过程中已经早早地成为一个独立的精神活动的领域。艺术是一个民族精神文明的重要组成部分,随着社会的发展而发展。艺术具有明显的民族性,但是优秀的艺术作品又是全人类共同的精神财富。中国古代的艺术源远流长,最早的艺术作品可以追溯到新石器时代的彩陶、岩画等。

## 第一节　源远流长的远古艺术

### 一、陶器上的艺术

　　人类用泥土烧制成陶器,迈出了改变自然物属性的第一步。人们把黏土烧成陶器是为了生活的需要,而不是为了艺术的欣赏,所以在距今一万年前的江西仙人洞、湖南玉蟾岩、广西甑皮岩等地出土的陶器和距今七八千年的裴李岗文化、上山文化出土的陶器上都没有任何花纹,器物的造型也很不规整,谈不上有什么可以称得上是"艺术"的东西。距今六千年前,中原地区出现了仰韶文化。仰韶文化的陶器以彩陶为其最大的特色,所以20世纪初刚刚发现仰韶文化时就据此特点把它命名为彩陶文化。彩陶是在红陶表面用黑色绘制花纹,有的地区在彩绘之前先涂一层白色的陶衣作衬底,这样可以使彩绘花纹显得更加鲜明。仰韶文化的彩陶纹饰主要有花卉、动物、太阳等。中原地区仰韶文化的彩陶年代最早,在它的影响之下,周边地区也出现了多少不等的彩陶。各地的彩陶各有特色,但是数量并不多,唯独甘青地区的马家窑文化彩陶最为发达。马家窑文化与仰韶文化有很深的渊源关系,有些器物的形状几乎是一样的,但是马家窑文化彩陶的图案基本上都是由流畅的几何形线条构成的,与仰韶文化迥然不同,形成了自己的鲜明特色。

　　古代先民在陶器上画上各种各样的花纹图案当然是有目的的,但是他们的目的是什么,我们却无法确知,于是常常有人把画在陶器上的图案猜测成先民的图腾。这是没有根据的,因为在同一时期、生活在同一地区的同一群人使用的陶器上往往同时画有不同的图案花纹,例如,仰韶文化的彩陶上既有鱼和蛙的图形,又有鹿和鸟的图形,还有花朵、蜥蜴、人面、太阳等的图形,如果它们都是仰韶文化先民的图腾,怎么会这样芜杂呢?

在新石器时代的陶器上除了画有动物和植物的图样以外，西北地区的马家窑文化彩陶的图案大都是流畅的几何形线条，南方出土的陶器上通常拍印着篮纹、绳纹和各种各样的几何形纹样，海岱地区的龙山文化的陶器表面则是素面的，最多有一些弦纹（平行的线条），其他什么图案花纹也没有。如果陶器上的动物图样是图腾的话，那么这些线条、几何形图案或者朴实无华的素面又意味着什么呢？

我们没有任何证据可以证明新石器时代陶器上的图案花纹是古代先民的图腾。古代的先民之所以要在陶器上装饰各种不同的图案花纹，一定是觉得这个样子很美，它们所反映的只不过是古人不同的审美观而已。不同时代、不同地区、具有不同文化形态的人们根据自己的喜好，采用不同的方式与手法来装饰自己日常使用的陶器和其他器物，这都是由他们的审美情趣决定的，和图腾没有必然的联系。现代人见到这些器物后从自己的角度去看古人，引发种种揣测与解释，不过是以今人之心度古人之意罢了。

## 二、青铜器上的艺术

青铜是人类继陶以后创造的一种新的材料，把青铜作为一个时代的标志并不是不可以，但是赋予青铜过于沉重的意义——认为一旦有了青铜就意味着社会进入了一个新的阶段——是不合适的。其实，铜在青铜时代是非常珍贵的，主要被用来铸造礼器与武器，劳动者日常生产劳动仍然使用石器，甚至连贵族的生活用具也仍然使用陶器。在生产的领域里是铁最后取代了石器而不是青铜器，在生活的领域里是瓷器与漆器取代了陶器，简单地用材料的进步来标志社会形态的好处是比较形象，但是坏处是并不符合事实，也是不科学的。青铜器刚刚出现的时候，人们的铸造技术还很低下，所以只有一些锥、刀、斧、指环、耳珰之类小件铜器。

二里头文化（即夏代）先民已经能够铸造爵、斝、鼎、盉等青铜器皿了，但是器形简单，各部分比例也不协调，造型缺乏美感。商代前期的青铜器结构比例仍然不够匀称，但是已经有了简单的图案花纹。商代后期青铜器上的图案花纹已经变得非常复杂，不仅主题纹饰有衬底的花纹，而且主题纹饰上还有花纹，所以被称为"三层花"，器物造型在结构上也变得更加匀称，可以给人以形式上的美感。商代青铜器上有各种各样的动物纹样和龙纹、凤鸟纹、火纹、漩涡纹、各种几何形纹饰和人面纹等，而最让人感到充满了神秘感的图案是以轴对称为特点的兽面纹，它被叫作"饕餮纹"。《吕氏春秋·先识览》曰："周鼎著饕餮，有首无身，食人未咽，害及其身，以言报更也。"宋代罗泌《路史·蚩尤传》注云："蚩尤天符之神，状类不常，三代彝器，多著蚩尤之像，为贪虐者之戒。其像率为兽形，傅以肉翅。"饕餮是传说中一种贪婪的怪兽，又相传是蚩尤的形象，把它铸在鼎上是为了告诫敌人，起到震慑的作用。

其实仔细观察青铜器上的饕餮纹，虽然它们的样子有点狰狞可怕，但是根据它们头上角的样子可以知道实际上都是以牛、羊为主的动物纹样。周人的技术水平不如商人，灭商后他们就掳掠商朝的工匠为自己服务，所以周前期的青铜器与商朝后期的青铜器在造型和技术水平方面没有多大的差别。然而周人的信仰观念和审美情趣与商人并不相同，因此当周人独立掌握铸铜技术后，西周中后期青铜器的图案花纹就完全不同于商代青铜器了,有些西周的青铜器图案看来似乎也是"饕餮纹",但实际上并不是兽面,而是两只相向而立的凤鸟。现在考古学家已经把所谓的"饕餮纹"统称为兽面纹。李泽厚先生称商代青铜器上的这种充满神秘感的纹饰是体现了一种"狞厉的美",其实这只是今天的美学家对古人审美观的一种诠释,未必就是古人的想法。有人说饕餮是比喻吃人的奴隶制社会,那纯粹是牵强附会。我们只要比较一下商代和周代的青铜器就会发现,青铜器上的纹饰并不是只有一种风格,也并不是只反映一种意象。多种多样的图案花纹反映了当时人们各种各样的审美需求,无法确定地说某种图案或某种花纹一定代表或者象征着什么。

战国以后,铁器多起来了,并出现了用热锻制钢的方法——百炼成钢,于是古人又多了一种制造生产工具与生活用具的材料。但是又有人夸大了发明钢铁的意义,以为一旦出现了铁器,古代社会就摆脱奴隶社会进入封建社会了。其实铁器普及以后只是在生产工具和武器的领域里取代了青铜器,青铜器皿是被更加美观轻巧的漆器所取代,然而在人们日常生活领域里仍然大量使用着用铜材制造的生活用品,例如照脸的铜镜、洗脸的铜盆、熨衣服的熨斗等,特别是大量的铜被用来制造铜钱。铜矿的开采与铜的冶炼技术并没有因为钢铁的出现而衰落,只不过因为普及的缘故使铜器变得越来越朴实无华,然而我们不能因此而认为这是铜器的没落,或者是青铜时代让位给了铁器时代。

中国古代艺术门类很多,下面以音乐、舞蹈、戏剧、书法、绘画、雕塑为例,作简单介绍。

## 第二节 中国古代艺术门类(上)

### 一、音乐

音乐是一门以声音为素材,通过有规律的程序(高低、长短、快慢和强弱)的音响组合于一起,形成音乐形象,诉诸听觉,利用通感,激起美感,以表达人的思想感情和反映社会现实生活的时间性表演艺术。音乐艺术按体裁、形式、乐种和风格特点的不同,可分出许多不同的品类。音乐作品按其演唱、演奏形式分为声乐、器乐两大类;从地域范围上可分为中国民族音乐和西方音乐。

#### (一) 音乐艺术的基本要素

音高、音强、音色和时间是构成音乐的基本要素,也是一切音乐形式的基础。

#### 1. 音高

音高是由振动频率决定的音乐听觉属性,声音可以分为乐音——声波振动呈周期性变化而产生的声音,噪音——声波振动呈不规则状态而产生的声音。前者使人产生明确而稳定的音高体验,而后者则不具有明确而稳定的音高。从人类对听觉愉悦性的自然审美需求出发,前者成为音乐艺术的基本材料,而后者则相对实用的较少;从音乐艺术整体来看,前者的使用是普遍的,而后者的使用则是个别的与局部的。音高之所以是音乐最重要的表现要素之一,不仅是因为不同音高和音长的组合构成音乐艺术中最具表现力的旋律,还因为音高本身就具有一定的表现力,低音深厚、沉重,中音宽广、温和,高音明亮、轻快,在节奏、音色、力度等因素不变的情况下,仅音高的改变就会使音乐的表现性发生巨大变化。

2. 音强

音强是由振动幅度决定的声音听觉属性,旋律完全相同的音乐,以不同的音强进行演奏表现性就会发生巨大变化。音强的变化是音乐表现丰富性的重要因素。任何具有表现力的音乐都包含着丰富而细腻的音强变化,没有强弱变化的音乐听上去枯燥、平淡,很难谈得上艺术表现力。

3. 音色

音色即声音的色彩,是不同的人声、不同乐器及其不同组合在音响上的特色,它是由构成发声体的材料决定的。音色的对比和变化可以丰富和加强音乐的表现力。

4. 时间

时间也叫音长,即声音的长短,是由发声体的振动时间决定的。乐音长短的不同,决定了音乐的辽阔、舒缓、抒情以及急促、昂扬等动力性情绪对比。

(二)音乐艺术的表现手段

音乐是人自身的生活和情感体验的反映,是经验性地利用声音材料,遵循一定的艺术规律和适应人的审美需求而创造的艺术形式;是可以从形式表现的内部探讨其运动规律,从而整体把握音乐美的。如果说音乐表达情感意义是抽象的,那么音乐表现手段则都是具体的。音乐形式的构成材料是声音,声音组织的方式、方法、原则都是很实在的。音乐用来表情达意的手段包括旋律、节奏、速度、力度、音区、音色、和声、调式、调性、曲式、配器等许多要素。其中的节奏、旋律、和声与音色,是构成音乐的四根支柱。

1. 旋律

旋律,也称曲调。它是由高低不同、长短不同、强弱不同的音色组成的音流,也就是这些不同音高所产生的一种情感线条。它将所有的音乐基本要素有机地结合在一起,成为完整的统一体。如蒙古族"长调"的旋律韵味悠长、节奏自由、意境开阔,表现出草原文化的特点;藏族的"果卓"旋律规整、节奏整齐、回环往复、富于舞蹈性,表现出高原文化的特点;而新疆维吾尔族许多音乐旋律,既有特殊的音律、独特的节奏,也有非常热烈的、舞蹈性的、极富动感的旋律,表现出绿洲文化的鲜明特征。旋律线条的起伏有着重要的表情意义,一般可分为水平式、上升式、下降式、波浪式等。水平式旋律线情绪平稳、舒缓;上升式旋律线有紧张度增长、情绪高涨的意味;而下降式旋律线则与松弛、缓和、低落、悲伤的情绪有关,等等。旋律是塑造音乐形象的主要手段,被称之为音乐的灵魂。

我们在欣赏音乐时,一定要抓住这一条旋律线。旋律是从音乐一开始到结束都存在的。表现音乐内容最主要的就是旋律。音乐中旋律的创作来源于生活,是和生活联系在一起的。举个最简单的例子,比如你表示哀伤的时候,会发出哭的声音和叹气。就拿叹气来说,声调的特点是下行的,即声音从高往低,因此,往往在音乐的表现中,表示哀伤的、哭泣和叹息的旋律也一般是下行的。还有就是如果表现在生活中不存在的事物,旋律也有其表现的手法,比如在音乐中要表现妖魔鬼怪,这是无法和生活联系的,作曲家这时就用让人觉得讨厌的,恐怖的音调去作象征性的描述。久而久之,这种音调就成为一种恐怖感觉的条件反射了。

2. 节奏

节奏,是由音的长短、强弱构成抑、扬、缓、急的音乐律动。节奏是旋律发展的内在动力,能给旋律以鲜明的性格,被称之为旋律的骨骼。脱离节奏的旋律是不存在的,但有的节奏可以离开旋律而单独存在。每一件音乐作品内部有自己独特的节奏,其中具有典型意义的节奏叫节奏型。不同的节奏型有不同的表现作用。节奏型往往一再地反复,给人以深刻的印象。我们欣赏音乐时,要善于识别和把握节奏型。节奏在音乐作品中,又总是和拍子结合在一起的,二拍子是一强一弱的交替反复,常用于进行曲、舞曲或表现欢乐、战斗等内容的乐曲。三拍子是强,弱,弱,常用于舞曲或抒情曲;四拍子是强,弱,次强,弱,多用于宽广的颂歌、山歌、庄严的音乐等。

3. 和声

和声是多声部音乐的音高纵向组织形态,也是音乐美的重要表现手段。和声的产生与声音的自然本性有关,如大三和弦就是由泛音列中最初几个音构成的。和声具有重要的表现意义,它的协和程度可以造成人们心理上紧张松弛的感觉,例如增、减和弦常常可以表现紧张,大、小三和弦可以缓解带来的紧张感。和声具有表情功能,有的和声明亮,有的暗淡,有的尖锐,有的柔和。和声还有组织功能,在古典的调性音乐中,它的连接、进行、解决,常常暗示着音乐的发展逻辑、段落划分等。可以说,和声是音乐曲体结构的"黏合剂"。所以,和声的美,不仅来自它饱满丰富的音响,还来自它特有的性能,即表情功能和组织功能。

4. 音色

音色是声波的音调所产生的听觉品质,与泛音有关,对人的心理影响显著。音色是音乐的重要表现手段,在我们欣赏世界各民族音乐时,会有强烈的感受。这里不仅有迥异的旋律、独特的节奏,而且有音响的百花纷呈。音色感是造成民族音乐文化最重要的特质之一。人的音色感一方面受先天生理因素的影响,另一方面又受后天文化心理的无形制约,尤其是民族文化背景的差异可以使人们对音色形成千差万别的"主观评价"。音乐心理学认为,音色之所以有表情的功能,在于它能激发听众的联想,如号角音色令人联想到战争和狩猎,弦乐音色有柔美温馨的意味,童声音色如天使般纯洁,大管低音似老人般沧桑动人……作曲家常常把乐队当作"调色板",对乐曲进行"着色",同一段旋律用不同音色的乐器来演奏,可以产生很不同的音乐表现;音乐家又有意识地把人声按音色分组,组成表现力丰富的合唱,如男女混声合唱有丰满的效果,同声合唱则显得整齐浑厚,等等。

由于各民族文化心理不同,人们会追求独特的音色,把对音色的审美看成是民族音乐文化最重要的内涵,例如中国戏曲中不同角色的唱法,就有强烈的音色追求,音色成为最重要的表现手段,苍劲的老生、华美的旦角,其声音要求是不一样的;而古琴的音乐虽然主要是单声部的,但是因为有着极其丰富微妙的音色变化而呈现出异常的表现力,琴家往往是在每一个音上把音色做足了功夫才放手;中国民族打击乐更以其丰富的音色组织获得表现功能,可以非常生动地表现音乐形象,最典型的例子就是小提琴协奏曲《梁山伯与祝英台》中强弱的运用,在描述十八里长亭相送的那一段,小提琴轻柔、缠绵的声音恰如其分地表现出两人依依不舍的情感,而在表现抗婚的一段中,小提琴与大提琴相互对话的一段,小提琴就仿佛是祝英台,大提琴则表现祝英台的家庭。一强一弱在对抗,而小提琴的声音强度尽管没有大提琴那么强,但是依然可以听出坚韧的反抗。音色则好像绘画中的颜色,是音乐中极为吸引人的,能直接触动感官的重要表现手段。

### (三)中国民族音乐

1. 民歌

中国民歌的主要形式有号子、山歌、小调三大类。

号子:是和劳动节奏密切结合、带有呼号的民间歌曲。音乐特点:质朴、粗犷、节奏感强,多为一领众合的演唱形式,如:《板车歌》《平水号子》《川江船夫号子》等。

山歌:是劳动人民在野外劳动生活中自由抒发内心感情的抒情歌曲。音乐特点:自由、舒展,多为独唱、对唱形式。如《小河淌水》《槐花几时开》等。

小调:又称小曲,是人们劳动之余,日常生活中用以抒发感情和自我娱乐的民歌。音乐特点:规整、细腻,有一些加工变化。如《月儿弯弯照九州》《孟姜女》。

各地各民族都有自己的民歌,民歌是各少数民族最基本的艺术形式,流传最广,数量最多,他们以歌代言,表达喜怒哀乐以及理想和愿望。如蒙古族民歌以马头琴为主要乐器,挤奶舞、鄂尔多斯舞最受欢迎。其民歌大体分长调和短调。长调节奏舒缓、旋律悠长,没有明显的节拍规律,但有独特的旋律装饰;短调旋律豪放流畅,深沉庄重,节奏铿锵有力,舒展从容。

2. 民乐

我国民族乐器品种繁多,常见的有:笛子、二胡、高胡、板胡、筝、唢呐、扬琴、柳琴、三弦、琵琶等,按照传统习惯,分为吹管乐器、拉弦乐器、弹弦乐器和打击乐器四类,俗称"吹、拉、弹、打"。

吹管乐器:笛、唢呐、笙。

拉弦乐器:二胡、京胡、高胡等。

弹弦乐器:琵琶、筝、古琴、柳琴、月琴、三弦、扬琴。

打击乐器:鼓(大鼓、排鼓)、锣(大锣、云锣)、钹(大钹、小钹)、板。

以上四种乐器除用于独奏外,也用于重奏、合奏,如民族管弦乐曲《金蛇狂舞》《瑶族舞曲》等。

各地民间还拥有多种具有地方特色的民间器乐合奏形式,如《江南丝竹》《广东音乐》《苏南吹打》《潮州锣鼓》《河北吹歌》等。由民族乐器组成的乐队叫民族乐队,民族乐队常见的编制形式有民族管弦乐队(以管乐器、弦乐器为主)、丝竹乐队、吹打乐队(以管乐器、打击乐器为主)、芦笙乐队等,其中以民族管弦乐队最常见。民族管弦乐队又分为管乐器组、弓弦乐器组、拨弦乐器组和打击乐器组四个部分。

#### 3. 戏曲

戏曲是我国的传统戏剧形式，是包含文学、音乐、舞蹈、美术、武术、杂技表演等各种因素的综合性艺术。戏曲音乐包括声乐和器乐两大部分，主要有京剧、川剧、黄梅戏、豫剧、越剧等。

### （四）音乐艺术的特性

音乐艺术的特性主要有四个方面：

#### 1. 表情性

表情性是音乐最主要的特性。《毛诗序》说："诗者，志之所之也，在心为志，发言为诗。情动于中而形于言，言之不足故嗟叹之，嗟叹之不足故永歌之，永歌之不足，不知手之舞之，足之蹈之也。"说明诗歌、音乐、舞蹈都是用来表现人们的思想感情的。我国古代音乐理论著作《乐记》说："凡音者，生人心者也。情动于中，故形于声，声成文谓之音。"意思是说，音乐是人心产生的。感情使心里激动起来，就表现为声（乐音），声组织成曲调，就成为音乐。大文豪托尔斯泰也说："音乐是一种通过声音引起某种情感并传达某种情感的工具。"音乐的表情达意的特性，在实际音乐生活中是随时可以体会到的。如《国际歌》从激越悲壮的旋律中，抒发出被剥削、被压迫的无产者决心砸碎旧世界的锁链，为建立"鲜红的太阳照遍全球"的新世界的坚强信念，听者、唱者都会被感染得热血沸腾，因此，一百多年来它一直成为鼓舞全世界无产阶级向着旧世界冲锋陷阵的战斗号角。

#### 2. 时间性

时间性是音乐的第二特性。音乐形象是在时间流动过程中逐渐展现、逐渐消失的，从这个意义上说，音乐是时间艺术。它不仅表现于音乐形象要在时间流动过程中展现和完成，还表现于许多优秀作品是当时的社会现实生活在作曲家头脑中的反映。每当你静心欣赏聂耳的《义勇军进行曲》、冼星海的《黄河大合唱》和贺绿汀的《游击队歌》时，你仿佛就回到血与火的抗日战争年代中去，脑海里浮现着强敌入侵、国破家亡、同仇敌忾、抗击侵略的情境。

#### 3. 普遍性

普遍性是音乐的第三特性。音乐的基本材料——音响是非概念性的，不需要也不可能翻译。音乐的目的又是表情达意，既可以自娱，也可以娱人；喜、怒、哀、乐、忧、思、恐等七情，世人皆有。所以，大部分音乐可以超越地域、人种、国家、民族的界限，以人类共同的情感语言特性，来进行相互间的感情交流，器乐更是如此，无须翻译都能听懂。说音乐最富于国际性，是一种"自然的普遍性语言"，是无误的。尽管每个国家、每个民族的音乐传统不同，但其基本原理是一致的，其区别在于技法和音乐语言的风格特点上。

#### 4. 描绘性

描绘性是音乐的第四特性。音乐由于它的表现手段的特性，较难描绘生活现象和叙述生活事件，也难以表达具体的思想观点。音乐的思想蕴藏于深刻的感情内容之中，通过作曲家对生活的感情态度而体现出来。如贝多芬在1789年的法国资产阶级革命影响下创作的《第三交响曲》《英雄》,表现出他对法国资产阶级革命的敬仰和对共和革命英雄的崇拜感情,但是不可能直接表达资产阶级的共和主义思想,也不可能直接表现大革命事件本身及其领袖人物。音乐能够描绘,并不是说像绘画那样直接呈现视觉形象,而是通过声音的比拟在联想中达到描绘。如民族管弦乐曲《春江花月夜》,通过对夕阳西下、渔舟晚归的描绘,使欣赏者借助标题能对此情此景产生一定的联想。琵琶大曲《十面埋伏》,描写汉刘邦和楚项羽垓下之战,运用琵琶的特殊技巧,表现千军万马冲锋陷阵之势,使人好像看到古代战争场面。

音乐有时还采用模拟自然声音的手法,使欣赏者产生比较具体、确定的联想。如有些乐曲中模拟鸟鸣、流水、牧笛、寺钟、马嘶、风雷、海浪搏击等声响。但是,由于自然声音所能揭示的生活内容很有限,音乐所值得模拟的声音不多,所以这种模拟手法在音乐中只占次要地位。况且,真正的音乐应以抒发感情及创造意境作为最高任务,若要模拟自然界音响,也应作为借景抒情、寄情于形的一种手段,并且需要经过高度的提炼和组织,加以音乐化。有目的、过多地模拟自然声音,必然会削弱音乐的艺术感染力。

## 二、舞蹈

舞蹈是以人为载体,以人体动作为表现手段的一种综合性表演艺术,属人体文化范畴。它以经过提炼、组织、美化了的人体动作为主要表现手段,着重表现语言文字或其他艺术表现手段所难以表现的人们的内在深层次的精神世界,创造出可被人具体感知的生动舞蹈形象,以表达编导和演员的审美情感、审美理想,反映生活的审美属性。舞蹈作为一种社会审美形态起源于人类劳动,是对生活、性爱的模拟以及巫术、宗教、情感表达的内在需要,通过连续的人体动作过程、凝练的姿态表情和不断流动的队形画面,结合音乐、舞台、美术等艺术手段塑造出舞蹈造型艺术形象。所以,也可以说舞蹈是一种空间性、时间性、综合性的动态造型艺术。

### (一) 舞蹈艺术的基本要素

1. 动作表情

表情这个词,是我们在日常生活里经常用到的,它主要指的是人的脸部表情。但是,舞蹈的动作表情,是指舞蹈创作和表演中,由人的内在感情所引发的各种动作和姿态,其中包括面部表情和人体的动作表情。

舞蹈离不开脸部表情。这一点特别表现在东方人跳舞的时候。为了舞蹈内容的醒目和让舞蹈角色之间有清晰的区别,我们东方人跳舞时的表情丰富而夸张,有时还要涂抹上厚厚的油彩。我们的京剧表演就是如此。非洲人、澳洲的土著人、欧洲一些山地民族,跳舞时也有相同的情形。但是在欧洲的大都市里,人们舞蹈时,往往脸部表情单一而纯净,有时欢乐,有时冷寂。

对于欣赏的过程来说,更重要的是舞蹈动作的整体表情。舞蹈的动作表情,不仅是把生活动作的表情加以夸张、变形、节奏化的处理,而且更要注意符合艺术审美的要求。另外,在舞蹈艺术作品中,动作表情必须符合表现内容的需要,也就是说,动作之"言辞",要能够传达出动作的"意思",词要达意。动作之"词"和动作之"意"之间,不再是我们日常生活里动作与内心之间那样简单的关系。舞蹈动作有比较多的修饰性,可以被看作是一种高度修饰化的动作表情。还有,舞蹈动作往往是把生活里的情感感受的每一个细微之处,放大给人看。一段爱情的故事,在小说家的笔下,往往是把故事编得曲曲折折,而最后的爱的表情,可能只是一瞬间的事情。但是在舞蹈家的身形里,那曲折的爱情过程可能编排得很简单,但他们要把爱情之感受的每一秒钟的变化,都放大得清清楚楚。舞蹈家们要从感情的最动人的那一瞬间去描写爱情,从动态的每一个颤动中揭示爱情的美好和感人,从而可以深刻地展示激情带给人的无尽的折磨和无限的快乐。所以,在舞蹈欣赏中,动作表情可以看作是放大了的表情。我们在欣赏舞蹈时,完全可以不去求解每一个动作的具体含义,而是在整段舞蹈里,体会舞蹈的真谛。

2. 节奏

舞蹈节奏,是舞蹈动作在速度上的快慢处理对比,是动态造型上力度强弱的对比,是舞台空间幅度大小的对比,以及在舞蹈作品结构安排上的张弛对比,节奏就是对比中的规律。节奏是形成舞蹈艺术的要素,它是表达事物本质、塑造人物性格、把握作品的情调和风格的关键所在。

舞蹈艺术的节奏应分为外在节奏和内在节奏。舞蹈的外在节奏,指自然节奏和物理节奏,主要指的是舞蹈动作的快与慢。它对舞蹈起着控制时间长度和节拍的制约作用。舞蹈的内在节奏,则指的是舞蹈动作在时空中所表现出来的舞蹈者的态度,这样的态度影响到舞蹈动作在空间形成了特定的轨迹。舞蹈的节奏,一方面是动作时间上的形态,它也表现在空间上的人体轨迹,带有一种特定的规律性。舞蹈节奏不是不可捉摸的东西,它是完全可以感受和获取的东西。在日常生活里,我们都会发现,有的时候,一个人说出的话,因为说的节奏变了,语气也就变化了,词句完全一样的前提下,意思却可以全然不同。一个一个字地说"我爱你"和敷衍了事地、节奏快速地说"我爱你",意思可能完全不同。前者可能是海誓山盟,后者却可能是离异的前奏。这就是节奏的力量。

舞蹈动作的节奏更是有这样的表现魅力。舞蹈家是抓住可视的或不可视的心理变化规律,将其再现、发展、重复;再现和重复,自然产生了节奏。这种按照一定规律把动作组织起来的方法,能够使动作不断地流动,使得舞蹈的动作呈现出一大特点:"律动性"。律动,正是舞蹈节奏的最鲜明的表征之一。有了节奏,展示舞蹈特有的艺术魅力和神韵才有了可能。在舞蹈欣赏中,我们还可以注意到另一种结构上的节奏。舞蹈作品结构上的张弛规律,形成了舞蹈作品结构的节奏,它决定着舞蹈作品的总体艺术的氛围和效果。一个作品,怎样开端,怎样结局,高潮何在,又怎样铺垫,这一切都与节奏有关。一个好的舞蹈作品,哪怕是很短小的一个作品,在篇章布局上有了好的节奏,特别能够吸引人,也就有了出奇制胜的法宝。

3. 舞蹈构图

舞蹈的构图,就是指舞蹈表演中演员的静态造型,以及舞蹈队形变化图案所构成的画面。舞蹈构图在很大的程度上体现了舞蹈是一种造型艺术。

舞蹈演员的静态造型,就具有构图的意义。特别是在舞蹈欣赏过程里,人们在力求把握作品形象的时候,总是偏向于先认知一个确定的舞姿造型。一说到中国芭蕾舞剧

《白毛女》，人们就会想起山洞里白毛女与大春相见后，跟随大春走出山洞的动人造型。一提到《红色娘子军》，就会想起吴青华从南霸天的土牢里逃跑以后，一身红衣，足尖弓步，警惕环视四方的生动造型。足尖和弓步的构图，强烈地传递出女主角彼时彼地的情感内容。当然，永远不朽的《天鹅湖》中公主的舞姿构图，杨丽萍以孔雀飞舞、精灵飘逸的神态为原形而塑造的《雀之灵》的舞姿构图，都是家喻户晓的形象。

舞蹈队形的构图是更常见的舞蹈构图。无论是传统舞蹈表演，还是当代舞蹈创作，无一例外地运用集体舞蹈的队形构图来表达人类心中的期待、愿望、信仰、崇拜……人类在舞蹈活动中所产生的构图观念，似乎起源于人的模仿天性。原始舞蹈就有许多对客观事物的模仿。如许多传统民间舞蹈的圆形群舞构图即为对太阳或月亮运行轨道的再现。生活在中国青海境内的土家族有传统歌舞"安召"，跳舞时集体排一长蛇队盘旋绕行歌舞，就是对土族祖先长途迁徙路线的模仿。原始舞蹈中的许多造型是对图腾崇拜物的模拟，其构图有象征意义。完成了从原始宗教活动向审美创作活动转变的舞蹈的构图，日益具有抽象的形式美的意义。有研究者指出，东西方许多传统古典舞和民间舞，采用对称平衡方法构成舞姿和队形，深刻反映着农业文明社会中的中央集权状态，属轴心论运动思想的审美形式的体现，舞蹈构图多呈现一个中心旁的弧形曲线。

19世纪以后，舞蹈构图呈现出多中心、多方向、弧形与直线并用的趋势，体现了工业文明社会多维发展、自然法则超出大一统的思想潮流。当代舞蹈构图变化多端，为当代编导创作意图服务，在方法上更趋抽象和注重个性。当代舞蹈创作上的构图，往往是针对舞台而言的。舞蹈编导们把当代剧场的表演舞台划分为不同的表演区域，以数字来标明表演时必须注意的方位。他们把舞台看作是一个大致上的四方形框架，在其中划出一个"米"字格，在"米"字的每一笔画的尾端，就是一个方向。最引人注目的地方，当然是舞台的正前方，所以那里是第一点，简称"1"点。然后，从观众的角度看，顺时针方向，舞台的左前角就是第二点，舞台的左侧就是第三点，依此类推，在舞台上共有八个点。这八个点，对于舞蹈构图来说，意义重大。比如，当舞蹈者们排成一个平排，"一"字形地从一个台侧向另一端前进时，即从舞台的"3"点向"7"点前进时，舞蹈的观众们会有平稳的视觉感受。当演员们在舞台上围起了圆圈，顺时针而转动时，我们会暂时忘记舞台的方位，因为圆形打破了我们对方位的判断。当舞蹈者们组成了一个锐利的三角形，从舞台的"4"点向"8"点，即从舞台的侧后方向侧前方前进，我们会强烈地感受到一种扑面而来的冲击力量。懂得一些舞台方位的知识，对于我们欣赏舞蹈是很有帮助的。因为，在舞台方位的运用上，当代舞蹈编导们常常是有意识地、有目的地采用一定的"点位"，以突出自己的创作意图。

**（二）舞蹈艺术的表现手段**

1. 舞蹈动作

舞蹈动作包括上身的舞姿和下身的舞步，它是创造任何舞蹈的最基本的单元。舞蹈动作来源于生活实践，最早的原始舞蹈动作，大部分是模拟生活的外在形态，通过对飞禽走兽的模仿和农耕狩猎等动作的再现，抒发人们各种内在的激情。源远流长的民间舞和古典舞，其中很多舞蹈动作来自于生活，如扑蝴蝶、捕鱼、推小车、射雁、双飞燕等动作,所不同的只是经过了艺术加工、夸张、变形和美化。这类动作虽然经过了美化和变形,但仍然能显现其生活形态,因此也称之为具象性舞蹈动作。在舞蹈动作中,有不少动作仅仅表达人的内心情绪,它并没有具体的实际内容和生活依据,而是一种单纯的情感表达,如表现欢快的快速旋转及红绸飞舞,各种大跳技术和组合。这种抒情动作富于象征,因此也称之为抽象性舞蹈动作。舞蹈艺术主要运用这两类动作做基本手段。它们有如单词一样,组合后成为舞蹈的语言。

　　舞步是由生活中的走、跑、跳、扭、摆、翻、滚等人体的下肢动态,经过律动化的提炼和美化,依据舞蹈中人物的感情需要和性格特征,以及特定环境的规定而产生的。舞步变化多样,具有丰富的表现力。柔慢平稳的舞步,表现了安定幽静的情绪;快速跳跃的舞步表达了欢快激动的心情;激昂粗犷的大跳展示了特定的思绪和性格;连续的翻滚和小跳显现了不平稳的心理活动和感情的奔腾。上山、下山、涉水、过河、上楼、下楼,表现了特定的地理环境;汉族舞蹈的圆场步、朝鲜民间舞的鹤步、蒙古族舞的马步,芭蕾舞中的小跳和猫步、藏族的踢踏步……形象地表现了多种风格和性格。随着作品情节的发展和人物感情的变化,舞蹈动作必然从原位向四面八方移动地扩展。各种舞步的作用,除了起到移动位置、变化方向以外,更主要是配合上身舞姿加强感情色彩和美感。舞步的多种形态扩展了空间的表现力,使上身舞姿不仅向高层次的空间发展,而且又与低层的地平线紧密相贴。中国汉族的舞蹈,一般都有移动位置的舞步技巧,很少出现跃入高空和向上托举的动作,也很少有与地面作长时间接触和躺卧翻滚的舞步和技巧。在我国出现的多种大跳和托举,大部分是借鉴和吸收了芭蕾的舞步和表现方式,而多种地面的躺卧动作,则多来源于西方现代舞。各国的艺术交流丰富了舞蹈的舞姿和舞步,加强了表现力。例如,舞剧《丝路花雨》中的大跳技巧和托举动作,舞蹈《花鼓》中的跳跃动作,这些舞步与作品的内容、情绪相一致,因此取得了好的效果。

　　2. 造型

　　造型是舞蹈的表现手段之一。它出现在舞蹈动作流动的瞬间或舞蹈组合结尾的停顿之时,人们也称它为动中的静态和静止的亮相。舞蹈造型的存在和变化,使舞蹈显现了动中有静、静动对比有序的美的规律。舞姿流动中的静态造型使一个个舞蹈动作在运动过程中呈现其清晰的美的形态;停顿的亮相造型,不仅集中表达出内心的感情,它还起到了舞蹈组合之间承上启下的衔接作用。

　　造型是由舞蹈家从生活的动的规律出发,根据舞蹈规律进行提炼、加工,反映人物的感情、气质和神态的外在形态。因此它不单纯是一种美的动态,而是具有内在含义的一种神形兼备的融合体。无数动中有静的舞姿流动和静中有意的亮相,构成了特有的韵味和风格,展示了人物的性格特征,塑造了有血有肉的舞蹈形象。例如,舞蹈《金山战鼓》中梁红玉出场时用了点步翻身、转身亮相的造型,在动中表达出巾帼英雄战斗的意志,在静中呈现出英武威严的女将气概。在《擂鼓助战》的舞段中,在瞭望、击鼓、退敌等舞蹈的组合之间,鲜明的形态动势和丰富的造型变化,干净利落地表现了情节和人物的心情,反映了梁红玉的必胜信念。舞剧《丝路花雨》中英娘反弹琵琶的舞蹈动作组合,由于每一个流动的舞姿都在瞬间的过程中明确地呈现出美的造型,在每一舞蹈组合之间都出现极有神采的亮相,敦煌舞姿的"S型"特点和英娘天真、淳朴的性格特点,便一目了然地显示在人们的眼前。如果在这一段精彩舞蹈中没有运用造型的表现手段,不仅英娘的心情和性格不易表达,而且富有特色的敦煌舞姿神韵也不能表达得如此充分和准确。优秀的舞蹈编导十分重视舞蹈动作的一招一式,在力度、角度、幅度、长度上都要认真推敲,以便准确和清晰地让观众看清它的形态美和神韵美。同样,在处理静止造型的亮相时,也必须从人物的内心情感出发,刻意求新地用千姿万态的停顿舞姿来展示形象。造型的正确运用能给舞蹈作品增添夺目的异彩。

3. 手势

手势是舞蹈中必不可少的重要表现手段。在生活中一个手势往往可以直接说明一个简单的意思,如自然伸展的手势表示"请坐"或"请这边走""过来";向上高扬的手势可以表达"再见""前进"等意思。手势在日常生活中发挥着语言的作用。而作为用人体美的动作来反映社会生活的舞蹈艺术,就更离不开手势的正确运用了。

舞蹈手势包括手指、掌、腕和手臂各部位的配合和运动。它不仅有着内在的意蕴,而且还具有浓郁的民族特色。我国汉族舞蹈中的兰花手、指和掌的运动规律有多种变化,不但和西方芭蕾手势的指和掌的运动规律有着很大的差异,而且和日本、印度等近邻国家也有着很大的不同。印度的手势几乎可以表达所有的意念和感情,它如同语言一样能表明"我喜欢你""我讨厌你""月亮多么好""你很可爱"等几十种意思。这些源自生活经过了美化的舞蹈手势对传达内心活动,展示风格特色具有很大的作用。

4. 舞蹈表情

舞蹈表情是由舞蹈的全部动作,包括全身心的动态来体现的。它通过面部的表露、手臂的传情、胴体的摆扭、足部的移动来统一表达内在的情感。它对揭示人物的内在心理活动,表现多种情绪的变化,具有重要的作用。

我国汉族舞蹈十分讲究表情。首先,对眼神的运用就有着一整套的训练方法。如用鱼的游动来练习转睛,用点燃的香烛训练眼的光彩,并且分有喜眼、嗔眼、怨眼、爱眼、怒眼、哀眼等多种表情。在表演舞蹈和舞剧中,特别强调眼神的应用,要求通过眼睛表露出此时此刻的特定心理状态。其次是对手和手臂的运用,要求动则有情,静则有意。对胴体的摆动和足部的移动,也要求充满执着的情感。舞蹈的表情不单单由某一个动态的部位来体现,单独的手的动作,如果没有身体其他部位的配合就很难正确表达丰富的内心感情。同样,如果各部位不相适应,还会导致外在形态扭曲和懈散,破坏舞蹈的动态美。因此,我们所说的舞蹈表情是由全身心协调一致,透过外在的一个个富有情感的动态和技巧动作,准确反映出特定的美的神韵。这种表情的力量富有艺术的魅力,当每一个舞蹈动作都充满了表情之后,整个舞蹈的表现力就得以实现了。观众所见到的就不是单独的一个动作和技巧,而能感触到它所蕴藏的含意。人们在这种充满内在表情的力量推动下,产生联想,进入到美的艺术境界中。

凡优秀的编导,在设计每一个舞蹈动作和舞蹈动作组合时,都特别讲究它们的内在和外在情感的统一体现,哪怕是一抬手、一投足和一个眼神,也决不能忽视它们的表情因素,放过它们的艺术魅力。而作为优秀的舞蹈演员,正如我国伟大的戏剧艺术家梅兰芳所说的:"要使台下的观众被我们吸引,为我们喝彩,就要从每一个细小的动作,每一个唱词,每一个眼神着手,让人家都感到很美,而且美得有内容。尤其是舞蹈动作,更要讲究,应当使人从各个方面和角度看来都是美的,都是有表情的。"

5. 舞蹈构图

舞蹈构图包括舞蹈画面和舞蹈队形,它是舞蹈表现内容和表达特定情绪的手段。舞蹈的画面和队形并不是为了变化而变化的,它们是依据作品内容和情绪的需要而转换更迭的。

例如,舞蹈《天鹅湖》第二幕中天鹅群的舞蹈画面和舞蹈队形,她们是随着白天鹅和王子的情感发展而移动和变化的。那横列的两排队形和双斜排的画面和队形,展示和烘托了爱情的纯真和白天鹅的善良性格。四小天鹅的队形变化和双天鹅、三只大天鹅的直线向前和横向的跳动,表现了她们的欢乐情感,加强了愉悦的气氛。舞剧《丝路花雨》第四场神笔张"梦幻"一段中,众伎乐天神的队形变化,构成了优美的仙境和典雅的气氛,表现了神笔张的内心思绪和对美好生活的憧憬。舞蹈《再见吧,妈妈》中的双人画面和舞台位置的变化,是完全依据着人物思想感情的跌宕起伏而设计的,把战士爱母亲、爱祖国的真挚感情表达得十分充分和细腻。

舞蹈构图使舞蹈艺术作品的内容、情节以及人物的情感和环境气氛,从空间和时间的线、面流动和变化中,得到更好的艺术展现。

6. 哑剧

哑剧是情节舞蹈,尤其是舞剧中表达叙事性情节和细节的一种手段。由于哑剧是运用人体动作的表情来表达具体内容的戏剧形式,因此它和舞蹈的表现手段有着共同之处。不同的是哑剧不像舞蹈那样表达抽象的情感和运用象征性的手法,它是通过具体的情节和细节来展示人的外在行为和内心的活动,它为舞蹈和舞剧的直接叙事和具体意念的表达,提供了极大的方便。因此哑剧成为舞蹈表现的有力手段之一。

在舞蹈和舞剧中,有一些人物在表达他的感情和具体阐述某一事件时,是不宜用舞蹈动作来表现的,这就需要用哑剧的手段来表达。如舞剧《天鹅湖》中的皇后,王子的老教师,《仙女》中的巫婆以及《巴黎圣母院》中的丑王,《堂·吉诃德》中的堂·吉诃德等人物,也都是用哑剧来表达他们的感情、性格和意念。因为哑剧动作和手势在真实和准确反映生活上,具有强烈的艺术表现力。

总之,舞蹈的表现手段是一个完整的综合体。它以舞蹈动作和组合为基本和主要的表现手段,并以手势、舞步、表情、构图、哑剧等作为相辅相成的表现手段。众多的表现手段为充分表现舞蹈的思想内容、人物的性格和矛盾冲突,塑造不同的人物形象,提供了有利的条件,增强了它的艺术感染力。因此,对舞蹈表现手段的了解和研究是十分重要的。

### (三) 舞蹈艺术的分类

作为艺术之一的舞蹈,是一个非常广阔的天地,它也是由各个不同种类、不同样式、不同风格的舞蹈所组成的。根据舞蹈的作用和目的,舞蹈可分为生活舞蹈和艺术舞蹈两大类。

1. 生活舞蹈

生活舞蹈包括：习俗舞蹈、宗教祭祀舞蹈、社交舞蹈、自娱舞蹈、体育舞蹈、教育舞蹈等。

（1）习俗舞蹈。该舞蹈又可称为节庆、仪式舞蹈，是我国许多民族在婚配、丧葬、种植、收获及其他一些喜庆节日所举行的各种群众性的舞蹈活动。这些舞蹈活动表现了各个民族的风俗习惯、社会风貌、文化传统和民族性格特征。

（2）宗教与祭祀舞蹈。该舞蹈是进行宗教和祭祀活动的舞蹈形式。宗教舞蹈主要用以祈求神灵庇佑、除灾祛病、逢凶化吉、人畜兴旺、五谷丰登，或是答谢神灵的恩赐；祭祀舞蹈，是祭祀先祖的一种礼仪性的舞蹈形式。过去人们用以表示对先祖的怀念或是希望先祖和神佛对自己保佑和赐福。

（3）社交舞蹈。该舞蹈是人们进行社会交往、增进友谊、联络感情的舞蹈活动，一般多指在舞会中跳的各种交际舞。另外，我国许多少数民族在各种节日所进行的群众性的舞蹈活动，多是青年男女进行社会交往、自由选择配偶的社交活动，因此，也可以说是各民族的社交舞蹈。

（4）自娱舞蹈。该舞蹈是人们以自娱自乐为唯一目的的舞蹈活动。用舞蹈来抒发和宣泄自己内在的情感冲动，从而获得审美愉悦的充分满足。

（5）体育舞蹈。该舞蹈是舞蹈和体育相结合，以艺术审美的方式锻炼身体，使身心全面健康发展的舞蹈新品种。如各种健身舞、韵律操、中老年迪斯科、冰上舞蹈、水上舞蹈，以及我国传统武术中的舞剑、舞刀和象征模拟各种动物、特定形象的象形拳、五禽戏等均是体育舞蹈。

（6）教育舞蹈。该舞蹈是指学校、幼儿园等进行审美教育的舞蹈活动，以及开设的舞蹈课程，用来陶冶和美化人的思想感情、道德情操，培养人的团结友爱、文明礼仪，对增进身心健康能起到潜移默化的作用。

2. 艺术舞蹈

艺术舞蹈是指由专业或业余舞蹈家，通过对社会生活的观察、体验、分析、集中、概括和想象，进行艺术的创造，从而创作出主题思想鲜明、情感丰富、形式完整，具有典型化的艺术形象，由少数人在舞台或广场表演给广大群众观赏的舞蹈作品。由于艺术舞蹈品种繁多，根据各个不同的艺术特点大致可分为两类。

（1）根据舞蹈的不同风格特点来区分，艺术舞蹈又可分为古典舞蹈、民间舞蹈、现代舞蹈、当代舞蹈和芭蕾舞等。

① 古典舞蹈。该舞蹈是在民族民间舞蹈基础上，经过历代专业工作者提炼、整理、加工创造，并经过较长期艺术实践的检验，流传下来的，被认为是具有一定典范意义和古典风格特点的舞蹈。世界上许多国家和民族都有各具独特风格的古典舞蹈。欧洲的古典舞蹈，一般都泛指芭蕾舞。

② 民间舞蹈。该舞蹈是由广大人民群众在长期历史进程中集体创造，不断积累、发展而形成的，并在群众中广泛流传的一种舞蹈形式。它直接反映人民群众的思想感情、理想和愿望。由于各国家、各民族、各地区人民的生活劳动方式、历史文化心态、风

俗习惯,以及自然环境的差异,因而形成了不同的民族风格和地方特色。

③ 现代舞蹈。该舞蹈是19世纪末20世纪初在欧美兴起的一种舞蹈流派。其主要美学观点是反对当时古典芭蕾的因循守旧、脱离现实生活和单纯追求技巧的形式主义倾向;主张摆脱古典芭蕾过于僵化的动作程式的束缚,以合乎自然运动法则的舞蹈动作,自由地抒发人的真实情感,强调舞蹈艺术要反映现代社会生活。

④ 当代舞蹈。该舞蹈是新创作舞蹈,不同于上述三种风格的新风格的舞蹈,它常常是根据表现内容和塑造人物的需要,不拘一格,借鉴和吸收各舞蹈流派的各种风格、各种舞蹈表现手段和表现方法,兼收并蓄,为我所用,从而创作出不同于已经形成的各种舞蹈风格的具有独特新风格的舞蹈。

⑤ 芭蕾舞。该舞蹈是一种经过宫廷的职业舞蹈家提炼加工、高度程式化的剧场舞蹈。"芭蕾"这个词本是法语"ballet"的音译,意为"跳",或"跳舞",其最初的意思只是以腿、脚为运动部位的动作总称。法国宫廷的舞蹈大师们为了重现古希腊集诗歌、音乐和舞蹈于一体的戏剧,创造出了"芭蕾"这样一种融舞蹈动作、哑剧手势、面部表情、戏剧服装、音乐伴奏、文学台本、舞台灯光和布景等多种成分于一体的综合性舞剧形式,在西方剧场舞蹈艺术中占统治地位达300余年,至今已历四个多世纪。1958年北京舞蹈学校引进俄罗斯芭蕾,至今也已四十多年。

(2) 根据舞蹈表现形式的特点来区分,艺术舞蹈还可分为独舞、双人舞、三人舞、群舞、组舞、歌舞、歌舞剧、舞剧等。

① 独舞。该舞蹈由一个人表演完成一个主题的舞蹈,多用来直接抒发人物的思想感情和揭示人物的内心世界。

② 双人舞。该舞蹈由两个人表演共同完成一个主题的舞蹈,多用来直接抒发人物的思想感情的交流和展现人物的关系。

③ 三人舞。该舞蹈由三个人合作表演完成一个主题的舞。根据其内容可分为表现单一情绪和表现一定情节,以及表现人物之间的戏剧矛盾冲突等三种不同的类别。

④ 群舞。凡四人以上的舞蹈均可称为群舞。一般多为表现某种概括的情节或塑造群体的形象。通过舞蹈队形、画面的更迭、变化和不同速度、不同力度、不同幅度的舞蹈动作、姿态、造型的发展,能够创造出深邃的诗的意境,具有较强的艺术感染力。

⑤ 组舞。该舞蹈是由若干段舞蹈组成的比较大型的舞蹈作品。其中各个舞蹈有相对的独立性,但它们又都统一在共同的主题和完整的艺术构思之中。

⑥ 歌舞。歌舞是一种歌唱和舞蹈相结合的艺术表演形式。其特点是载歌载舞,既长于抒情,又善于叙事,能表现人物复杂、细腻的思想感情和广泛的生活内容。

⑦ 歌舞剧。歌舞剧是一种以歌唱和舞蹈为主要艺术表现手段来展现戏剧性内容的综合性表演形式。

⑧ 舞剧。舞剧是以舞蹈为主要艺术表现手段,并综合了音乐、舞台美术(服装、布景、灯光、道具)等,表现一定戏剧内容的舞蹈作品。

### （四）舞蹈艺术的特色

1. 直觉性

舞蹈形象是一种直观的艺术形象，它主要通过人们的视知觉器官（眼睛）来进行审美感知。

舞蹈音乐虽然对舞蹈形象的创造和加强舞蹈形象的感染力是不可缺少的，但它只起一种辅助的从属作用。因为不用眼睛看而只用耳朵听舞蹈音乐是不可能感知到舞蹈形象的，除非你以前曾看过这个舞蹈。由于舞蹈艺术具有直觉性这个特点，就规定了在舞蹈作品中所要表现和说明的一切，都必须通过艺术的形象直接地表现出来。所以，有些著名的舞蹈编导家在谈到舞蹈和舞剧的创编时都曾说过：舞蹈舞台上没有"过去时"和"未来时"，而都必须是"现在时"。这就是说，在舞蹈上表现过去或未来的情节事件，必须设法化作现在时舞蹈形象，直接呈现在舞台上。即使是表现舞蹈中人物比较复杂的思想感情活动，一般也不用语言，也同样必须用人物的行动和动作直接地形象地表现出来，才能使观众理解。这一点在舞剧中表现得尤为明显。

我国现代舞剧《高山下的花环》为了表现其主人公赵蒙生身在连队心中却留恋大城市，编导就让他在营房中的睡榻上做了一个梦，在梦幻中出现了他与母亲在繁华的大都市里团聚共舞的场景，形象地把他内心的隐秘活动直接呈现在舞台上。

2. 动作性

舞蹈形象是一种直觉的艺术形象，但它不是一种静止状态的直觉形象（如绘画、雕塑），而是流动状态的直觉形象。人物情感、思想、性格的表现，情节、事件的发展，矛盾冲突的推进，情调、氛围的渲染，意境的形成，都要由一系列舞蹈动作所组成的舞蹈语言的不停顿地发展、变化来完成。

舞蹈形象的动作性，是由舞蹈艺术的主要表现手段——人体的舞蹈动作所决定的。舞蹈艺术的动作大致可分为表现性、说明性和装饰性三类。表现性动作，是描绘人物的情感、思想和性格特征的动作。这类动作具有一定的类型性和概括性的特点。如表现人的激情时，急速地跳跃、旋转；表现人们细腻的思想感情和抒发人们的宽阔胸怀时，用圆润、流畅的缓慢动作。一些具有不同民族性格特点，表现各民族人民不同思想感情、风格特点的各民族民间舞蹈等均属此类。说明性动作，是展示人物行动的目的和具体内容的动作。这类动作具有更多的模拟性和再现性的特点。说明性动作有着鲜明、准确的对事物的描绘，在我国的传统舞蹈中非常多见。如穿针引线、上下楼梯、坐船行舟、武斗厮打，以及芭蕾舞剧中的哑剧、手势动作等。装饰性动作，在舞蹈中起装饰和衬托的作用，通常没有明显的含义。有时也用它作为表现性动作和说明性动作相互转换和连贯的过渡动作。如我国民族传统舞蹈中的云手、晃手、垫步、错步，芭蕾舞中的滑步、布雷步，以及一些群舞中作陪衬的造型姿态动作等。

在以上三类的舞蹈艺术动作中，表现性动作是舞蹈艺术的主体和最主要的组成部分，是塑造人物形象的主要艺术表现手段。说明性和装饰性动作是一般性的说明和连接，是从属于舞蹈艺术主体的。

3. 抒情性

舞蹈艺术用人体动作的舞蹈语言来表现其他艺术语言难以表现和描绘的人的内在精神世界和丰富、复杂的情感，这是舞蹈艺术的一个非常重要的审美特征。

我国古代《毛诗序》中所说："情动于中而形于言，言之不足，故嗟叹之。嗟叹之不足，故永歌之。永歌之不足，不知手之舞之，足之蹈之也。"就充分说明了舞蹈艺术的特长。因此，我们说，舞蹈在表现人的情感方面所具有的真实、真切、纯朴、激越、丰富、深厚等特征往往是其他艺术所不及的。被称为舞蹈动作诗篇的芭蕾舞名作《天鹅湖》，它所表现的"天鹅"丰富的情感和思想，它所给予观众的深邃的审美感受，是很难用语言或文字来表达的。天鹅在生命垂危的时刻，只要一息尚存，也要展翅飞翔，也要为重上天空而进行百折不挠的奋斗的舞蹈形象，把她对生活的热爱、对生命的追求，她不屈服于命运和死神的斗争精神，充分地在舞蹈动作中展现了出来。

舞蹈是一种抒情性的艺术，舞蹈擅长于抒情，但并不等于说不能用舞蹈的艺术手段去表现比较复杂的故事情节和人物之间性格的矛盾冲突。如果从舞蹈的表现功能和表现特性方面来看，"舞蹈长于抒情，拙于叙事"有一定的道理。但是，舞蹈的抒情和叙事的"长"和"拙"只是相对而言，不应绝对化。通过舞蹈艺术的不断创新，我们不难看出，舞蹈艺术中的抒情和叙事不但不对立，相反还有着不可分离的密切关系。特别是情节性舞蹈和舞剧结构应该坚持"在抒情中叙事""在叙事中抒情"的艺术表现方法，把抒情和叙事巧妙地结合在一起，才能更好地发挥出舞蹈艺术特有的个性功能和它的巨大艺术感染力。

4. 节奏性

舞蹈的动态形象是一种有节奏性的动态形象，任何一种舞蹈都是有节奏的，没有节奏便没有舞蹈。

什么是节奏呢？节奏是人们对时间的一种知觉，它是客观现象的延续性、顺序性和规律性的反映。节奏可分为内在节奏和外在节奏。内在节奏，即人的各种情绪和情感在人的机体内部所引起的各种不同节奏的发展变化，如人发怒或突然震惊时，呼吸加快而短促，心跳加速，血压升高，血糖增加，血液含氧量也增加；突然震惊甚至会出现暂时的呼吸中断，等等。这种内在节奏必然会转化为外在节奏的各种形式表现出来。所以说内在节奏是外在节奏的基础，外在节奏是内在节奏的表现形式。外在节奏又可分为听觉的节奏和视觉的节奏。听觉的节奏，是听觉对象在时间上作有规律的变化，如音的高低、长短、强弱、快慢等。视觉的节奏是视觉对象在空间上作有规律的变化，如线条的由短而长，形体由大而小、高低相间、曲直有序等。

在舞蹈中，节奏一般表现为舞蹈动作力度的强弱、速度的快慢和能量的大小。相同的动作，由于节奏的发展变化，可以表现出不同的情绪和情感，体现出不同的丰富内容。如快速的旋转动作，可以表现出人物的激动情感，或狂喜或盛怒或悲痛；随着旋转速度的减慢，喜、怒、哀、乐的激情也随之趋于平静；速度减至最慢，激动的情绪也就逐渐消失。再如沉重的顿足跳跃，可以表现人的气愤情绪和暴躁的性格；而轻巧的顿足跳跃则可以表现出人的喜悦情绪或温顺的性格。另外，许多舞蹈动作，如把它们放大扩展，可以表现人物开阔、粗犷的性格；而把它们缩小则可以表现出人物拘束、谨慎的性格或压抑的情绪。

5. 造型性

舞蹈是动的绘画和活的雕塑，具有造型性的鲜明特点，是一种动态的造型艺术。舞蹈动作大都是人体的自然生活动作，经过提炼、加工、美化而来的。所谓的提炼、加工和美化，除了人体动作要具有节奏性，使它符合舞蹈动作的规律外，其次就是要求舞蹈动作必须具有造型性，这是使舞蹈动作具有美感形式的最基本的条件和主要的因素。因为造型性本身，首先就要求动作的构成具有美感的形象，它必须是经过提炼和美化了的最生动、最鲜明、最有表现力，也就是具有典型性的动作。

舞蹈艺术的造型性包括两方面的内容：人体动作姿态的造型和舞蹈队形、画面的造型。人体动作姿态造型美的标准，服从于人们对形式美的审美观念。如我国古典舞的舞蹈动作很讲究"曲、圆、收"，我国民族民间舞蹈中的许多舞蹈动作大多呈现出曲线的运动过程，一些民族舞蹈家还以"三道弯"为美。"三道弯"即使人体运动姿态和造型不处于一条直线和一个平面上的运动与造型。世界上许多国家和地区的民间舞蹈，除了具有不同的风格和表现方法的特色外，在人体动作姿态的造型方面也大多具有曲线美和"三道弯"的共同特点。不是特殊的需要，运动方式很少是在一条直线和一个平面上。对称和平衡也是人体动作的基本规律和法则，因为人体构造的本身就是对称和平衡的统一。任何舞蹈动作，无论是跳跃还是旋转、动还是静的动作姿态，保持重心的稳定是做好一切动作的基本条件，而只有在对称平衡的先决条件下，才能保持身体重心的稳定。因此，对称和平衡也是构成人体造型美的一个重要因素。

舞蹈队形、画面的造型，即舞蹈意境的构图，是舞蹈作品构成的重要因素。不管是独舞还是群舞，也不管是抒情舞、叙事舞或是舞剧，舞蹈者总是要在舞台上的空间按一定的方向和路线进行运动。根据所表现的各种不同情绪和内容的需要，就产生了各种类型的舞台空间运动线和画面造型。在人们审美的形式感觉中，曲线使人感到运动，直线使人感到挺拔，横线使人感到平稳。直线、方形、硬物、重音、狂吼、情绪激昂是一个系列，曲线、圆形、软和、低声、细声、柔情又是一种系列。舞蹈中各种类型的空间运动线的基本特性，一般从属于人们审美活动中这种不同系列的形式感。

6. 象征性

舞蹈与其他表演艺术的又一不同之处是象征性。从包容着我国汉族古典舞蹈的戏曲来说，它的舞蹈动作如骑马、划船、坐轿、刺绣、扬鞭等，都是象征性的。舞蹈动作中只是用一根马鞭、一支船桨等来做象征性的示意，但这种假设性的舞蹈动作却被观众承认和接受。在环境的表现上，既无山的模型，又无河的布景，但是双手示意攀登，向高抬腿示意爬山，却使人们相信这是在上山；观众确信一连串的大跳、旋转和翻滚动作是在表现战斗，深信这就是硝烟弥漫的战场。舞蹈《丰收歌》以黄色纱绸的舞动，象征着稻浪翻滚；《金山战鼓》的梁红玉在击鼓作战时，时而跃上鼓面，时而绕鼓旋转，酣战中竟然在鼓上连续翻腾。这在实际战斗中是不可思议的。但是人们并没有对这种虚拟、象征的特点提出怀疑，更不会有人认为有失历史名将的身份和气度。相反，人们被这些舞蹈动作所激动,从中领会到战斗的激烈和巾帼英雄的英武气概。舞蹈《无声的歌》用张志新领口上的一朵红花象征着她的喉管已被切断,人们不仅能够理解,而且产生了许多联想。生活中的孔雀,并没有呈现过逐个肢节的拧动和舒畅,但在舞蹈《雀之灵》中,却以这种特色来象征和体现出净化的心灵和高尚纯真的情操。由江菁女士来华演出的现代舞《听妈妈讲故事》中,舞蹈中既没有妈妈出现,也没有别的演员。但从动作中,令人感受到母亲在为女儿叙述一个动人的故事;通过一些地面的坐、卧等形体姿态,生动形象地表达了女儿被故事所感动的心理活动。

舞蹈艺术的象征性是以生活为基础,依据舞蹈的特有长处来形象地、概括地反映生活的本质。它为舞蹈艺术开拓了极其宽广的表现途径。人们透过虚拟、象征的舞蹈形象产生联想,从美的艺术享受中获得心灵上的感应和净化。因此说,象征性也是舞蹈艺术的重要特征之一。

7. 综合性

舞蹈是一种以人的身体动作为主要表现手段的艺术,但是,它一产生就和音乐、诗歌、美术等因素密不可分。因此,舞蹈的形象是一种综合性的艺术形象。

舞蹈和音乐有着最为密切的关系。一个舞蹈作品的成功,舞蹈音乐起着极为关键的作用,没有好的音乐很难产生优秀的舞蹈作品。从艺术的起源和发展中,我们可以看到音乐和舞蹈是天生的伴侣,从它们诞生的那一刻起,就紧密地融合为一体。随着艺术的不断发展,音乐和舞蹈都达到了一定的高度,也确实产生了一些脱离舞蹈而单独存在的音乐品种,但舞蹈却一时也没有离开音乐。诚然,有些舞蹈家为了强调舞蹈艺术的独立性,创作了不用音乐伴奏的舞蹈作品,但是尽管没有音乐的伴奏,却有鼓声或脚铃声、服饰配物相击声,随着舞蹈的节奏而起伏共鸣。从广义上讲,这种有节奏的声响,就是音乐的基本因素,或者说它们是一种音乐的原始形态。

舞蹈作为一种综合性的表演艺术,舞台美术——服装、布景、灯光、道具等也是舞蹈作品不可缺少的重要组成部分。它们对于展现舞蹈作品所处的时代、环境、民族,舞蹈作品中人物的身份以及帮助表现人物的思想感情和推动舞蹈情节的发展,都起着不可忽视的重要作用。

### 三、戏剧

戏剧是由演员扮演角色,运用多种艺术手段,在舞台上当众表演故事的一门综合艺术。戏剧艺术融文学、美术、表演、音乐、舞蹈等多种艺术于一身,由语言、动作、场景、道具等的组合为表现手段,通过编剧、导演、演员的共同创造,把生活中的矛盾冲突尖锐、强烈、集中地再现于舞台之上,使观众犹如亲眼看见或亲身经历戏剧中发生的事件一样,从而获得具体生动的艺术享受。

戏剧的分类,根据表现手段的不同,可分为话剧、歌剧、轻歌剧、戏曲、诗剧、舞剧、哑剧等形式;按作品所反映的矛盾冲突的性质和意义的不同,又可分为正剧、悲剧、喜剧三种类型;根据作品容量大小,有多幕剧和独幕剧之分;按题材不同,可分为历史剧、现代剧、儿童剧、童话剧等。在西方,还有问题剧、假面剧、宗教剧、情节剧、田园剧、结构剧等品种。

戏剧在西方国家是指话剧。中国戏剧广义上包含中国传统的戏曲和新文化运动前后受西方影响而产生的话剧。而狭义上，中国戏剧指的是以"国剧"之称的京剧为代表的中国戏曲。戏曲既具有戏剧的共同特征，又因表现手段不同而区别于话剧等其他戏剧艺术。中国戏曲有其独特之处，诸如舞台采取上下场的分场方法，可以自由地处理舞台的空间和时间；演员运用虚拟动作来表现角色的思想感情和所处的环境，给观众以丰富的联想；唱、念、做、打更是中国戏曲的特点。

(一) 戏曲艺术的角色行当

剧中人物分角色行当，是中国戏曲特有的表演体制。行当从内容上说，是戏曲人物艺术化、规范化的形象类型。从形式上看，又是有着性格色彩的表演程式的分类系统。这种表演体制是戏曲的程式性在人物形象创造上的集中反映。每个行当，都是一个形象系统，同时也是一个相应的表演程式系统。中国戏曲中人物角色的行当分类，按传统习惯，有"生、旦、净、丑"和"生、旦、净、末、丑"两种分行方法。近代以来，由于不少剧种的"末"行已逐渐归入"生"行，通常把"生、旦、净、丑"作为行当的四种基本类型。

1. 生

生是戏曲表演行当的主要类型之一，扮演男性人物。生的名目初见于宋元南戏，泛指剧中男主角。历代戏曲都有这一行当，近代各地戏曲剧种根据所扮演人物年龄、身份的不同，又划分为老生、小生、武生等分支，表演上各有特点。

(1) 老生，生行的一支。因多挂髯口(胡须)，又名须生。老生扮演中年或老年男子，多为性格正直刚毅的正面人物，这些人物的性格气质比较接近，在表演上也有一整套相应的程式。如念韵白、用真声演唱；风格刚劲、质朴、淳厚；动作造型以雍容、端方、庄重为基调。如于魁智在《打金砖》中饰刘秀(图6-1)。

图6-1 老生

图6-2 小生

图6-3 武生

(2) 小生，生行的一支，与老生相对应，小生扮演青年男性，不戴胡须。高腔和地方小戏系统剧种多用真声演唱。昆曲和皮黄系统剧种多以假声为主、真假声结合。如康健在《西厢记》中饰张生(图6-2)。

(3) 武生，扮演擅长武艺的青壮年男子，其中分长靠武生、短打武生两类。长靠武生：装扮上"扎"靠，戴盔，穿厚底靴子而得名。长靠武生扮演大将，一般使用长柄武器。表演要求功架优美、稳重、沉着，具有大将风度和英雄气魄。念白讲究吐字清晰，峭拔有力，重腰腿功和武打。短打武生：常用短兵器，表演以动作轻捷矫健，跌扑翻打的勇猛炽烈见长。舞蹈身段要求漂、帅、脆，干净利索。武生也兼演部分武净戏。如李帅有在《三江越虎城》中饰秦怀玉（图6-3）。

2. 旦

旦是戏曲表演行当的主要类型之一，女角色之统称。早在宋杂剧时已有"装旦"这一角色。宋元南戏和北杂剧形成后仍沿用旦的名称，运用上又略有不同。昆山腔成熟期，形成正旦、小旦、贴旦、老旦四个分支。其后各剧种又繁衍出众多分支。近代戏曲旦角根据所扮演人物年龄、性格、身份的不同，大致划分为正旦（青衣）、花旦、武旦、老旦、彩旦等专行，表演上各有特点。

(1) 正旦，旦行的一支。原为北杂剧行当名，泛指旦行中主角。在近代戏曲中的正旦已成概括一定类型的独立行当。主要扮演娴静庄重的青年、中年妇女。重唱功，多用韵白。因常穿青素褶子，故又名"青衣"。如刘淑云在《西厢记》中饰崔莺莺（图6-4）。

(2) 花旦，旦行的一支。多扮演性格明快或活泼放荡的青年女性。表演常带喜剧色彩，重做功和念白。如刘长瑜在《桃花村》中饰春兰（图6-5）。

(3) 武旦，旦行的一支。扮演擅长武艺的女性，按扮演人物的身份和技术特点，又分刀马旦和武旦两种类型。刀马旦多扎靠，骑马，持长兵器，表演重身段、功架、念白；武旦穿短衣裳，重跌扑翻打，常扮演神怪，多表演"打出手"特技。

(4) 老旦，旦行的一支。扮演老年妇女。唱念用本嗓，唱腔虽与老生相近，但具有女性婉转迂回的韵味。多重唱功，兼重做功。有些剧种称老旦为夫旦或婆旦。如关肃霜在《战洪州》中饰穆桂英（图6-6），袁慧琴在《杨门女将》中扮演佘太君（图6-7）。

(5) 彩旦，旦行的一支，又叫"丑旦""丑婆子"，扮演滑稽或奸刁的女性人物。表演富于喜剧、闹剧色彩，实属女丑，故常由丑行兼扮。有的剧种称"摇旦"。如秦腔演员在《拾玉镯》中扮演王媒婆（图6-8）。

图6-4 正旦

图6-5 花旦

图6-6 老旦

图 6-7 老旦

图 6-8 彩旦

### 3. 净

戏曲表演行当的主要类型之一,俗称花脸。以面部化妆运用各种色彩和图案勾勒脸谱为突出标志,扮演性格、气质、相貌上有特异之点的男性角色。或粗犷豪迈,或刚烈耿直,或阴险毒辣,或鲁莽诚朴。演唱声音洪亮宽阔,动作大开大阖、顿挫鲜明,为戏曲舞台上风格独特的性格造型。据说此行当是从宋杂剧副净演变而来。"花部"兴起后,净扮演人物范围不断扩大。净行根据角色性格、身份的不同,划分为若干专行,表演上各有特点。

(1) 大花脸,净行的一支,也叫正净、大面。扮演剧中地位较高,举止稳重的人物,多为朝廷重臣,故造型上以气度恢宏取胜。表演上重唱功,唱念及做派要求雄浑、凝重。如孟广禄在《二进宫》中饰徐延昭(图6-9)。

(2) 二花脸,净行的一支,又称副净、架子花脸、二面。大都扮演勇猛豪爽的正面人物。以做功为主,重身段功架,唱念中有时夹用炸音,以点染特定人物的威势和性格上的刚烈。一些勾白脸的奸臣,也属二花脸范围。如郝寿臣在《醉打山门》中饰鲁智深(图6-10)。

(3) 油花脸,俗称毛净。多用垫胸、假臀等塑型扎扮,以形象奇特笨重、舞蹈身段粗犷而妩媚多姿为其特点,有时用喷火、耍牙等特技。有名的鬼魂形象钟馗,在中国戏曲舞台上就是扎扮造型,非常独特。如裴艳玲在《钟馗嫁妹》中饰钟馗(图6-11)。

图 6-9 大花脸

图 6-10 二花脸

图 6-11 油花脸

(4) 武二花,净行的一支,也叫摔打花脸、武净。以跌扑摔打为主,不重唱、念。

4. 丑

戏曲表演行当主要类型之一,喜剧角色。由于面部化妆用白粉在鼻梁眼窝间勾画小块脸谱,又叫小花脸。宋元南戏至今各戏曲剧种都有此角色行当。扮演人物种类繁多,有的心地善良,幽默滑稽;有的奸诈刁恶,悭吝卑鄙。近代戏曲中,丑的表演艺术有了长足的发展,不同的剧种都有各自的风格特色。丑的表演一般不重唱功而以念白的口齿清楚、清脆流利为主。相对地说,丑的表演程式不像其他行当那样严谨,但有自己的风格和规范,如屈膝、蹲裆、踮脚、耸肩等都是丑的基本动作。按扮演人物的身份、性格和技术特点,大致可分为文丑和武丑两大支系,表演上各有特点。

(1) 文丑,丑行的一个支系。包括人物类型极广,除武夫外各种丑角均由文丑扮演。

(2) 武丑,丑行的一支,俗称"开口跳"。扮演机警幽默、武艺高超的人物,念白口齿伶俐,吐字清晰真切,语调清脆,动作轻巧敏捷,矫健有力,擅长翻跳扑跌等武功。

### (二) 戏曲艺术的表演手段

戏曲在长期发展的过程中,逐渐融合唱念做打各种艺术手段,为扮演故事、塑造人物服务。早在汉代百戏中就有《东海黄公》的节目,通过武术和杂技,表演简单的故事。唐代盛行歌舞,以载歌载舞著称。宋杂剧演出分"艳段""正杂剧""杂扮"三部分,把歌舞、戏剧、杂耍集于一台,起了相互影响和融合的作用。元杂剧在表演上已有简单的武打。明代弋阳、昆山诸腔勃兴以后,在声乐和舞蹈技艺的结合方面渐趋完善。清乾隆、嘉庆年间,徽调与汉调合流,继承昆、弋的传统,吸收各种地方戏的优点,逐步向京剧演变,大致到了同治、光绪前后,一个以唱念做打多样统一的完整艺术形式才臻成熟。

戏曲剧种为数众多,表演上运用的艺术手段各有侧重。大抵扮演生活小戏的花鼓、采茶等系统的剧种,载歌载舞;由坐唱形式搬上舞台的滩簧、曲子等系统的剧种,侧重说唱;昆曲、高腔、皮黄、梆子系统的剧种,唱念做打四功并重。中华人民共和国成立以来,各剧种相互促进,共同提高,上述差别已逐渐缩小。目前,各剧种大都具备了唱念做打的艺术手段。

### 1. 唱

学习唱功的第一步是喊嗓、吊嗓、扩大音域、音量、锻炼歌喉的耐力和音色,还要分别字音的四声阴阳、尖团清浊、五音四呼,练习咬字、归韵、喷口、润腔等技巧。当演员掌握了这一切时,更重要的则是善于运用声乐技巧来表现人物的性格、感情与精神状态。几百年来,戏曲美学中一直有传声与传情的分歧,有的演员侧重音色和唱腔旋律的美,讲究唱出韵味;有的演员则着重中气充沛、字正腔圆,主张首先要唱出感情。卓越的演员大都把传声与传情结合起来,通过声乐的艺术感染力,表现剧中人的心曲。

戏曲的唱,从来不是穿插在戏里的独立的声乐表演,而是塑造人物的重要手段之一。一些优秀剧目,安排唱段是根据剧情的需要,人物性格、思想、情绪发展的需要。通过优美的音乐形象来丰富和加强文学形象,诉诸观众的听觉感官,正像做和打通过优美的舞蹈形象诉诸观众的视觉感官一样。因而戏曲的唱,演员的技巧和修养都是决定艺术创造得失、高下的重要因素。对同一剧目的同一角色,由于演员的体验、理解不同,也由于唱腔唱法不同,逐渐形成了演唱上各种意趣不同的艺术风格。

不同的剧种,对唱的运用也有所不同。有的唱得多,动辄三五十句,甚至超过百句。有的唱得较少,在剧中人动情的时刻才设置大段的唱腔。唱得多的剧种,往往以唱代念,或介乎唱与念之间,润腔较少。唱得少的剧种,大都在声乐艺术上刻意求工,对行腔度曲,进行高度的提炼。

从戏曲发展的过程来看,唱腔的伴奏是由简到繁的。古老剧种弋阳腔,采用一唱众和的帮腔形式,仅用简单的打击乐伴奏。明嘉靖年间正式形成的昆山腔,发展为兼用笙、箫、笛、琵琶等管弦乐器伴奏,音乐效果大为增强。近代戏曲更加重视伴奏的衬托作用,逐渐增多了乐器的种类,并密切了声乐和器乐的配合。也有些剧种在主要唱段中停止器乐伴奏,由演员独唱"清板",以突出声乐的表现力。帮腔形式,目前在一些高腔系统的剧种中仍旧保留着,作为烘托气氛、揭示人物内心世界的手段。

由于唱词都是诗词体,句法紧凑精练,文学性较强,因此更便于集中地抒发情感。此外,在叙事、写景、争辩、斥责等场合,一般也常发挥唱的功能,以增强艺术效果,并给人以美感享受。为了便于传达感情、唤起共鸣,曲词的文学性不尚典雅,而在于雅俗共赏、简洁明快、涉笔成趣。

2. 念

念白与唱相互配合、补充,是表达人物思想感情的重要艺术手段。戏曲演员从小练基本功,念白是必修科目之一。掌握了口齿、力度、亮度等要领之后,还须结合具体剧目,根据人物的特点和情节的开展,妥善处理轻重、缓急、抑扬、顿挫的节奏变化,达到既能悦耳动听,又能语气传神的艺术境界。

戏曲念白大体上可分为两大类:一种是韵律化的"韵白",一种是以各自方言为基础、接近于生活语言的"散白",如黄梅戏的安庆语、苏剧的吴语、京剧的京白等。无论韵白或散白,都不是普通生活语言,而是经过艺术提炼的语言,近乎朗诵体,具有节奏感和音乐性,念起来铿锵悦耳。唯其念白也是音乐语言,在传统剧目中,唱和念才相互协调,而无凿枘之感。

几百年来,在戏曲研究方面,有人重唱而轻念,有人重念而轻唱。明代戏曲理论家徐渭主张:"唱为主,白为宾",并把念白称为"宾白"。清代戏曲理论家李渔则极重视念白,认为"欲观者悉其颠末,洞其幽微,单靠宾白一着"。近代和现代戏曲演员亦各有侧重,戏曲界流行"千斤话白四两唱"的谚诀,说明念白具有不可低估的重要作用。实际上,戏曲演员塑造人物,大都善于充分调动和发挥各种艺术手段的独特功能,而不局限于一得之功。唱和念不仅并重,而且要求安排妥帖,相互衔接,彼此和谐。在长期演出实践中逐渐生发出一些过渡形式,如叫头、哭头、起唱之类。

3. 做

做功泛指表演技巧,一般又特指舞蹈化的形体动作,是戏曲有别于其他表演艺术的主要标志之一。

戏曲演员从小练就腰、腿、手、臂、头、颈的各种基本功之后,还须悉心揣摩戏情戏理、人物特征，才能把戏演好。演员在创造角色时，手、眼、身、步各有多种程式，髯口、翎子、甩发、水袖各有多种技法，灵活运用这些程式化的舞蹈语汇，以突出人物性格上、年龄上、身份上的特点，并使自己塑造的艺术形象更增光辉。如在各种步法中，狼狈挣扎时走跪步，少女在欢乐时甩着辫梢走碎步，就不仅是纯技术性的表演，而能起到渲染气氛和描绘情态的作用。同样是翎子功，用在不同人物身上，有的表现英武，有的表现轻佻，有的表现急躁，有的表现愤怒。在髯口功中，弹须、理髯、甩髯口各具特定的内涵与表象。卓越的演员表演时既有内心的体验，又能通过外形加以表现，内外交融，得心应手，而不流于形式。

4. 打

打，是戏曲形体动作的另一重要组成部分。它是传统武术的舞蹈化，是生活中格斗场面的高度艺术提炼。一般分为"把子功""毯子功"两大类。凡用古代刀枪剑戟等兵器（又称"刀枪把子"）对打或独舞的，称把子功。在毯子上翻滚跌扑的技艺，称毯子功。演员从小练武功，需要付出艰苦的劳动。拿顶，一练就是一炷香的时间；小翻、旋子，一走就是几十个；耍刀花、耍枪花，不到精疲力竭不止。只有苦练，才能打下坚实的基础。但技术功底还只是创作素材，演员还必须善于运用这些难度极高的技巧，准确地显示人物的精神面貌和神情气质，并分清敌对双方的正反、胜败和高下。

戏曲的做和打，也从来不是穿插在戏里的独立的舞蹈表演。毯子功的一些项目，单独地看，近乎杂技；把子功的一些套数，单独地看，类似武术。但连贯起来，组合在戏里，却成为具有丰富表现力的舞蹈语言，能够出人、出情、出戏。一节开打结束时，双方亮相，不仅胜败判然，而且分出了正反。战胜者要下场，显示了神采飞扬的风貌。武二花连摔锞子，狼狈相毕露。窜毛表示下水，跺泥体现沉稳。马童的小翻，衬托了主帅的气势。某些戏里的倒扎虎、云里翻，则突现精神失常者的疯癫迷乱，等等。当这些技术功底与情节相结合时，就有助于刻画人物，阐释剧情，并使观众得到艺术享受。

唱、念、做、打是戏曲表演的特殊艺术手段，四者有机结合，构成了戏曲表现形式的特点，是戏曲有别于其他舞台艺术的重要标志。

（三）戏曲艺术的特色

中国戏曲作为世界上独树一帜的古老戏剧文化，有着自身独特的文化品性。王国维在《戏曲考原》中对戏曲的内涵做了这样的界定："戏曲者，谓以歌舞演故事也。"强调了戏曲在音乐性、舞蹈性、戏剧性上的统一。随着研究的不断深入，当代一些戏曲理念界的学者对戏曲艺术的基本特征进行了总结和阐述，如戏曲的综合性、虚拟性、程式性等。

1. 综合性

戏曲是一门综合艺术，它不像歌剧那样基本上是只歌不舞；又不像芭蕾舞那样只舞不歌；也不像话剧那样只说不唱。中国戏曲是载歌载舞，有情节，有故事的，近代大学问家王国维给戏曲下的定义就是：以歌舞演故事。戏曲的基本表现手段是"唱念做打"，称之为"四功"。这"四功"是在传统戏曲的程式基础上，不断吸收舞蹈、杂技、武术、曲艺以及话剧、电影的表现方法，生动传神地表现剧中人物的动作和心理活动。比如《贵妃醉酒》里的杨贵妃,在百花亭设筵,欲与唐明皇同乐,但久候不至,后知明皇驾往别宫,于是独饮大醉,边舞边唱,把她那醉态和企盼悲怨的感情表现得淋漓尽致。还有《昭君出塞》,一路上王昭君边舞边唱,通过大开大阖的舞蹈动作,把她那思念家乡和无限悲愤的心情刻画得淋漓尽致。再有根据莎士比亚名剧改编的《麦克白夫人》,麦克白夫人帮助丈夫杀害了老王,虽然她当上了王后,但心理受到极大的谴责和刺激,最后精神分裂而死。这个戏就吸收了很多其他艺术的营养。

2. 虚拟性

虚拟是戏曲反映生活的基本手法,它是指以演员的表演,用一种变形的方式来比拟现实环境或对象,借以表现生活。中国戏曲的虚拟性首先表现在对舞台时间和空间处理的灵活性方面,所谓"三五步行遍天下,六七人百万雄兵""顷刻间千秋事业,方丈地万里江山",这就突破了西方戏剧的"三一律"与"第四堵墙"的局限。其次是在具体的舞台气氛调度和演员对某些生活动作的模拟方面,诸如刮风下雨,船行马步,穿针引线,等等,更集中、更鲜明地体现出戏曲虚拟性特色。戏曲脸谱也是一种虚拟方式。中国戏曲的虚拟性,既是戏曲舞台简陋、舞美技术落后的局限性带来的结果,也是而且主要是追求神似、以形写神的民族传统美学思想积淀的产物。这是一种美的创造,它极大地解放了作家、舞台艺术家的创造力和观众的艺术想象力,从而使戏曲的审美价值获得了极大的提高。

3. 程式性

程式是戏曲反映生活的表现形式,它是指被重复使用的对生活动作的规范化、舞蹈化的表演。程式直接或间接来源于生活,但它又是按照一定的规范对生活经过提炼、概括、美化而形成的。此中凝聚着古往今来艺术家们的心血,它又成为新一代演员进行艺术再创造的起点,因而戏曲表演艺术才得以代代相传。在程式方面我们举几个例子,比如"趟马"就是一种表演程式,又叫"马趟子"。演员右手执鞭,通过圆场、转身、勒马、三打马(表示催马加鞭)等身段动作,配合快速的锣鼓节奏,表示策马疾驰的情景。再如"起霸",是表现武将整盔束甲,准备上阵的情景,主要由三抬腿、云手、踢腿、整袖、紧甲等基本动作结合而成,营造一种战斗即将开始的气氛。另外如大家熟悉的"跑圆场""耍下场""劈叉""摔僵尸"以至吃饭、睡觉、喝酒、读书、写字、开门、关门、喜、怒、哀、乐等都有程式。除了表演程式外,剧本形式、角色行当、音乐唱腔、化妆服装等各个方面,都有一定的程式。优秀的艺术家能够突破程式的某些局限,创造出个性化的规范艺术。程式是一种美的典范。

(四)戏曲艺术的表现手法

戏剧家为了使剧本的主题思想表现得更鲜明,人物形象刻画得更生动,情节安排得更紧凑,也为了让观众看懂、看好、看得有兴趣,常常要运用一些艺术手法,如悬念、惊奇、延宕、渲染、强调、突转、预示和发现等。这里介绍几种常用的戏剧艺术手法。

1. 悬念

这是戏剧结构中的一种重要的艺术手法。所谓悬念,就是以"悬"而未决的问题,使观众的心理不断地紧张,并产生一种"欲知后事如何"的急切心情,以饶有兴趣地看完一出戏的一种艺术技巧。如有一出话剧叫《最后的一幕》,一开场就制造了一个悬念:幕一拉开,一个青年男子紧张地跑出来,一个中年男子提着枪追了上来。"砰"的一声枪响,那个青年男子被打倒在地。紧接着,一个女人哭叫着跑了出来,伏在负伤的青年身上,指着开枪者大叫:"你打死的是你的儿子。"那中年男子一下怔住了。这是怎么回事呢?观众急于想知道下文,这就是悬念。有的戏不只有一个悬念,而是一个接一个。有的戏则在总悬念之外,还附着一些小悬念。但设置悬念的目的只有一个,为了让观众看得有滋有味。

2. 惊奇

指戏剧情节的发展或一个动作的突然出现,出乎观众的意料,使人感到大吃一惊,制造这种效果的手法叫惊奇。现代京剧《红灯记》中有这样一个让人虚惊的场面:李铁梅为追寻磨刀师傅转交密电码,从里屋墙洞经邻居家外出了,家中只剩李奶奶一个人。这时,在门口监视的特务进来借火,他一见铁梅不在,便问哪里去了。李奶奶谎称病了,在里屋躺着呢。特务不信,便出门叫两个同伙上门来查户口。李奶奶阻拦不住。眼看特务掀起门帘举步将进的时刻,突然里屋传来"奶奶,谁呀?"的姑娘的喊声。特务见状,以为铁梅在里屋,只得走了。正当李奶奶与观众们大惑不解之际,邻居家的慧莲掀帘而出,原来是她顶替了李铁梅。惊奇很有戏剧性,它的出其不意,不仅要瞒过观众,还得瞒过在场的其他角色(如李奶奶)。不如此,观众就紧张不起来,戏剧也就达不到预期的强烈的艺术效果。

3. 延宕

也叫拖延或抑制。它与悬念有密切关系,它可以使剧情的发展和矛盾冲突的展开发生起伏,使之迂回曲折,引人入胜。如《罗密欧与朱丽叶》中,当朱丽叶急着要听乳媪转达罗密欧对婚事的态度时,这个叽里咕噜的婆娘一边装出累得上气不接下气的样子,一边叨叨不休地说自己骨头痛和头痛,说罗密欧的脸、脚、手长得如何好看。朱丽叶求她先回答一个字,这消息是好还是坏,乳媪就是避而不答,一直等她缠够了,才向朱丽叶说出"你快到劳伦斯神父的寺院里去,有一个丈夫在那边等着你去做他的妻子"这句要紧的话来。朱丽叶一听,马上向乳媪说了声"再见",便匆匆赶去了。为了让乳媪说出这句话,莎士比亚为此写了整整一场戏。这种"急惊风偏遇慢郎中"的写法,造成的矛盾、差异和对比,常能给观众带来极大的审美愉悦。

4. 渲染

一件大事将要发生,一个高潮将至,一个突出表现主题或人物性格的场面就要出现,有的剧作家便以"泼墨如云"的气势用大书特书、铺垫渲染的手法,以求得淋漓尽致的艺术效果,《窦娥冤》第三折的中心事件是"斩窦娥"。关汉卿在这场戏中倾注了足够的笔墨。窦娥未出场时,先有监斩官、公人和刽子手为她出场作铺垫。窦娥一出场,又有两段从容不迫的清唱,充分地表达她心中的冤屈、怨愤和抗争。再有她与婆婆的生离死别,渲染婆媳的深情和窦娥的至孝至善,借以激起观众对窦娥的深切同情。最后,关汉卿"翻空出奇",写出三桩誓愿——当场应验的情节,把剧情的进展和窦娥的反抗性格同时推向高潮,产生了一种扣人心弦、紧张激烈的悲剧效果。

## 第三节 中国古代艺术门类（下）

### 一、书法

书法是中华民族传统艺术之一，是中华传统文化的瑰宝，是中国文化的重要组成部分。它与中国本身的历史一样，源远流长，它经过近三千年的发展与创新，已成为祖国艺术宝库中的一笔重要财富。传承中华传统文化，继承与发扬中国书法艺术，是炎黄子孙的崇高职责，当代大学生是祖国的栋梁，是中国特色社会主义现代化建设的接班人，传承中华传统文化，继承与发扬中国书法艺术，更是责无旁贷。谢稚柳先生说："学书法，识国宝，当有益于爱国之心。"谢稚柳先生这一席话值得我们深思！

### 一、书法艺术常识

1. 何谓书法

书法是指以汉字为表现对象，以软笔和硬笔为表现工具的一种线条造型艺术。简言之，书法是指写字的艺术，包括软笔书法和硬笔书法。

软笔书法以毛笔书法为代表，毛笔书法是指毛笔字的书写方法，包括执笔法、运笔法、结体法和章法。

硬笔书法以钢笔书法为代表，它是中国书法的一个分支，虽然在中国仅有百余年的历史，但是硬笔书法在执笔、运笔、章法、字体的形态与风格上独树一帜，不断创新，成为覆盖最广、人人皆受益的大众艺术，而且正在蓬勃发展，它必将与毛笔书法并驾齐驱，成为祖国艺术宝库中的又一笔重要财富。

2. 书法与写字的关系

书法是指写字的艺术，但写字并不都是书法；只有当写字达到一定的艺术水平才能升华为书法，而书法必定是写字。

写字与书法是两个有本质区别的概念。写字的目的是交流信息，重实用性；书法的目的是为了创作、抒情和欣赏，重艺术性。写字力求以最短时间和较少精力尽快达到目标；书法则需要以毕生的精力来探索，目标也无止境。然而写字和书法又是密不可分的。书法必须是写字，否则就不叫书法；写字是书法的基础，充当了由实用美向艺术美过渡的桥梁；字写好了也不等于书法，因为书法是艺术，不但字要写好，而且还要合乎章法。

3. 书体及其种类

书体是指汉字的书写形体。在我国汉字发展史上，从甲骨文算起，曾经出现过数十种书体，但最主要的有篆书、隶书、草书、楷书、行书等五种。

（1）篆书。广义的篆书是指秦篆以及秦篆以前的各种书体。主要包括甲骨文、金文（或钟鼎文）、石鼓文、籀文和秦篆等。通常所说的篆书，主要是指大篆和小篆。

大篆是周宣王时期(公元前827年—公元前782年)通用的文字书体,也称籀文;又因是周宣王之太史籀(人名)所创造的,所以还叫籀篆。大篆有两个显著特点:一是线条化,早期粗细不匀的线条变得均匀柔和了;二是规范化,字形结构趋向整齐,逐渐离开了图画的原形,奠定了方块字的基础。

小篆也称秦篆,是秦朝统一文字后通用的标准文字书体。秦灭六国后,实现文字的统一,秦始皇命令丞相李斯等,将大篆整理成为小篆,以小篆为正字,淘汰了流行在其他地区的异体字,所以,小篆又称"斯篆"。小篆也有两个显著特点:一是笔画匀圆齐整,二是形体秀丽大方。小篆对汉字规范和发展起了很大的作用,从大篆到小篆的文字变革,在中国文字史上具有极重大的意义。小篆除了把大篆的形体简化之外,还把线条化和规范化达到了完善的程度,几乎完全脱离了图画文字,成为整齐和谐、十分美观的长方形方块字体。

从黄巨龙先生毛笔大篆与小篆作品中,可以体会到两者的区别。如图6-12所示。

图6-12 黄巨龙先生毛笔篆书作品

(2) 隶书。隶书是从篆书的基础上发展起来的,是继小篆之后通行的一种书体。隶书又称佐隶、隶字、隶文、佐书等。

篆书向隶书的演变,是一个渐进的过程。据说,秦朝时期有一个善书大篆的狱吏,名叫程邈,因得罪了秦始皇而入狱。他在狱中深思了10年,根据民间约定俗成的书体作隶书3 000字。这样,隶书作为一种书体就基本定型了。由于隶书将篆书的点画削繁就简,书写起来比篆书方便,所以,也可以说,隶书是篆书的快写。

隶书始于秦而兴于汉,东汉是隶书的鼎盛时期,魏晋后被楷书代替。隶书又有秦隶、汉隶、古隶、八分、飞白、散隶之分。在汉碑中,《礼器》《华山》《乙瑛碑》《孔庙》《石门颂》《史晨碑》《张迁碑》《曹全碑》等都是上等的汉隶佳品,其中最具代表性的"三碑"是《乙瑛碑》《曹全碑》和《张迁碑》,它们形成各自隶书风格和特点,体现出极高的隶书艺术水平。

纵观隶书形成和发展的历史,隶书总的特点可以概括为:笔画波磔分明,用笔方圆结合;结构扁平端庄,形态清丽飞动。

从陈景舒先生毛笔隶书作品和张穗先先生钢笔隶书作品中,可以体会到隶书的特点。如图6-13和图6-14所示。

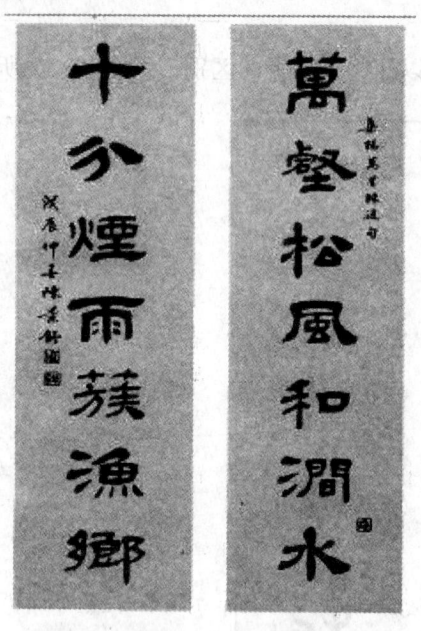

图6-13 陈景舒先生毛笔隶书作品　　图6-14 张穗先先生钢笔隶书作品

(3) 草书。"草书"是汉字主要书体之一,由篆书、八分、章草,沿袭多种古文字变化而成。广义的草书包括各个时期、各种形式的草书,如草篆、草隶、章草、今草、狂草等。其中具有代表性的草书是"章草""今草""狂草"。历代都有草书名家,"章草"有崔瑗、杜度等;"今草"有张芝、"二王"等;"狂草"有张旭、怀素等。

章草。章草是草书的一种,或称隶草、急就。唐代张怀瓘曰:"章草即隶书之捷。"

宋代黄伯思曰:"凡草书分波磔者名章草。"从草书的章法来看,一般地说,字与字不连笔的草书称之为章草。

今草。今草是从"章草"发展而成的一种草书,是由东汉张芝创造的。今草不仅突破了汉字的方块结构,省略了点画,而且体势连绵,上下多牵丝连带,书写起来比任何其他书体都简便快速,往往一个字,甚至一连数字只用一次落笔写成。所以,今草又被人们称之为"一笔书"。今草中字形大者称之为"大草";字形较小,笔画虽省但较易辨认者称之为"小草"。小草适合钢笔书写,是钢笔书法爱好者之良友。

狂草。大多数书法家认为,狂草是今草的一种,把今草又分为大草、小草和狂草。狂草是指笔意更加奔放,笔画省简连绵,常一笔数字,隔行气势不断的今草,是唐代张旭所创。

(4) 楷书。楷书又名真书、正书,是从隶书、章草演变而来,古时又称楷隶、今隶,是一种书写工整规范,笔画交代清楚,结构方正严谨的汉字书体。

楷书包含了古隶之方正、八分之遒美及章草之简捷等。古人曰:"楷如立,行如走,草如奔。"可见,楷书偏重于静,有一种稳重宁静之感。

楷书是汉字的主要书体。楷,是楷模,就是标准字体。不论是毛笔楷书,还是钢笔楷书都有如下特点:形体方正,笔画平直,结构严谨,有规有矩。

书法界公认的"楷书四大家"是指欧阳询、颜真卿、柳公权、赵孟頫。由于他们的楷书体在运笔方法和字形结构上具有各自独特的风格,被后人分别称之为"欧体""颜体""柳体""赵体",对后世影响很大,成为人们学习书法的向导。这四种楷书体的特色人们概括为"欧劲""颜筋""柳骨""赵肉"。图 6-15 是当代书法家田英章先生毛笔楷书(欧体)作品,图 6-16 是当代硬笔书法家侯登峰先生钢笔楷书作品。

**图 6-15 田英章先生毛笔楷书(欧体)作品** 　　**图 6-16 侯登峰先生钢笔楷书作品**

(5) 行书。行书是介于楷书与草书之间的一种书体,是楷书的快写,亦称流动的楷书。

据传行书是汉代刘德升所创,至东晋达到高峰,王羲之、王献之为其杰出代表。行书最显著特点就是俊逸流畅,突出"行"字。人们常把行书比作"走",就是说行书运笔具有流动性特点。行书书写流畅,用笔灵活,表现出浪漫、唯美的气息。行书又分为行楷和行草两类。

行楷。书写比较规矩,笔画变化偏重于楷书的行书称之为行楷。如王羲之的《兰亭序》属于行楷,被后人誉为"天下第一行书"。

行草。书写比较放纵,笔画变化偏重于草书的行书称之为行草。如颜真卿的《祭侄文稿》属于行草,被后人誉为"天下第二行书"。

## (二)书法作品的构成

无论是软笔书法,还是硬笔书法,其完整的作品通常都由正文、落款、印章三部分构成。

### 1. 正文

正文是书法作品的核心。正文内容总的要求是:积极向上,健康高雅,内涵丰富,时代感强。如:诗词歌赋、对联、格言、佳句、散文等。

### 2. 落款

落款,又叫题款、款识(音 zhì),是指书法作品正文以外的说明性补充文字。

落款有三种类型。

一是多款。书法作品有三行或三列以上的题款称之为多款。

二是双款。书法作品有两行或两列的题款称之为双款。

双款又有上款下款之分,书法作品正文之前的题款称之为上款;书法作品正文之后的题款称之为下款。

三是单款。书法作品中只有一行或一列的题款称之为单款。单款又有长款、短款和穷款之分。

书法作品中题款内容多而长称之为长款。长款不仅写正文出处、时间、名号、地点等,而且还加上书写者创作时的感想或缘由等文字。

书法作品中题款内容少而短称之为短款。短款一般只落正文出处、时间、名号、地点等其中的几项。

书法作品中题款内容只有书者姓名的称之为穷款。

此外,书法作品还有横款和竖款之分。书法作品中题款横写的称之为横款;书法作品中题款竖写的称之为竖款。

### 3. 印章

印章是书法作品的重要组成部分。钤印,即盖印,是创作书法作品的最后一道工序。钤印是否恰到好处,在一定程度上反映了一个人的艺术修养,上乘的印章在书法作品中起着调节疏密、点缀装饰、平衡重心、画龙点睛、锦上添花的作用。所谓"一红押千黑",就是这个意思。印章的字体一般使用篆书体,多用小篆书体。钤印的要求是:款章相称,大小匹配,阴阳协调,名章方形,闲章随形,位置适当,多寡适度,该用则用,恰到好处。书法印章按印章的内容划分,可分为名章和闲章两大类。

(1) 名章。也叫姓名章,是指印文为书者姓名的印章。又有姓章、名章、姓名章、字号章之分。书法作品有的盖姓名章;有的盖姓章加名章;有的只盖名章。

(2) 闲章。除名章以外的印章称之为闲章。闲章的内容多为名言、警句、书斋名、作者的别称、十二生肖的动物图案等。闲章又有引首章、腰章、压角章之分。

书法印章按印的形状划分,可分为方形章、圆形章、长方形章、椭圆形章和不规则的自然形体章等。

书法印章按印的刊治划分,可分为朱文(阳文)章、白文(阴文)章、朱白文混刻章。

此外,还有图案章和文字章之分。图案章多为肖形章,是指以十二生肖的动物图案刻成的印章;除图案章以外的印章称之为文字章。

(3) 印章的钤法。具体来说有如下几个步骤:

① 确定印章的位置。在完成书法作品正文和落款之后,根据具体情况确定印章的位置。

② 在确定的印章位置的纸下放一硬皮垫,比较简单的操作是垫一本书。

③ 用湿毛巾将盖印之处润湿。

④ 印章蘸上书画专用红印泥,对正确定印章的位置钤印;或使用印规将盖印处定位,按着印规钤印。钤印要求用力均匀、端正清晰,印章的中心应与落款的中心线重合,做到不偏不倚。

### (三) 书法作品欣赏的特点

#### 1. 书法作品欣赏的再创性

梁武帝说:"钟繇书如云鹄游天,群鸿戏海。"王羲之形容卫夫人笔画:"每作一横画,如列阵之排云;每作一戈,如百钧之弩发;每作一点,如高峰之坠石。"这些形容能给人以美感,是欣赏者的"意"与书法作品的"象"相激发的结果。这就是书法欣赏的再创性。古代书法家习惯地将书法美类比于人体美,所以在书法理论中,优秀的书法也要肥瘦得宜,骨肉停匀。毛笔书法作品线条的平缓激荡与欣赏者心理节奏应和共鸣,引发欣赏者凭借自己的学识修养,再创艺术意境。硬笔书法作品与毛笔书法作品一样均具有欣赏的再创性。

#### 2. 书法作品欣赏的模糊性

书法作品的欣赏,各人是各人的,此时是此时的,彼时是彼时的,"仁者见仁,智者见智",难以用精确的言语表达出来。这就是书法作品欣赏的模糊性。正所谓"只可意会,不可言传"。

书法作品线条的抽象性造成欣赏的模糊性。书法线条既是从现实生活中抽象出来的生命意象,也是书法家生命情感的节奏轨迹,是一个丰富奇妙的图像世界。它究竟表现什么很难确指。欣赏者只能意会自己的感觉。

#### 3. 书法作品欣赏的差异性

书法作品欣赏的再创性、模糊性必然导致书法作品欣赏的差异性。形成差异性的因素很多,主要有思想信仰、道德修养、个性气质、趣味爱好、审美经验等。审美经验和能力是关键,"艺术不是素材的简单再现,而是通过艺人之思想、学养、天才与技法之艺术表现。不然,何贵有艺术"(潘天寿语)。书法的鉴赏者不必是书法家,但必须是有艺术修养的人。学养越高,欣赏能力越强。"如果你要欣赏艺术,那么,你应当是一个在艺术上有教养的人。"(马克思语)

不同的人情趣不同,爱好不同,加之审美观的不同,导致了书法欣赏的差异,这种差异可能很大。有人说,一千个人读《红楼梦》就有一千个林黛玉的形象,此话千真万确。其实在其他艺术门类的审美上,都存在这种欣赏上的差异,只不过在书法作品欣赏中这种差异更大。

就书法艺术本身而言,它是高度抽象的线条造型艺术,一切信息全部蕴含在抽象的线条之中,凭欣赏者去感受。巴尔扎克说过:"艺术作品就是最小的面积,惊人地集中了最大量的思想。"就书法作品欣赏来讲,从事书法创作的人,这种欣赏差异就小得多,因为其本身的创作实践,就已经积累了这方面的知识,他懂得了书法作品的"美"在何处,以及构成书法美的诸多条件和因素,最重要的是作者掌握了书法欣赏的方法。

就书法欣赏的群体而言,书法创作者只是其中的一小部分,而且是次要的一部分,真正重要的欣赏者,是非从事书法创作的广大群众,他们才是书法欣赏的主体。大量的观众还只是一般看看而已。有道是"外行看热闹,内行看门道",要瞧出门道,就必须懂得入此门道的方法,掌握这方面的知识。而非从事书法创作的广大群众,他们显然缺乏这方面的知识,对书法的欣赏只停留在"好"与"差"的感性的层次上,且是非常笼统和模糊的,知其然不知其所以然,更不可能从美学的角度对书法作品的艺术价值进行深层次的分析。

### (四)书法作品欣赏的审美标准

欣赏书法,就是欣赏其令人产生审美愉悦的艺术性。这种艺术性主要体现在:表现的意境美、点画的线条美、结构的造型美、章法的整体美和风格的个性美等五个方面。

#### 1. 表现的意境美

意境,是文学艺术作品通过形象描写表现出来的境界和情调。书法作品的意境,是指作者抒心中之胸臆,发时代之绝响,铸笔墨于毫端,所表现出来的一种至情至性,融进自己的知识修养和审美情趣的艺术境界。有意境美,书法才具有感人的艺术魅力,才有不朽的灵魂。

书法作品应是取象万物,迁想妙得,达其性情,形其哀乐,达到人与自然,主体与客体,主观与客观的协调统一;使情感、理智、想象、感知等审美心理因素达到协调一致的状态;通过文字的结构造型,按照艺术表现的特有规律,创造出清新可感的艺术境界,表达一定的精神意蕴、审美情趣;从线条、笔势、笔意、结构等方面寻求与自然物象的联系,唤起人们的审美感受。

#### 2. 点画的线条美

书法作品点画的线条美表现在书法工具的特性,点画的形态,用笔的节奏上。

当代著名书法家沈鹏曾说:"在书法表现的要素中,我看重线条。线条是由条形到神韵的最重要的手段、桥梁,更确切地说是基因。"各大书体、各书家字体,各书法作品品位高低的差异,也与其线条特性及水平高低的不同有很大关系。书法作品的创造,首先是线条美的独特的发现和创造。可见,线条是书法作品的基因,是书法风格和品位高低的标志,在书法作品创作中居于首要地位。

在欣赏一幅书法作品时,首先映入欣赏者眼帘的也是线条,它是欣赏者沟通书家的桥梁,通过线条欣赏者可以获得精神上的美的享受,心灵上的慰藉、净化和震撼。

书法作品的点画线条具有很强的表现力,它本身抽象,所构成的书法形象也无所确指,然而它却把全部美的特质包容其中。书法作品点画的线条美主要体现为力量感、节奏感、笔线美、立体感等四个方面。

(1) 力量感。书法作品点画线条的力量感是线条美的要素之一。它是一种比喻,指点画线条在人心中唤起的力的感觉。早在汉代,蔡邕《九势》就对毛笔书法作品点画线条做出了专门的研究,指出"藏头护尾,力在字中","令笔心常在点画中行","点画势尽,力收之"。要求点画要深藏圭角,有往必收,有始有终,便于展示力度。需要注意的是,我们强调藏头护尾,不露圭角,并不是说可以忽略中间行笔。中间行笔必须取涩势,以使点画线条浑圆醇和,温而不柔,力含其中。但是,钢笔书法作品的点画线条的起止并非都是深藏圭角不露锋芒的,书法中往往根据需要藏露结合,尤其在行草书中,千变万化。欣赏时,既要注意起止的承接和呼应,又要注意中段是否浮滑轻薄。

(2) 节奏感与笔线美。节奏本指音乐中音符有规律的高低、强弱、长短的变化。毛笔和钢笔书法作品点画的线条节奏感,集中表现为笔线美,笔线美主要体现在以下几个方面:

① 屋漏痕:笔线不刻意雕琢,得自然之妙。
② 印印泥:笔线要沉着不浮,力透纸背。
③ 锥划沙:笔线要圆润浑厚,富于立体感。
④ 折钗股:笔线挺拔不露角,劲而含骨力。

在书法作品创作时,不可能以一样的书写速度一贯到底。笔画之间、字与字之间先后衔接必定会出现快慢、缓疾、断连、聚散、轻重、粗细、长短、大小等的节奏,似古所称的"屋漏痕""印印泥""锥划沙""折钗股"等,这就好像乐曲中的旋律一样,体现出书法作品点画线条的韵律美。

一般而言,静态的书体(如篆书、隶书、楷书)节奏感较弱,动态的书体(行书、草书)节奏感较强,变化也较为丰富。

(3) 立体感。立体感原是毛笔中锋用笔的结果。中锋写出的笔画,"映日视之,画之中心,有一缕浓墨,正当其中,至于折处,亦当中无有偏侧。"这样,点画线条才能饱满圆实,浑厚圆润。然而,钢笔正笔书写也可写出立体感很强的点画线条。我们不难发现,在钢笔书法作品创作中侧笔也随处可见。除小篆以外,其他书体都离不开侧笔。尤其是在行书和草书中,侧笔作为正笔的补充和陪衬,比比皆是。

3. 结构的造型美

书法作品,不仅要求书写正确清楚,合乎规范,使人一目了然,而且强调结构的造型美,具有艺术性,使人赏心悦目。书法作品的点画线条在遵循汉字的形体和笔顺原则的前提下交叉组合,分割空间,形成书法的空间结构。空间结构包括字体的造型、整行的行气两个部分。

(1) 字体的造型。书法作品结构的造型美,主要表现在各种字体的造型上,主要包括如下几个方面:

① 正欹相生。"正"指字的内部结构要平衡;"欹"指字体倾斜,形态富于变化。两者要巧妙构造,错综变化,形象自然,于平正中见险绝,险绝中求趣味。

② 疏密均衡。指点画之间和字与字之间距离的大小要恰到好处。王羲之在《笔势论十二章》中指出:"密则似痾瘵缠身,疏则似溺水之禽。"即过密或过疏均不可取。

③ 违和协调。"违"是指统一中的对立,"和"指多样的统一。

④ 静动结合。一般而言,静态的书体(如篆书、隶书、楷书)节奏感较弱,动态的书体(行书、草书)节奏感较强,变化也较为丰富。

⑤ 长短合度。指字的点画与字体的形态要长短参差。但字体的形态也不能过长或过短,要合乎法度。王羲之在《笔势论十二章》中又指出:"长则似死蛇挂树,短则似踏死蛤蟆。"书法作品,不论正、草、隶、篆、行,都要按照匀称、均衡、平稳、对比、照应等多样而统一的美的规律来造型。如行书"书"字(繁体)来说,其中八条横画,除一条横画省掉之后,其余七条横画长短不一,俯仰有致,一气呵成,极尽变化之能事。而整个"书"字稳健多姿,静中见动,给人以雕塑般的造型美。

(2) 整行的行气。书法作品中字与字上下或前后相连,形成"连缀",要求上下承接,呼应连贯。楷书、隶书、篆书等静态书体虽然字字独立,但笔断而意连。行书、草书等动态书体可字字连贯,游丝牵引。此外,整行的行气还应注意大小变化、欹正呼应、虚实对比,以及由此而产生的节奏感。这样,才能使行气自然连贯,血脉畅通。

4. 章法的整体美

欣赏书法,一般是从章法入手。章法着眼于书法作品空白的安排变化,它是决定书法作品全局的关键因素。一幅书法作品的鉴赏跟其他艺术品一样,重点关注的当属整体美。书法作品中集点成字、连字成行、集行成章,构成了点画线条对空间的切割,并由此构成了书法作品的整体布局。要求字与字、行与行之间疏密得宜,计白当黑;平整均衡,欹正相生;参差错落,变化多姿。其中楷书、隶书、篆书等静态书体以平正均衡为主;行书、草书等动态书体变化错综,起伏跌宕。

书法作品的章法美主要体现在作品布白、作品款式、主宾关系、虚实关系、气脉连贯等方面。同时,要求"行行要有活字,字字须求生动",构图完整、自然贯气、清新和谐、浑然一体、情趣盎然。给人的感觉是工整优美的形式如同图案画,装饰性强;流动空灵如同轻音乐,余音袅袅,回味无穷。

5. 风格的个性美

书法作品风格的个性美,则表现在作者独特而又强烈的个性色彩上。"字如其人""人品即书品",由于各人的技巧、修养、个性等不同,因此形成了各种不同的风格。有的如高山大海,十分豪迈;有的似小桥流水,非常优雅;有的像巨龙飞天,气贯长虹;有的如嫦娥奔月,轻盈飘逸;有的似雪山苍松,朴茂坚实;有的像含苞荷花,亭亭玉立;有的如映月白兰,端丽清新。不同的风格,给人不同的审美感受。

欣赏书法作品,应根据个人的兴趣爱好和作品特色择优欣赏。有的笔致好,不妨欣赏笔致；有的造型美，不妨欣赏造型；有的以气势取胜，不妨欣赏气势；有的以神韵见长，不妨欣赏神韵。这种欣赏法的好处是印象深刻，容易集众家之长。

此外，书法作品的美还表现在"实"与"虚"两个方面，而且两者相互依存，相互作用。"实"是有形的，包括运笔、结体、章法等内容；"虚"是无形的，包括神采、气韵、意境等内容。

南朝书家王僧虔在《笔意赞》中说："书之妙道，神采为上，形质次之，兼之者方可绍于古人。"这里，强调以形写神，形神兼备。一般地说，"形"包括点画线条以及由此而产生的书法空间结构；"神"主要指书法的神采。神采本指人面部的神气和光彩，书法中的神采是指点画线条及其结构组合中透出的精神、格调、气质、情趣和意味的统称。"神采为上，形质次之"，说明神采高于形质（点画线条及其结构布局的形态和外观），形质是神采赖以存在的前提和基础。因此，书法艺术神采的实质是点画线条及其空间组合的总体和谐。

## 二、绘画

绘画，是运用线条、色彩、形体等特有的艺术语言，在二维空间（即平面）的范围内，塑造物象、反映生活、表达情感或理念的造型艺术。绘画的起源很早，古人很早就在描画着自然和反映自己的生活。由于生活环境和审美观等的差异，各国绘画在技法和创作方式上有一定的差异，形成了许多风格各异的画种。

绘画艺术大体上分成东西方两大体系。东方绘画体系是在印度、埃及、波斯和中国等东方古国发展起来的，中国画成为其主体和代表。东方绘画体系亦称为亚洲体系，称为东方画。西方绘画体系是从古希腊、古罗马发展起来的，以欧洲为中心。西方绘画体系亦称为西洋画。

中国画有工笔与写意之分，工笔画细致逼真，给人清雅之感；写意画则较随意，予人以洒脱之美。西洋画具象的作品画得逼真，适合一般人欣赏；抽象的作品主观性强，宜于作者情感的表露，但欣赏者不容易看懂。

### （一）绘画艺术的语言

线条、色彩、形体是绘画艺术独特的表现方式和表现手段。

#### 1. 线条

在绘画中，线条的作用体现在两个方面，一是对物象轮廓、形体的描绘，一是线条自身的艺术表现。前者是"他律"的物象描绘性、再现性的线条，后者是"自律"的情感表现和抽象表现性的线条。

从中国绘画来看，早期（汉魏六朝以前）的线条是他律的，主要是为了填色而勾勒出物象的大体轮廓，至于线本身的粗细变化是无关紧要的。汉魏时期的线描也大致属于原始阶段的这种线条运用。汉代画像石里面虽然也有近乎浅淡的浮雕趣味的东西，甚至有的已趋于对线条变化的追求，但是它的主流还是细线刻画，仍然停留在原始线描的阶段。其线条的任务就是勾勒物象轮廓，而线条本身的情感表现力未被重视。

六朝至唐末，中国绘画中的线条产生了质的变化。东晋顾恺之画中的线条，虽然还主要是传统的线描形式，但其中已灌注了精神内容，有了相对独立的审美价值。"顾恺之之迹紧劲连绵,循环超忽,调格逸易,风趋电疾,意在笔先,画尽意在,所以全神气也。"(张彦远《历代名画记》)他吸收东汉张芝草书用笔,创造了一种后人称之为"春蚕吐丝"和"高古游丝"的描绘线条,使其人物画既有"象人之妙",又有"描线之美"。

  南朝梁张僧繇和唐代吴道子则使传统线描形式的写意功能进一步充分发展。张僧繇吸收东晋女书法家卫夫人《笔阵图》中"点""曳""斫""拂"等笔法,形成一种与顾恺之连绵细密的密体不同的"笔不周而意周"的疏体表现形式。吴道子虽然是画家,但曾学书于张旭、贺知章,在书法上功力较深,所以绘画的线"用笔全类于书"。他创"柳叶描"和"枣核描"等,其线条以粗放的逸写笔法为之。线的写法之妙,至吴道子几乎发展到了极致。

  在不断的艺术创作实践过程中,中国画的线发展成为线条中最为独特的线的艺术。在线条的运用中追求最大限度的表现性,拓展着线条的艺术表现空间。吕凤子论国画线条的情感表现性时说:"勾线技巧,即使每一有力的线条都直接显示某种感情的技巧","被认为是中国画的特有技巧。"他指出,"凡属表示愉快感情的线条,无论其状是方、圆、粗、细,其迹是燥、湿、浓、淡,总是一往流利,不作顿挫,转折也是不露圭角的。凡属表示不愉快感情的线条,就一往停顿,呈现一种艰涩状态,停顿过甚的就显示焦灼和忧郁感。有时纵笔如'风趋电疾',如'兔起鹘落',纵横挥斫,锋芒毕露,就构成表示某种激情或热爱或绝忿的线条"。中锋、侧锋、藏锋、露锋、方笔、圆笔、肥笔、瘦笔、疾笔、涩笔,表现出微妙多样的审美意味。

  在传统的线描技法中,我国画家创造了十八种线的表现形式——"十八描"。"柳叶""铁线""高古游丝""行云流水",一支毛笔在中国画家手中出神入化,描绘出丰富多样的线条形态。线条的作用既做到状物,又做到达意。顾恺之的"春蚕吐丝"般的线描把缠绵温情刻画得细腻入微。吴道子的"吴带当风"的形态把飘逸之感表现得淋漓尽致。陈老莲的线条则把古拙之意表现得炉火纯青。画家的兴致倾注于刚、柔、健、润、涩、疾之中,让观众从线的运动中体悟到画家的情思。

  2. 色彩

  色彩是绘画的重要表现手段。同雕塑、建筑等造型艺术比较来看,色彩在绘画中体现出更充分、更丰富的艺术表现作用。在绘画中,色彩有物象描绘性色彩、主观情感性色彩和抽象表现性色彩等多方面的性质。红、橙、黄、绿、青、蓝、紫,多种色相具有丰富多样的情感意味和象征意味,明度、纯度的变化又给人以微妙细腻的心理感受。凡·高认为"画面里的色彩就是生活里的热情",他强调"色彩的暗示力量",说他在《夜咖啡馆》一画中"用红与绿来表现人类的可怕的情调",认为这些色彩"是一种富有暗示力的色彩,它们表现出人们的火热的情绪活动"。在不同时代、不同画家的绘画作品中,色彩又体现出不同的时代性和个性风尚。

  从暖色系列看,红色是其典型代表。它色性最暖,亮度较高,最具积极性。它热烈、光明、温暖,象征着喜庆、吉利、真诚。红色还具有英雄主义精神性,有令人鼓舞和催人进取的革命意义。红色又表示健康向上、充满活力。红色穿透力强,视度高,适于作为警惕色。它与血和火联系紧密,又具有激烈、紧急、危险等含义。在绘画史上,红色在不同画家手中展示了多样的情感意蕴。鲁本斯的红色突出了旺盛充沛的生命力。大卫的红色具有庄严壮烈的英雄气度。德拉克洛瓦的红色是激情气氛的渲染。雷诺阿的红色洋溢着甜美温暖的欢乐情调。在蒙克画中出现的红色则充满着血腥气味。马蒂斯画中铺天盖地的纯红突出了鲜明率意的装饰性意趣。

黄色的色性暖,亮度高,有光明、辉煌、豪华、高贵的特色。在中国,黄色是皇权的象征,御服曰"黄袍",御车曰"黄屋"。而那些纯度、亮度低的黄色,则显出枯萎、病态之意。凡·高之画黄色格外突出。这些黄色既有阳光、大地、生命的意蕴,又闪动出刺目的神经质的情绪。

从冷色系列看,蓝色、青色具有代表性。它让人联想到天空、海洋,清澈开阔,高远永恒。青色是生命之源——空气与水的固有色,具有生命活力、青春朝气。蒙克的《大蓝马》之蓝象征着阳性的刚健。但蓝色、青色毕竟是冷色调,对人的情感来说有消极性,与冷落、凄凉、忧郁、寂寞、孤独等联系紧密。凡·高作品中那些偏深暗的蓝色,散发着抑郁的悲剧性气息。毕加索在1901至1904年间的创作为"蓝色时期"。他目睹人们贫困不幸的生活,感受孤寂、绝望的情绪,作品以蓝色为基调,突出了忧郁、悲哀的气氛。

绿色是植物的基本色,是最能体现生命力的色彩。它亮度中性偏暗,色温偏中,有舒适、安全、静谧、和平之感。绿色有减少刺激、消除疲劳、镇静安神的功能。亮度高的浅绿、嫩绿是鲜活、清新、生动性的表征,饱和度高的翠绿等更具兴旺茂盛、朝气蓬勃的美感。但绿色在亮度、纯度偏低时,也有恐怖、病态、腐坏等消极意蕴。蒙克的《生命之舞》中绿色的面孔增强了画面阴森恐怖的气氛。

紫色是红与青的混合色,是冷暖强烈对比色的强制性结合,处于矛盾不安的动荡之中,性格双重,情绪不稳,加上纯度浑浊、光度深暗,有阴森、险恶、悲哀等消极意义。但在西方基督教艺术中,紫色被赋予了神圣高贵的象征意义。

黑、白属极色。黑色给人以重、暗、退之感。它被视为不幸、死亡、黑暗的象征。在以悲剧性为主题的凡·高、蒙克和德国表现主义的画作中,黑色是主要元素。粗硬、扭动、浓重的黑色,遍布画面,散发着沉重、压抑、恐怖的气息。但是由于黑色的厚重、沉静,它又象征着权威、尊贵、高雅等。中国道家崇尚黑色。在中国文人水墨写意画中,墨的黑色是唯一的色彩,寄托着超逸的情怀。

白色是轻、明、进的极色,亮度、纯度极高,光明,纯洁。由于高亮度色的反射力强,减弱了太阳的辐射热,白色显得凉爽、明净、清洁。它象征着圣洁、尊严、端庄,有轻盈、柔软、素雅等审美特色。古典主义绘画、"安格尔之白"体现的是朴素、淡雅、圣洁。白色也有消极性,有恐怖、悲哀、死亡、不幸等意义。蒙克作品的白色便弥漫着这种气氛。

色彩表现具有鲜明的时代风貌。古希腊的素色无色性,中世纪的色彩斑斓,文艺复兴在写实基础上的色彩和谐,巴洛克的色彩对比,洛可可在银白基调上的透明的艳丽,新古典主义以素描为基础的中间色、调和色,浪漫主义的强烈、纷杂,现实主义的沉实、凝重,印象主义的细微、明亮、跳跃,野兽主义的纯粹、鲜明,表现主义的浓郁、狂乱,等等,不同时代、不同艺术流派的绘画有多样变化的色彩追求。

3. 形体

形体是绘画艺术语言中最具辩证关系,最具隐寓倾向,因而也是最见功力的部分。

在绘画艺术中,形体并不是一般意义上的"形状"与"体量",作为一种艺术语言,它更主要的是一种关系,是一种寓意,一种倾向。它从宏观上、全局上设置辩证与统一的整体效果,这种效果不仅是外在的、直观的,更主要的是内在的、象征意义上的。构图的目的是根据作者的创作意图,按一定的章法在画面上设置和处理表现对象的位置关系,把各种形象有机合成一个艺术整体。构图不是对客观事物的自然堆砌,而是艺术家自觉地通过运用实践形成的均衡、对比。同一、对比、节奏韵律等基本规律很大程度上来自人们的视觉习惯,比如向心式的构图,常常给人一种凝聚、庄重、紧张感觉,离心式结构则给人一种轻松、奔放、活泼的感觉,因而不同的构图必然表现出不同的审美意向和艺术氛围。画面整体性的效果最终达到形体的写实性与象征性的融合,静态与动态的融合,达到了艺术家深层次审美取向的追求。

东方与西方在美学观念与审美情趣上存在着一定差异,西方传统绘画注重客观的真实再现,采用焦点透视,因而画面上出现的空间是绝对静止的,无变化的。真实有限的空间与客观规律相一致。中国画的构图则不拘于特定的时空,而是根据作者对对象的领悟理解,去"立意定景",采取运动式、鸟瞰式的多点透视或散点透视即在一张图上形成多种视点,多种场面,在布局上讲究呼应、开合、疏密、虚实、偏正、轻重等对立统一的传统章法,在时空环境处理上采取大胆取舍、虚实相生等办法突出主体,体现出中国绘画在构图上的自由开阔、灵活多变的特征。

**(二) 绘画的分类**

绘画的分类有不同的标准。一般按工具材料和表现内容来划分。按工具材料的不同,绘画分为:油画、中国画、水彩水粉画、版画、壁画等。

1. 油画

油画是在经过处理的不吸油的平面上(如布、纸板、墙面等),用油性的颜料描绘成的绘画。

油画颜料是用植物油与颜料粉调和而成,使用时也用植物油来调整其软硬干湿。它的最大特点是色彩艳丽、有光泽,色泽细腻,既可薄涂也可重叠堆厚,因而可以做反复修改。它的可塑性很强,也很容易使用,能够表现出事物的形体、质感、量感和丰富而美好的颜色,深受广大画家们的喜爱。但是油画干得比较慢。就目前而言,一幅完成的作品要使它完全干透大约需要半年的时间。我们看到的大多数油画作品是绘制在画布上的。它是先将牢实的布料(如棉布和亚麻布)用小钉绷在一个框形木框上,然后要在布面上做防止吸油的底子。一幅画完成后,还要配上与作品内容和色调搭配的外框,目的是将观众的视线集中到画面上来。

油画表现的内容十分丰富。无论是人物、静物还是风景的表现都是油画艺术的特长。它描绘的对象既可以细腻乱真,也可以大笔挥洒,深厚而有气势,它为画家准确地表达自己的情感提供了先决条件。油画在清末传入我国,在 20 世纪得到了很大的发展。

2. 中国画

中国画采用的工具材料是中国特有的笔、墨、纸、砚。

笔,按照不同的原料和性能可分硬毫、软毫、兼毫三种。硬毫包括老兔颈毛制成的紫毫与黄鼠狼毛制成的狼毫两种。笔毫均为棕色,笔性硬健,弹力强,蓄水少,画出的线条苍劲爽利;软毫用羊毫制成,笔性软,蓄水性强,泼墨、渲染多采用它;兼毫笔由硬毫与软毫或其他不同毫毛合制而成,吸水适中,易于使用。此外,按照笔锋的长短分为长锋、中锋、短锋;按照笔锋的大小分为大、中、小等型号。

墨,分为油烟、松烟、漆烟。油烟墨亮而有色泽,宜用于山水画;松烟墨暗而无光,多用于翎毛及人物毛发;漆烟墨亮度一般,用者不多。

纸,唐宋时期多画在绢上,元代以后才大量用纸。纸又分为熟宣与生宣。熟宣的特点是不吸水,宜于工笔重彩;生宣的吸水性很强,多用于水墨写意画。

砚,即中国书画用以磨墨的石砚(俗称砚台)。我国最有名的砚是端砚和歙砚,分别产于广东高要县和安徽歙县。

中国画的构图、笔法、色彩有别于西画,有自己独特的语言。它的术语叫作"写",写形重在写意,写意的至高境界是传神,因此,"神韵"就成为中国画的法宝。

中国画在19世纪被西方油画家所学习和借鉴。

3. 水彩画

水彩画起源于西方,是用水质颜料在纸上描绘而成的。

水彩画的最大特点是在画面上体现一种轻快感、透明感和滋润感。这些特点比较适合记录风景,也有表现人物和静物的。水彩画存在的先天局限是:水彩的颜色和纸都薄而脆,不宜反复涂改,也不及油画牢固、厚重,更不能作巨幅作品。但是,随着水彩画的技法的发展,材料的革新,这些局限也会迎刃而解。

水彩画传入我国,并被继承和发展。许多专家和学者认为,中国水彩画在发展水平和成就方面都可居于世界前列。

4. 水粉画

水粉画,也是用水质颜料来完成。兼有水彩画和油画的两种性能。使用时既可薄画,也可厚涂。色彩效果以鲜艳、华丽、柔润、明亮、浑厚为特点。它的应用范围很广,可以绘制年画、宣传画、图案设计图、建筑设计效果图、舞美设计图等。

同时,水粉画也是美术院校和美术教育的色彩基础训练课程,可以培养学生的色彩感受能力和表现能力。

5. 版画

版画是在不同材质的版面上,用刀刻画出形象内容,再经过印刷而成的绘画。版画按版面的材料不同可分为木刻、石版、铜版和丝网版等,多以黑白单色版面出现,也有彩色的套色版面。版画的最大特点就是色调明快、画面简单朴素、明白易懂。因为同一版可做多次印刷,因此,可通过大量印刷达到更多的传播效果。

版画的产生和发展与印刷术结缘,到近现代发展成为独立的画种。

6. 壁画

壁画是绘制在土、木、砖、石等各种质地的壁面上的绘画。

壁画用于绘制的颜料比较多样,有油彩、国画颜料等。壁画历史悠久漫长,在古代多出现于洞窟和墓穴中,随着人类居住条件的改善,壁画也有很大程度的发展。壁画的形式主题都是根据建筑的风格、内容来加以确定,且与建筑的空间环境相协调。所以对于壁画的欣赏最好置身于它所处的环境当中,即欣赏原作。

7. 素描画

素描画指"单色画",是用钢笔、铅笔、木炭等单色材料在纸上描绘而成。素描多半是画家面对实物写生的作品,一般是带有研究性的。在写实绘画中,它作为训练造型的一种手段。一幅好的素描作品,也可以体现作者的思想感情。当然,也可以成为一幅单独的艺术作品,也有独立的欣赏价值。素描的直接性和它本身表现出来的个性笔风,又是一个独特的艺术世界。

8. 其他

随着科学的进一步发展和艺术观念的改变,新的画种相继出现。如丙烯画、电子计算机绘画、全息照相图画,是将二维平面的绘画与三维空间的实物、雕塑相结合的绘画。画家在进行艺术创作时,都要尽可能地发挥本画种的性能特点和在造型上其他材料所达不到的能力。有时,也会出现材料混合使用,或用本材料达到其他材料效果的情况。

### (三)绘画艺术的审美特征

绘画艺术的审美特征是由它的艺术特质所决定的。绘画艺术最显著的特质是它造型的平面性特点。绘画艺术借助自己独特的艺术语言,在二维平面中去状物抒情。正是这一特质形成了绘画艺术的审美特征和与之相随的鉴赏要求。

1. 平面直观的造型美

平面直观的造型美是作为空间艺术的绘画的主要审美特征。在平面上状物抒情,并将外界物象存留下来,成为直观的形象。这是人类的一大进步。也许正是因为在平面上画画便于操作,又可以十分快捷地描摹对象,绘画作为一门古老的艺术才得以产生和发展,并由此决定了它主要的特质和审美特点。

绘画的平面直观造型性,中外画家和绘画理论家是有所认识的。唐朝的张彦远在他的《历代名画记卷·叙画之源流》中有一段十分概括的论述,他说:"无以传其意故有书,无以见其形故有画。"《广雅》云:"画,类也。"《尔雅》云:"画,形也。"《说文》云:"画,畛也,像田畛畔所以画也。"《释名》云:"画,挂也。以彩色挂物象也。"应该指出,"以形写形"、"像"与"不像"是当时主要的审美标准。最能说明这一点的当属《韩非子·外储说》中的一段故事:"客有为齐王画者,齐王问曰:'画孰最难者?'曰:'犬马最难。''孰易者?'曰:'鬼魅最易。'夫犬马,人所知也,旦暮罄于前,不可类之,故难;鬼魅,无形者,不罄于前,故易之也。"既然绘画以状物为第一要义,而现实中的"物"又无不以三维空间的方式而存在,在二维的平面上营造出具有三维空间效果的艺术造型,当以还原和接近现实生活中的"原物"为艺术追求。

到"以形写神"阶段,平面造型的局限性恰恰进一步激发了艺术家们的创新和灵感。在有限之中去寻求无限,在有形之中去寻求无形。借助于"线条"与"色彩"的运用,形、光、色、面、线、点等造型手段的运用,明暗、透视、散点、聚点的探索形成了绘画艺术平面直观造型的独特审美观。

### 2. 视觉凝聚的静态美

视觉凝聚的静态美是绘画艺术的又一审美特征。

作为空间的静态艺术，绘画把自己的选择凝固在一个有限的空间中，使之处于无变化的静止状态，用自己的"沉默"来表现自己的审美追求。和戏剧、影视艺术相比，绘画不以再现事物的变化与运动过程为己任，这使绘画在视觉展示上受到"局限"，这"局限"生发出了它的审美特质，这种特质表现在绘画的全过程中。

首先，动笔之前，画家首先考虑如何将运动着的对象转化为一瞬间相对静止的画面，即"由动到静"。众所周知，客观世界万事万物无不处于一定的时间与空间之中，绝对静止不变的事物是不存在的。一切都处于永恒的运动与变化的过程之中。如何捕捉住运动中的事物，变动为静，用自己的造型语言将其固定下来，便成为绘画艺术的创作首要考虑的问题。

其次，绘画艺术视觉凝聚的静态美还表现在第二次的"由静到动"的转化过程中。当人们驻足画前，无论山川湖海，无论花鸟虫鱼，那静止的画面展示给欣赏者的已不再仅仅是静止的外在的造型形象。优秀的绘画艺术品不仅赋予山川湖海以灵气，那花鸟鱼虫也呼之欲出。由形似走向神似，由静态走向动态，这第二次由静到动的转化，使绘画艺术在凝聚静态的物象中饱蕴丰富的内涵。

### 3. 形神兼备的意蕴美

作为再现性空间艺术，形神兼备的意蕴美是绘画艺术的又一审美特征。

再现性是造型艺术的最高的审美特征之一。绘画的再现性主要表现在"形似"上。晋朝陆机曾说："宣物莫大于言，存形莫善于画。"西方的达·芬奇也把绘画看作是"模仿一切自然造物形状的科学"。

中国绘画艺术在强调"形似"与"再现"特点的同时，一贯提倡"以形写神""形神兼备"，强调通过"形'而'传神"。较之西洋画，中国画更早地注意到了绘画艺术的表现特点，将"形神兼备"作为绘画艺术审美的最高追求。首先，形神兼备在于强调绘画艺术在描摹事物外在形貌之时，要体现出内在的精神气韵，东晋的顾恺之即提出了"传神写照"的著名论点。所谓"神"，就是人物的精神面貌，气质特征。北宋的刘道醇在他的《宋朝名画评》中指出"善观画马者，必求其精神筋力，精神完则意出，筋力劲则势在"。其次，形神兼备是更深层次的意蕴美，表现了绘画艺术家个人的思想情感和审美追求。画家借助对艺术对象的造型，将自己的情感融入其中，构成绘画艺术独特的形神兼备的审美意蕴。正是这种有意味的形式中所表现出的人格化的意蕴，成为绘画艺术鲜明的审美特征。

随着绘画艺术自身的进一步发展，尤其是摄影艺术诞生之后，绘画的再现性受到了严峻的挑战，西方绘画艺术出现了抽象化、几何化的趋向，部分地改写了绘画的审美特征。

### （四）绘画艺术欣赏要求

所谓绘画艺术的鉴赏，就是指对绘画艺术形象感受、理解和评价的过程。绘画艺术的鉴赏一般可以从以下几方面着手：

第一，从形式美与形式感入手。绘画是视觉艺术，它是通过直观形象来反映生活，唤起观众的美感的,绘画之区别于其他艺术门类的主要特征在于:绘画的美是通过绘画的形式来体现的,我们把绘画具有的直观性的视觉形式的美称为形式美,由形式美引起的美感称作形式感。

第二,注重技巧与物质媒介性。画家通过对生活的长期体验与探索产生了自己的审美认识,然后根据自己的创作意图进行艺术构思,这只是绘画创作的第一步,而画家要把自己的审美艺术构思表现出来,必须通过特殊的绘画语言、技巧与物质媒介。既然画家的认识是审美认识,画家的作品是审美表现,那么画家的创作技巧与使用的物质媒介材料同样也具有审美属性。

中国画注重笔墨,西方画注重色彩颜料,这些材料均有自己的物质性能和审美属性,画家如想通过这些材料去完成创作意图,必须找到与笔墨、色彩颜料性能相适应的手段与技巧,这才能得心应手地表现出画家的审美观念。而上述的物质媒介同样也借助画家的创作显示出各自的天然审美属性,因而技巧与物质媒介性成为鉴赏绘画艺术另一个重要途径。

第三,观照历史文化的积淀,把握时代特征。任何一种艺术形式既然形成了自己特殊的艺术语言和表现手段,它就是一定历史文化和人类时代审美意识的积淀物。这一点在绘画艺术鉴赏中体现得更为突出,比如中国山水画中的皴法,人物画中的衣纹,花鸟写意中的泼墨,既是技巧也是形式,同时也是几千年民族文化和审美意识的历史积淀。中国绘画中的一条墨线,西洋绘画中的一个圆,比起几何图形更准确、更规范,几何图形是任何人都可以用尺和圆规画出来,而前者具有现实和历史的审美意蕴,其技法和形式是长期的历史积淀,只有画家甚至是有成就的画家方能完成。这其中既有着普遍的规律与技法,也有着画家个人的审美取向。绘画艺术的历史文化积淀性既关系到它的审美本质,又关系到它的时代特征。鉴赏中只有将具体的绘画作品放在一定的历史与文化的背景中,才能真正把握其时代特征并得出正确的评价。

第四,寻找独创性与个性。严格地讲,画家的绘画创作,应属于个体劳动,可以作为商品进入市场,但它不同于社会上的物质生产,有统一的规格,成批生产。就绘画的审美本质而言,任何一个作品都应是单独的个体,每完成一幅画都应是一次独特的审美创造,每一件作品都应具有独创性与首创性,既不应雷同于他人,也不可重复自己。既然每一作品所表现的是创作者审美意识和独特的审美个性,那么作品的风格样式应该说也是画家在审美实践中独特的发现和创造,而这种意识与实践是不停向前发展的。可以说创作主体的每一次实践都应该是一次首创,而绝不是对前一次创造的仿造和模拟,因而正确地理解绘画审美独创性,在绘画鉴赏中寻找每一位艺术家的个性风格,把握每一幅作品的独创特点,便成了绘画鉴赏中的要义。

第五,重视自我感受,达到最佳审美境界。绘画鉴赏的另一特点则是,欣赏者并不是机械被动地接受艺术品,而是在欣赏的同时进行着艺术的再创造。因为作品欣赏通常是从外部形象的形式美的感受开始,然后由表及里,从现象到本质,直觉体验与欣赏者的联想、想象、幻想等形象思维结合起来逐步体察到形象的深层。由于鉴赏者主体年龄、修养、情趣的不同,欣赏的目的与角度的不同,同一幅作品会出现"见仁见智"的不同结果,一幅成功的绘画作品从艺术家笔下一经诞生,它就成为一种独立的存在,欣赏者在审美中进入了一个再创造的过程。优秀的作品给欣赏者留下了广阔的再创造空间,从而使欣赏者敞开视野,展开想象与情感的翅膀,达到最佳的审美境界。所以,在绘画艺术鉴赏中要重视自己对作品的直觉感受。当然,只有具有深厚的艺术修养的人,才会在这种直觉感受中使自己达到最佳的艺术审美境界。

### 三、雕塑

雕塑是造型艺术的一种,是雕、刻、塑三种创制方法的总称。雕塑是用各种可塑材料(如石膏、树脂、黏土等)或可雕、可刻的硬质材料(如木材、石头、金属、玉块、玛瑙等),创造出具有一定空间的可视、可触的艺术形象,借以反映社会生活,表达艺术家的审美感受、审美情感、审美理想的艺术。雕、刻通过减少可雕性物质材料,塑则通过堆增可塑物质性材料来达到艺术创造的目的。雕塑与建筑、绘画、工艺美术并称为"造型艺术"。作为一种空间造型艺术,由于它占有三维(长、宽、高)空间,雕塑亦名"空间艺术",或"视觉艺术""触觉艺术""体积艺术"。它以物质实体性的形体,塑造可视可触的艺术造型来反映现实生活,表达艺术家的审美情感和审美理想。

雕塑作品好比凝练的诗句,它不长于叙述,只能表现思想行为的片刻,但它却能凝聚人类某一理想的美、永恒的美。大量雕塑作品的永远保存,往往可以成为一个国家、一个民族、一个时代文明的象征。

#### (一) 雕塑的表现形式

**1. 圆雕**

圆雕,指不附着在任何背景上,非压缩的,可以多方位、多角度欣赏的三维立体的雕塑。按其手法及功能分,有写实性的与装饰性的,有具象与抽象的,有户内与户外的,有着色与不着色的。其内容与题材可以是人物也可以是动物还可以是静物。其材质有石质、木质、金属、泥塑、纺织物、纸张、植物、橡胶等。我国历代都有精美的圆雕作品,如原始社会牛河梁女神庙人面像以及女人体陶塑,秦朝秦始皇兵马俑,东汉时期的铜奔马(也称"马超龙雀""马踏飞燕")(如图6-17),唐代唐三彩马(如图6-18),都属于不同材料和内容的杰出圆雕作品。

图 6-17 东汉圆雕:铜奔马

图 6-18 唐代圆雕:唐三彩马

## 2. 浮雕

浮雕，是雕塑与绘画结合的产物，它往往用压缩的办法来处理，主要利用物体的平面进行雕琢。浮雕只能从一面或两面欣赏，因此浮雕多附在建筑平面或器物上，占据空间少，应用范围广，既可以与圆锥或绘画相结合，又适于作装饰性和纪念性雕刻。浮雕可分为高浮雕（如图6-19）、浅浮雕（如图6-20）、线刻（如图6-21）等多种形式。我国古代的石窟雕塑可归结为神龛雕塑（如图6-22）。高浮雕是指压缩小、起伏大的浮雕，这种浮雕明暗对比强烈，视觉效果突出；浅浮雕压缩小、起伏小，既保持了建筑的平面性，又有一定的体量感与起伏感；线刻指用刀尖或针刻划线条，酷似绘画之线描，线刻作品具有清丽流畅的特点。

图6-19 人民英雄纪念碑

图6-20 吴哥寺雕塑

图6-21 乐舞

图6-22 卢舍那大佛

## 3. 透雕

透雕指在浮雕的基础上镂空底板背景部分的雕塑，可分单面透雕（如图6-23）和双面透雕（如图6-24）两种。

图6-23 单面透雕

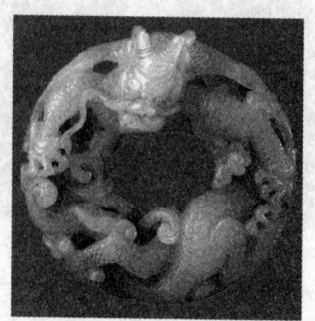
图6-24 双面透雕

## (二) 雕塑的类型

按照材质,雕塑可分为泥塑、木雕、石雕、砖雕、铜雕、陶雕、牙雕、瓷雕、玉雕、骨雕、竹雕、雪雕、冰雕、沙雕、蜡像等;按照环境、用途、放置位置,雕塑又分为城市雕塑、园林雕塑、室内雕塑、室外雕塑、案头雕塑、架上雕塑以及奖杯、奖牌等;按尺寸、形制又分为大型雕塑、小型雕塑两大类;按其功能则可分为宗教雕塑、陵墓雕塑、纪念碑雕塑、装饰性雕塑、喷泉雕塑、民间雕塑等;在雕塑上施以粉彩的叫彩雕或彩塑。雕型不论采用哪种材料制作,都有它的造型规律,也有它的局限性。

按作品题材内容的性质,雕塑还可分为纪念性雕塑、主题性雕塑、装饰性雕塑、功能性雕塑、陈列性雕塑五大类。

### 1. 纪念性雕塑

是以历史上或现实生活中的人或事件为主题,也可以是某种共同观念的永久纪念。这类雕塑多在户外,也有在户内的,如中山纪念堂的孙中山像。这类雕塑一般与碑体相配置,或雕塑本身就具有纪念性。

### 2. 主题性雕塑

顾名思义,它是某个特定地点、环境、建筑的主题说明,它必须与这些环境有机地结合起来,并点明主题,甚至升华主题,使观众明显地感到这一环境的特性。它具有纪念、教育、美化、说明等意义,如挪威雕塑家古斯塔夫·维格兰穷尽一生所创作的奥斯陆公园主题雕塑(如图6-25),就是以人生为主题,把人的一生从嫩芽般破土而出到老树般风烛残年,用650尊青铜和岩石人体雕像来述说:童年的稚嫩、少年的迷幻、青年的激情、中年的成熟和暮年的无奈,所有的雕像造型优美,栩栩如生;所有的雕像一丝不挂,坦然自如;人体与蓝天白云、绿草繁花和小溪喷泉融为一体,在各种肤色和年龄游客的身影中,这些雕像好像活了,我们与他们似曾相识,或者他们就是我们,使人们看到自己的当下、过去和未来,产生心灵震撼。

图6-25 奥斯陆"人生公园"

### 3. 装饰性雕塑

这里专门把它作为一类提出来,是因为它在人们的生活中越来越重要。它的主要目的是美化人们的生活空间,可以小到一个生活用具,大到街头雕塑。它所表现的内容极广,表现形式也多姿多彩。它创造一种舒适而美丽的环境,净化人们的心灵,陶冶人们的情操,培养人们对美好事物的追求。如陶瓷雕塑《花开富贵》(如图6-26),如同一朵洁白的盛开的花朵,让人感觉到花开富贵的意义,极具装饰价值。

#### 4. 功能性雕塑

这是一种实用雕塑,是将艺术与使用功能相结合的一种艺术作品。从个人空间中的"台灯座"(如图6-27),到公共空间如游乐场中的塑像等,都属于此类雕塑。它在美化环境的同时,也丰富了人们的生活,启迪了人们的思维,让人们在生活的细节中真真切切地感受到美。

图6-26 捏雕花开富贵　　　　　　　　图6-27 台灯座

#### 5. 陈列性雕塑

陈列性雕塑,又称架上雕塑(如图6-28),尺寸一般不大。也有室内外之分,它是以雕塑为主体充分表现作者自己的想法和感受、风格和个性,甚至是某种新理论、新想法的试验品。它的形式手法多样,内容题材广泛,材质应用也更为现代化。

以上所说的五种类型并不是界线分明的。现代雕塑艺术相互渗透,它的内涵和外延也在不断扩大,如纪念性雕塑也可能同时是装饰性雕塑和主题性雕塑;装饰性雕塑也可能同时是陈列性雕塑。

### (三)雕塑的基本工具

图6-28 架上雕塑

工具是雕刻家从事创作的最直接的助手和伴侣。雕塑的基本工具有:

#### 1. 雕塑刀

雕塑刀为泥塑工具,用于刮、削、贴、挑、压、抹泥塑和造型。它又分为三种:第一种为金属工具,由钢(发蓝防锈)、不锈钢、黄铜等制成,刀头分斜三角形、柳叶形、卵叶形和箭镞形,有的边缘为锯齿状。第二种为非金属工具,由竹、木、骨、象牙、牛角、塑料等材料制成。大型的刀具形状有鞋底形、墨鱼骨形、拇指形、斜三角形等；小型刀具形状有菱角形、小脚形、球形、条形等。第三种为刮刀，可切削造型和做衣纹，有各种圆弧形和方形双面刮刀等。

2. 石雕凿

石雕凿为钢质杆形石雕工具，下端为楔形或锥形，端末有刃口，用锤敲击上端使下端刃部受力，按刃部形状分尖凿、平凿、半圆凿和齿凿，是石雕基本工具。

3. 石雕锤

石雕锤为敲击工具，用以敲击石雕凿或木雕刀雕刻石、木料，分大、中、小三号。花锤亦是石雕锤，直接以锤面敲击石块，造成粗犷厚重，浑然一体的雕塑感。剁斧用于直接剁砍石面，砍出工整平行的细线，能加强雕塑体面的方向感、韵律感。

4. 木雕刀

木雕刀一般由刀头、刀把和铁箍构成，依刃口形状分平口、斜刃、三角和圆口刀4种，按颈状分有曲颈、直颈两种，每一类又各有大、中、小三号。

5. 弓把

弓把为雕塑用卡钳。它可测量距离，有两个可开合的象牙形卡脚，也可随时改变卡脚的弯度。

6. 比例弓把

比例弓把是放大雕塑用的度量工具。

7. 点型仪

点型仪为三坐标定位仪，用于复制石雕与木雕。在石膏像上找出3个基准点，用点型仪上的定位钢针对准并固定，利用点型仪上可滑动的部件和万向关节及指针，可对准雕像上任何一个空间位置，把可移动的部件锁定。把点型仪挪到石块或木料上，钢针对准相应的基准点，指针能把石膏像上的点标于石头或木块上，就能准确地复制成石雕和木雕。

随着工业的发达程度不断提升，雕刻工具也走进现代化，切割机、角磨机、电钻等机床或小型电动工具，都是雕刻师的好帮手。

(四) 雕塑的审美特征

1. 雕塑是三维实体的造型艺术

雕塑用实体形象再现生活，具有物质性。我们可以通过视觉去感受其外形；可以通过触觉去感知它的材质，产生丰满、光滑、精细等感觉，如钢的坚硬、光滑、泥的粗糙、质朴，玻璃的透明、明亮，铜的古朴、深邃，大理石的温润、柔滑，冰的晶莹、剔透等。

雕塑具有一定的三维立体性。雕塑作品不像音乐形象那样只能靠耳朵去感悟和想象，也不像绘画那样只能从正面看，优秀的雕塑作品能给人以真实的生命感，可见、可触、可变换方位欣赏，甚至可以在明暗不同的光线下获得不同的审美感受。例如，欣赏《断臂的维纳斯》时，从不同侧面、不同角度、不同距离去观看，可产生不同的美感。

2. 雕塑是装饰性的艺术

雕塑既然是具有三维空间的立体物质，那就要占据一定的空间，其空间位置一旦固定下来,就出现了雕塑与环境的审美关系问题。黑格尔曾经说过:"一座雕像或雕像群,特别是一块浮雕,在创作时不能不考虑到它所要摆置的地点。艺术家不应该先把雕刻作品完全雕好,然后再考虑把它摆在什么地方,而是在构思时就要联系到一定的外在世界和空间形式以及地方部位。"雕塑放置在一定环境中,是对环境的装饰,美的环境又会更好地衬托雕塑作品的艺术美。比如,在充满艺术气息的居室里,在恰当的地方摆上一尊维纳斯像,就会使得居室的艺术气息更浓,这浓烈的艺术环境,又使得维纳斯像更富于艺术魅力,雕塑的装饰性是显而易见的。这样的例子是很多的:西安顺陵那尊站立的石狮子,装饰意味就很浓,四条腿几乎是直线的,显而易见,创造者不是为了塑像而塑像,而是为了通过石雕与环境的结合,呈现建筑的稳重气派。

3. 雕塑是不同的物质材料的艺术

物质材料是雕塑艺术形象的直接实体,是雕塑的组成部分。创作者要根据雕塑艺术形象选择合适的材料来表现。如我国的唐三彩,利用三彩釉色在烧制过程中因流动而形成的垂滴、混合、晕开等现象,制作出一些非人工所能及的自然效果。黄、白、绿三种釉色,色泽鲜艳,质地精美,反映了唐代开元年间的盛世景象。

4. 雕塑是凝练概括的象征艺术

雕塑既具有表现的单纯性,又具有精神的内在性。精神的内在性是由凝练概括的单纯造型所蕴含的寓意象征来实现的。雕塑作品由于受到物质材料的限制,其造型需要单纯明朗;又由于受到表现手段的限制,它不能像小说、戏剧艺术那样表现众多的人物和复杂的关系,不能做充分的心理刻画或背景描述。因而雕塑创作必须选择典型的瞬间造型,来表现情感的普遍性和思想的深邃性。于是凝练、概括,以少胜多,以个别反映一般,以个性表现共性,以有限蕴含无限,就成了雕塑创作的必由之路。雕塑家必须广泛地观察生活,全方位地了解对象,深入思考它的价值和意义,巧妙构思,精心造型,舍弃生活中大量的偶然细节,挑选最富有特征的、典型的动作和表情,创造出具有高度凝练性和概括性的雕塑作品。如深圳市委、市政府大院门口放置的潘鹤的雕塑作品《拓荒牛》,象征了深圳人民开创经济特区的开荒牛精神。

# 第七章　中国古代民俗

民俗是千百年来流传积淀下来的一种传统文化，是最贴近人民身心和生活的一种文化。日常生活中有日常生活的民俗，劳动时有生产劳动的民俗，传统节日中有传统节日的民俗，人生成长的各个阶段也需要民俗来进行规范。如结婚时需要有结婚典礼或仪式来求得社会认同，在人的精神领域也有民俗——许多生活中的禁忌，就是显而易见的表现。

民俗就是这样一种来自于人民，传承于人民，规范人民，又深藏在人民的行为、语言和心理中的基本力量。我们置身其间却不为其所累，甘愿接受这种模式性规范的约束。所谓民俗，就是风俗习惯，可以在生产生活的各个具体细节中体现，也可以从国家、民族精神中得到反映，是大到一个国家、小到一个村落民众创造、使用和传承的生活文化。从这个意义上讲，"民"不是乡民、百姓、平民，而是全体社会成员，既是家庭、村落、群体、组织、民族、国家的一员，也是指全体国民；"俗"就是风俗、习俗、礼俗等。于是，民俗的定义就是：群体内模式化并得到社会成员共同遵守的生产生活文化。民俗是在生产生活过程中在崇拜、愚昧、恐惧、尊重等复杂心理和政治、宗教、哲学等因素共同作用下产生并自觉接受礼仪的引导而逐渐形成的风俗习惯，受到地域、经济、物产、生存环境、生产方式等多种因素的影响。

## 第一节　中国民俗的特性

民俗是在生产生活中产生的，其文化特征也就打上了生产生活的烙印，其类型也就与生产生活相适应。中外学者对于文化类型的认识，因为视角的差异而产生了不同的分类，或以民族历史为基础，或以生产生活方式为依据。简单来说，中国民俗的类型与农耕文明有着密切的联系，并随着时代的发展而演化出不同的类型。所以，要认识中国民俗的类型与特征，必须首先认识民俗的形成及其生产生活基础。

### 一、民俗的产生与类型

在中国历史文献中，和民俗有关的记载很早就出现了。《礼记·王制第五》："大师陈诗，以观民风。"这里的"民风"主要是指民间生活生产状况，观之，统治者可以对政策进行制定和调整。《礼记》中还有详细的表述："君民者，章好以示民俗，慎恶以御民之淫，则民不惑矣。"意思就是运用君王的权威，明确表达好恶，从而引导百姓，整顿民风。

民俗与风俗本来没有本质的区别,风俗的说法更为普遍,民间"百里不同风,千里不同俗"的说法就是指各地的风俗不同。班固论述:"凡民函五常之性,而其刚柔缓急,音声不同,系水土之风气,故谓之风;好恶取舍,动静亡常,随君上之情欲,故谓之俗。"于是,孔子强调用礼乐教化,移风易俗,归于中和,"然后王教成也"。自从"民俗"成为学科术语后,随着所使用的范围不同而发生变化,可以指一个文化区域,也可以指一个国家的风俗。但从文化学的角度看,不必将民俗与风俗强行区分。

第一,日常生活中形成的生活民俗。生活民俗来源于人的日常起居饮食,是涵盖面最宽的民俗,几乎涉及个体和群体生活的全部场景,贯穿了人的一生。生活民俗主要包括人生礼俗、岁时节日风俗、服饰习俗、饮食习俗等。而这些民俗,有的是在生活中的具体事务和具体过程中产生,并受到时间、经济、地理、气候、生产力、科技水平和政治制度、社会思潮等因素的影响,在崇拜、恐惧、期待、希望、顺从、敬仰等复杂心理的基础上形成、发展并逐渐固定下来。民间生活习俗有相对的独立性,但整体的民俗受时代环境、政治制度和社会思潮的影响较大。虽然个人、家庭甚至家族的衣食住行习俗可以有一定的自由度,但整体、民族甚至国家的民俗则受到限制。最典型的例子就是明清易代之际推行的剃发令。汉民族的习俗是保留全部头发,成年时梳成发髻。但清军入关后规定,不论是什么民族,作为大清的子民,男性必须将前额的头发剃净,而后面的头发扎起辫子,拖在脑后。为了这剃发令的执行,不知杀了多少人,也激起了广大人民的强烈反抗。江阴抗清斗争,就是因剃发令而起。顺治二年(公元1645年)六月二十七日,"豫王下令,江阴限三日薙发";二十八日,大清特授知县方亨"出示晓谕,申严法令";闰六月初一,下发文书有"留头不留发,留发不留头"之语。当天下午,江阴抗清斗争掀起。辛亥革命后,这辫子终于革去。

图7-1 清政府推行剃发令

第二,物质生产中形成的生产民俗。生产民俗是指人类在获得物质资料的过程中所形成的活动模式。物质资料的获得过程包括生产、加工、交换、使用四个环节,在每一个环节中都有一定的规范模式,从而成为仿效、遵守的一般法则,并融入民族文化系统之中。而物质资料的获得途径,可以分为种植、养殖、采集、采掘、捕猎、加工、交换、运输等,包括了农业、渔业、畜牧业、工商业等领域,在各个领域逐渐形成了行业风俗。以农业种植为例,各地就有许多风俗传统,春播前的有关仪式活动是为了祈祷丰收,秋收后的各种活动既是对神灵的答谢,也是对来年的祈福,同时还是群体交流娱乐的机会。于是,农业种植形成了季节的、节气的、种植过程的各种民俗。渔业中渔民有祭湖神、江神、海神的习俗,代代相传。手工业者的习俗也各有特色,新工具的使用有整套的规矩,师徒相传有严格的规则与习惯,工具的修理与存放也有一定的规定。如渔民捕鱼,不同的季节使用不同的网,是习俗,更是科学:渔民冬季用比较细密的渔网,捕鱼是为了满足生活的需要;但夏季使用粗疏的渔网,抓大放小,是为了鱼的生长和总量平衡;而春季一般停止捕鱼,确保了鱼苗的孵化与成长。

第三,群体活动中形成的群体民俗。人是群居的动物,不论是家族、村落还是种族,都具有各种各样的群居习俗,从而形成了群体民俗。群体民俗在群体活动和生活中形成,主要源于相对统一的价值观念和行为方式,其演变为群体的文化模式,具有一定的组织特性。但是,群体民俗并不是在社会管理体系的约束下形成的,有别于法令纪律等强制条例。群体民俗包括为了组织群体而产生的民俗、适合群体内成员的民俗、有利于群体整合的民俗、规范群体活动的民俗,从这个意义上讲,也可以认为是社会组织民俗,但它不是只包括社会组织。一个家庭,有家规、家风;一个家族,有族规;一个村落、居住群,有乡规民约;一个种族或民族,有共同遵守的习俗风尚。就是说,群体有不同的组合方式,包括血缘关系的、地缘关系的、种族关系的和信仰关系的等。血缘关系的自然就形成了家族、宗族关系群体,地缘关系则形成地方社会组织,种族关系的则成为无形但又严密的社会群体,信仰关系的可以形成行会之类的社会群体。不同的家庭、家族或群落,在自然环境和社会环境的限制、引导下形成了各具特色的民俗。如回族在饮食上有严格的规定,闽南客家人居住在具有一定防御功能的土楼里,全真教的道士必须出家,等等。

第四,在社会交往中形成社交民俗。社交民俗,实际上就是社交礼仪或称社交礼俗,包括在社会成员个体之间和社会群体之间发生交往时所形成的基本规范。就个体之间的交往而言,涉及见面、起坐、称呼、交谈、宴饮、告别等方面,长幼尊卑有着严格的等级区分,上下级之间关系明确。古人的习俗十分讲究,个人见面打招呼,男性晚辈见长辈、同辈、小辈有不同的规范,不同时间、不同环境见面的规矩也不同。同样是打躬作揖,手形也因为相互关系的不同而变化。同样是小辈见长辈,平时与拜年不同。在社会上,上下级之间、同级之间见面也有不同的习俗规范。以宴会座席为例,古人传统的八仙桌上,就有严格的位次区分,不能随便就座。但有时为了礼貌,双方过度谦让,致他人久久不能落座,也相当麻烦。再如族群之间、村落之间,本是平等的关系,在交往中不分尊卑,但必须谨记相关忌讳,如同今天的外交活动,必须了解一个国家的风俗与禁忌,避免外事纠纷的发生。

## 二、中国传统民俗的特性

中国民俗具有悠久的历史,在传承过程中发生了巨大的变化;中国幅员辽阔,不同地方的民俗具有自己的特色。但总体而言,中国民俗具有以下共同的基本特征:

第一，中国传统的民俗，是宗法制度的延伸，与社会政治高度一致。儒家认为，《周礼》是周公姬旦为了维护周成王的权威和统治秩序而创立的制度的记录，但实际上它来源于战国时代，是儒家学者以周王室官制为基础，结合了春秋战国时期各国的政治制度，融合了儒家的政治思想而形成的。《周礼》中的官职设置、职责等，当然是朝廷大事。《周礼》中不少内容涉及具体的封国诸侯礼节、大夫职责礼节等，甚至具体到封国都城的大小、城门的高低、何时祭祀等，直接影响了诸侯、大夫的思想和行为，也约束了士的言行。反过来，诸侯、大夫、士的行为规范，直接引导了小民的言行，久而久之，小民自觉地接受了《周礼》的约束。《仪礼》《礼记》中的规定几乎涵盖了生活生产的各个方面，严格区分了社会等级和规定了人生主要事务的礼节仪式，通过诸侯、大夫、士对平民百姓的思想行为进行具体的限制约束。于是，周王室的礼仪制度，最终为周天下所共守，从而使得整个民族的礼仪习俗与社会政治和"家天下"的宗法理念保持一致。

第二，共同性与多样性的统一，灵活性与原则性的互补。周公事成王，是臣事君，辈分上周公是叔叔，成王是侄子，但君臣之礼为上，君为臣纲；延伸到家族宗法礼仪，则父为子纲、夫为妻纲，这是儒家规定的"三纲"。儒家规定的整套社会礼仪，是具有共性的，数千年来得到了中华民族的共同认可。但不同地区、不同民族和信仰的人群，在礼仪上有很大的差异，从海南的渔民到大兴安岭的猎人，有着各自不同的生产生活礼仪。即便同在太湖地区，农民按照祖宗遗留下来的礼仪习俗从事种植，而渔民在开捕的当天则举行盛大的祭湖仪式。同样是农耕，丘陵高山地区的崇拜与仪式远比平原地区多。许多民俗礼仪是相通的、具有原则性的，但也有很大的灵活性。生产活动中敬重土地和劳动工具，祭奠祖先总是在一定的节候，这是基本的原则。但自然灾害造成了土地的变动，人们必须迁徙。于是，祖宗神灵也就可以相随迁移。祭祀祖先、上坟祭扫须在清明，但形式上可以灵活，时间上也可以提前或延后，根据情况而定。《家》中大嫂的悲剧故事，就是巴金根据自己家庭的真实事件写成的。实际上，古人并没有机械地执行礼的规定，甚至有意识地留下了灵活的余地。男女授受不亲，这是严格的规定，但在特殊情况下可以变通。孟子曰："嫂溺，援之以手者，权也。"守丧期间不理发、不洗头、不洗澡、不饮酒食肉，但"头有创则沐，身有疡则浴，有疾则饮酒食肉，疾止复初"。这些则反映出民俗具有的灵活性。

第三，历史的传承与现实的变异同时存在。民俗的产生与遵守具有悠久的历史，但不是亘古不变的。随着时代的进步和生产生活的变化，有些民俗必然因不能适应时代而被淘汰。《礼记》和《仪礼》中对人生的几乎各种场合都有详细的礼仪规范约束，严格执行将难以卒事，古人在实际操作中有一定的灵活性，承传其合理的、可以操作的规范，在现实中加以变化，也是一种对礼仪的遵守。仅以丧葬为例，从服饰到守制，两书中的有关环节和要求多达数百项，是各地不同时候的礼仪总和。我们不能确知古人执行的情况，但从考古发现来看，确实比较复杂。但在现实生活中，不可能完全按照古人的规定行事，因为有些是根本行不通的。即便古人，如李密"外无期功强近之亲，内无应门五尺之僮"（《陈情表》），赡养祖母，只能亲自劳作，侍候汤药。安葬祖母，也不能拘泥礼节，于是，丧事办完，就要出来做官。尽管不愿，为了保住性命，也只能勉为其难。随着时代的发展,在今天看来,各种礼仪规范,相比于前人要简单得多,也利于执行。古人不知今人事,今人不囿古人礼。民俗礼仪,继承其合理可行的成分,扬弃其愚昧烦琐的规定,有利于中华民族优良传统的继承发扬。

第四,知识性与实用性相统一,对生产生活具有直接的指导意义。中国传统民俗礼仪得以传承的重要原因是民俗中涉及物质生产、物质生活、社会精神、游艺百戏、人际交往、岁时规范等范畴,许多内容是知识性的,是具体生产生活经验的传承。如占卜是中国具有悠久历史的迷信活动,但也包含一定的知识。在远古时候,人们没有短期和长期的天气预报,但靠知识积累和简单通俗的传唱,承载了不少实用的知识。通过卜筮的形式当然不可能准确知道何处下雨,但似乎可以知道何时下雨:"癸酉卜,今日雨,其自西来雨?其自东来雨?其自北来雨?其自南来雨?"知道今天下雨并不难,专业人员需要将习俗和知识代代相传。而占卜也

图7-2 古代卜筮

直接决定了古人的生产生活行为,不管哪个方向来雨,不能淋雨的谷物牲畜必须妥善安置以避免损失。所以,占卜在古人那里有着明确的实用性。

## 第二节 中国民俗的生活应用

人尚未出生,便已经被纳入礼仪教化的轨道,直到老死入土,有着数十种乃至上百种的礼仪活动。就人的生命旅程中重要的礼仪民俗而言,主要有三朝礼仪、满月礼仪、百岁礼仪、周晬礼仪、弱冠礼仪、结婚礼仪、祝寿礼仪、丧葬礼仪等。其中,婚丧中体现的民俗最为复杂。

图7-3 满月礼

图7-4 贺岁礼

### 一、婚姻礼俗

缔结婚姻的礼仪相当复杂,步骤极为烦琐,各个地方也千差万别,但许多基本程序相近,主要是纳彩、问名、纳吉、纳征、请期、亲迎、婚礼、新媳妇见公婆、回门及新女婿见岳父母等。

第一,纳彩。纳彩是古代缔结婚姻的第一个仪式,也就是求婚。前奏是男方请媒人提亲,女方经过慎重考虑后同意议婚。于是,在媒人的引导下,男方备礼物到女方家里,表达求婚的愿望,提请女方予以接受。此次纳彩所用礼物是雁,这在今天已经是稀有动物了。"昏礼,下达,纳彩用雁。"在古代,大雁较多,不难捕捉,但必须有一定的时节。因为大雁是候鸟,深秋南飞过冬,开春北旋,一年之中只有两个时节可以捕获大雁。用大雁送礼,有一个重要的含义,就是民间相传,大雁一旦配对成功,则终身厮守,不会移情别恋。其实,周代纳彩分等级,公卿纳彩用羊羔,大夫用雁,士用雉,后来统一用雁。由此看来,古人纳彩也是有季节的。此后,简化程序,逐渐将纳彩与问名合并进行。

第二,问名。问名是古代缔结婚姻的第二个仪式,就是了解女方的名字及生辰八字,后世称为"请八字",有些地方叫作"请庚帖",所用礼物也是雁。知道女方的基本情况如年龄、属相、出生时间等很重要。古人根据这些情况占卜推算,只要有任何一项相克或相冲,则婚事终止。同时,还需要问清楚是何氏所生,是嫡出还是庶出,是亲生还是抱养等。其实,这些基本情况在媒人提亲之前已经清楚,否则不会提亲。婚姻中身份相当、门当户对是婚姻稳固的重要基础,双方家长对此十分看重。问名只是一个仪式,最实际的事情是双方交换庚帖,上面写明基本情况,主要有家长的职务、住址、家长的上三代、当事人在家中的排行、母亲、出生时间(精确到时辰)等。男方的需要写明当事人的身份如童生、秀才、举人、进士或居某官等,女方则写明陪多少嫁妆(包括妆奁器具、生活生产用具、土地甚至山林等)。

第三,纳吉。纳吉是古代婚姻的第三个仪式,男方问名后回家,在宗庙或祠堂中进行占卜算卦,得到吉利的表征,就决定缔结这门婚事。于是,男方请媒人带领男方的舅舅,携带礼物雁到女方家提婚。后来演变为向女方下定礼,主要有金银首饰、绸缎、礼饼、香烛、猪羊等,名为定聘、送定、过定。女方收下定礼,婚姻之事,就此决定了,不得反悔。纳吉后,等于双方向社会宣布了婚姻的缔结,就等着进入正式的成婚阶段了,没有特殊情况不能解除。遇到变化需要解除婚姻,需要双方协商或请德高望重的第三方调解。

第四,纳征。纳征就是男方向女方送聘礼,是婚姻的第四个仪式,也是成婚的最重要的前奏,俗称"纳币"。这个仪式举行之前,双方通过媒人的沟通,已经大体上达成一致,并不是盲目进行的。一般来讲,男方聘礼主要是物,并有礼单详细列明,而且必须全部是双数,如银子八十两、火腿两只、珍珠八十粒、被面十幅、礼饼点心十盒、鱼两条、羊皮十张之类,根据双方的经济情况决定多寡。如果双方均是富贵之家,聘礼相当惊人,而且需要在押礼人、媒人和乐队的陪同护送下,热热闹闹地送到女方家里,这是面子。后世有所简化,除必要的礼物之外,不讲究多少抬或多少挑,主要是直接送聘金。但"束帛"是不能少的,也是唯一的单数,因为一束帛是五匹。于是,男家将帛两头对卷,成为十端,也是双数了。女方并不是照单全收,食物可以部分退还,并需要还礼。一般女方还礼是衣帽鞋袜,给未来的夫婿。送聘礼在中国已经有几千年的传统,是婚姻缔结中的重要环节。发展到后世,各地的风俗不同,礼物的数量品种也不一样。

第五,请期。送完聘礼之后,男方根据占卜结果确定吉日良辰,通过媒人告知女方,征求女方的意见,就是后来所说的"下日子"或"送日子",在周代又需要用雁为礼物。但后世可以用其他礼物代替,包括羊、鹿、家禽等。在选择吉日良辰时,也同时决定了迎亲、送亲的人选。主要规定什么属相或什么时辰出生的人不能参与,避开与新人属相相冲的人。吉期一般选择双月双日,月、日一定不能与新人的生辰八字相冲。普通人家一般是口头请期,讲究礼数的富贵人家则多用书面形式。女方接受了男方的时间安排,则各自为新人的婚礼做准备。男方主要是安排迎亲、酒席、新房、请宾客等。女方则进入备嫁的紧张时刻,在吉期到来之前,需置办嫁妆。嫁妆主要有子孙桶、被子、衣服、洗脚桶、家具、厨房用具等,到时候男方派人来抬嫁妆。普通人家准备八杠十挑的嫁妆,富有人家可以十八杠十八挑,甚至可以堆满男方家的整个院子。当然,厚薄因条件而定,各地情况也不一样。有些地方只是简单的嫁妆,基本的生活用具,甚至不及男方聘礼的一半;但有些地方可能是聘礼的十倍、百倍。浙江的某些地方的嫁妆可以布满十里的路程,称"十里红妆",以显示娘家的威势与富有,甚者陪嫁有良田数百亩等。请期之后,双方及时准备请柬或请帖,送往亲友处。请帖的制作如同信封,但没有封口斜边,正面写"正"或"囍"字,背面无字,里面有红纸一张,写事由、时间、地点、邀请之类的内容。婚礼发请帖必须是双份。请柬或请帖以男方父亲的名义发出,上写明事项、时间、地点等,并写"恭请光临"之类的词语。所有收到请柬或请帖的亲友,都会准备好礼物。新娘家里的亲戚主要是送生活用具,如被子、枕头、首饰、梳妆用品等,婚礼时编入嫁妆。男方的亲友一般直接送金钱,且提前送达,操办婚事时即可使用。

第六,婚礼。婚礼的仪式最隆重,程序也最为严格,相当于后来的大婚典礼或狭义的婚礼,但更为烦琐复杂。一般不是一天之内完成,持续时间为三天。第一天,男方由长者老妪布置新房。夫妇双全、子女众多的老妪负责为新婚大床缝制最主要的被子,称为"当家被子"。床铺整理完毕,请一童子坐于床上,名曰"镇床"。其他人则对新房进行精心装饰,布置婚礼的整个环境。而新娘家里也会来人,一般是请来姑妈或姨妈,带着新娘家的要求和新娘子的指示,来指导婚房和婚礼现场的布置。新郎家里第一天晚上有两个重要的程序:第一就是祭祖,向列祖列宗告知婚事,以祈求祖宗保佑;第二是谢媒,盛宴款待,重礼相赠。新娘家里也要举行祭祖仪式,出嫁女孩与祖宗告别。

第二天是正日,上午吉时男方大队人马到女方家抬嫁妆,媒人带队,大红装扮,锣鼓伴随,乐队鼓吹,沿路散发喜糖。到达女方家之后,女方会招待他们。一般是茶点三道:第一道,汤圆;第二道,鸡蛋;第三道,香茗。用毕,搬运嫁妆,抬或挑往男方家里。女方媒人留下,与女方家长攀谈、祝福。男方媒人随嫁妆队伍返回,然后再次前往女方家里。这回是新郎前往女方家里迎接新娘,又有许多程序。基本规范是,新郎骑马,披红挂彩,后随八抬大轿一顶,或彩车一辆,准备给新娘坐,轿(车)内置红绸新鞋一双。后又是四抬轿子三顶,一坐男方媒人,二空。随行人员还有新郎长辈二人,一般是新郎的大舅舅和舅妈或大伯和伯母,此外还有伴郎、新郎的妹妹等人。礼物只有两样:席子和饭碗,名为"还娘席子还娘碗"。到达女方门首,必须在外面等候,再三叫门,请求女方开门。守住大门的是新娘的兄弟,必须送开门礼三次,方可开门。迎亲队伍进入女家,又是茶点三道,用毕,准备返回。迎亲队伍用茶期间,新娘的母亲为女儿梳妆打扮。司仪在房门外,故意催促,而女方在门内故意延迟。新娘一般提前已经穿戴整齐,此时只是象征性梳理几下,并接受母亲的教导,不会误了吉时。新娘的父亲则在门外,检查轿子,并整理马匹和轿子的装饰。新娘打扮完毕,在母亲的搀扶下到厅堂,向家堂拜别,堂上燃烛点香。然后父母上座,新人并肩而立,向双亲三鞠躬致谢。随后,新娘的长辈依次入座,接受新人的三鞠躬礼。坐受礼拜,不还礼。礼毕,父亲搀扶新娘到门口,并训女以治家之道,新郎弯腰做导引状。新娘脱下鞋子,由长兄抱持或背出大门,脚不能沾地,直接送入轿(车)内,新郎揭开帘子或打开车门,护持新娘进入。新郎的舅妈或伯母为新娘穿鞋,然后关上轿(车)门,由女方媒人落锁。完成之后,司仪高喊"吉时到",则音乐响起,锣鼓喧天,爆竹声声,鞭炮齐鸣。迎亲队伍顺利出发,新郎骑马在前,引导整个队伍。间隔约三丈远,第一个是男方媒人的轿子,后是女方媒人的轿子,第三个是新娘的轿子,第四个是新娘父亲的轿子。随后则是新娘的舅舅、舅妈、伯父母、叔父母、姨妈等一干人,前往男方家里,名为"会亲"。男方的亲友则在女方亲戚到来之前已经到达,等候女方亲戚的到来。新郎引导队伍到达自家门首下马,将马匹交给御者,自己则等候在门口。待新娘的轿子到达,撩起帘子,由媒人打开轿子门,新郎搀扶新娘下轿,进入正堂。在司仪主持下完成整个程序。堂上蜡烛香火点燃,司仪面朝南站立于正堂东侧,指挥整个过程。新娘全族亲戚进入,站在东面;新郎全族亲戚进入,站在西面。新娘的亲戚先用茶点,一般是甜汤小圆子,男方客人则无。

结婚正日,新娘家亲戚在礼仪待遇上高于新郎家的亲戚,无论站立行礼之时还是稍后的宴席上。新人面北而立,司仪请证婚人与自己并肩而立,宣读证婚书。然后新人向证婚人三鞠躬致谢,证婚人答礼。证婚人对证婚词当堂用印,以证明其效力。随后双方媒人各自介绍新人的状况和婚姻确立过程,并预先准备介绍文字,当堂用印,以证明婚姻符合礼仪。新人向媒人三鞠躬致谢,媒人答礼。然后新人在两份文书上均加盖自己的印信。证婚人随后为新人交换饰物,类似于今天交换戒指并各自为对方戴上。然后双方各推举一位代表,为新婚致颂辞,新人二鞠躬致谢。接着,新人面北并立,在司仪的口令中款款跪拜,即一拜天地;再请新郎父母上座,新人请拜,即二拜高堂。婆婆此时身份确立,须对新娘赠见面礼,即一个红包,包内是一定量的金钱和一把钥匙,象征权力的分享或移交。随后是新郎面向西、新娘面向东夫妇对拜各三鞠躬,即夫妇对拜。起身,面向南,对所有参加仪式的嘉宾一鞠躬致谢。礼毕,送入洞房。此时司仪引导新郎进入洞房,交由新娘家送亲者引导坐在床的东侧,面向西。新娘则由新郎的妹妹或舅妈等参与迎亲的亲戚引导进入洞房,坐在床的西侧,面向东。坐定,新郎用秤杆挑开新娘的红盖头,夫妇正式见面。婚房内设席,新婚夫妇相对而坐,象征性地吃些食物,然后各自用酒漱口三次。毕,新郎出外招呼宾客入席,新娘家人铺床,整理房间内的嫁妆,同时,两家的来宾相对而立,集体行见面礼。随后是规模盛大的婚礼宴会,一般新人及伴郎、伴娘、媒人、亲家坐主桌,女方的客人安排在东面,男方的客人安排在西面。男女分开坐席,不同桌。酒筵结束,部分宾客可以提前回家(主要是男方的客人),新郎及其父亲恭送宾客离开。留下的宾客则需要吃完点心再走。宴席后片刻,即又重新上菜和酒,品种有所变化,但花色和数量只是正餐的一半,喝酒也是象征性的。随后是上点心,各地并不一样,或馄饨,或糕点,或汤圆。随后来宾纷纷告别,新郎父子恭送宾客。女方亲戚离开时,新娘送到门口,不可出门。此时可以哭送,在婆婆和小姑子的劝慰下止哭并转身回房。入夜或晚餐后,新郎侍候父母入睡,方可进入新房。

图 7-5　婚姻民俗——进门

图 7-6　婚姻民俗——请拜

第七,新媳妇见公婆。这是结婚仪式的第三天程序,比正日简单许多,但也比较烦琐。新娘的兄嫂早起洗漱并用早餐,天色微明出发,携带竹篓,内装枣栗、腶脩(捶捣而加姜桂的干肉),赶往新郎家。无公公则不用枣栗,无婆婆则不用腶脩。此时主家正好开门,而新娘则已经起床梳洗打扮完毕,盛装以待娘家人到来。进门后,新娘的兄嫂直接到新郎父母的卧室门前恭请。公婆开门出来,慰劳来客。新娘的兄嫂即于厅堂中央设席,实际上就是昨日的礼案和椅子,象征性地摆放一下即可。然后请新郎的父母上座,面南坐定,新婚夫妇北向并排立定,行跪拜礼两次。新郎父母还以鞠躬礼,并伸手扶起新人,以显慈爱之意。新人站定,向父母献上枣栗、腶脩,父母收下,礼毕。如果家中有新郎的直系尊亲同住,如爷爷、奶奶等,拜见之礼同于公婆。新郎的伯、叔父母同村或居住不远,是日亦须参见。事先新郎会打招呼,天明之后他们主动到新郎家,依次坐受新人参拜。新人行三鞠躬礼,伯、叔父母还一鞠躬礼。新娘与新郎的兄弟姊妹相见,行一鞠躬礼,不还礼。新郎兄弟姊妹的子女见新娘,则晚辈行三鞠躬礼,新娘答以一鞠躬礼。礼毕,则用早餐。新娘的兄嫂则享受贵宾待遇,再享受丰盛的早餐。餐后,新郎骑马,新娘坐轿,在新娘的兄嫂及新郎的弟妹护送下回门。

第八,回门及新女婿见岳父母。一行人来到新娘家,下马下轿,新婿参见岳父母。岳父在大厅等候,面南而立,新婿面北,向岳父行三鞠躬礼。岳父答一鞠躬礼。然后新娘见父亲,新郎陪同再行三鞠躬礼,岳父不答礼。随后进入内室,参见岳母,礼数相同。接着,新郎依次见新娘的亲戚,行礼与答礼与新娘见新郎的亲戚相似。随后,娘家茶点招待。尔后便是酒宴款待,昨日到新郎家会亲的宾客若没有特殊事项均会到场。筵席过后,同样是点心,但时间更为紧凑,新婚夫妇及弟妹一行人必须在日落之前回到家中。至此,婚礼全部完成。

## 二、丧葬礼俗

丧葬礼仪在我国有着悠久的历史,早在氏族社会时期,已经逐渐出现丧葬的一系列仪式。而对于丧葬的重视,与儒家传统的孝道相联系,与孝顺奉养长辈具有同等重要的意义。《孟子·滕文公》篇,就明确将"养生"与"丧死"并提。而丧葬事宜,从逝者垂危到丧事结束,时间跨度长达三年,一系列的礼仪规范难以一一详说,实际运作中也往往有较大的变通。针对老人丧事,就其要者,简介于此。

第一,寿衣寿材准备。古人重视身后事,自己会提前有所准备。经济条件好的人家,在36岁时就准备丧葬用具。首要的是准备寿材。寿材的准备有两种方式:一是直接做成棺材放在家中,定期进行油漆保护;二是准备材料,以备需要。普通人家的寿材一般用杉木,削去四周,取中间的木心,厚薄长短和形状提前做好,届时可迅速组装。而富贵之家往往用上好的材料,如榉木、柚木、柏木甚至楠木,但受到封建等级制度的严格限制,不得僭越。提前做好的寿材放在家里,需要一定的空间。乡村的住房一般比较宽敞,不是问题。寿材也可以当器具用,允许放衣被、大米和小麦,其他则不可。城市则有"专卖店",可以提前预订并存放在店中,用时即取。寿衣的准备似乎与老人的感觉有关,进入老境,老人会关注自己的身体和生死。出于一种直觉或不想过多麻烦儿女的心态,老人会为自己提前缝制寿衣,准备上衣四件、下衣三条,内白外红,或上红下青,还有布鞋、布袜、红面布被等。因一时不用,每年初夏和初冬则需要晾晒,以免毁坏。

第二,发丧。老人临终,子女往往提前将老人搬移到正屋,等待其亡故;若时间仓促,来不及搬动即已过世,则将其睡觉的床寝蚊帐掀起,就床上为老人擦干净身体,一般儿子(或女婿)为父亲做,女儿(或儿媳)为母亲做。没有儿女的孤寡老人则由邻居晚辈代为办理。老人弥留之际,子女将其搬到正屋睡下,穿好寿衣等待。垫褥和盖被与平时生活一样,依据气温而定,不能热着或冻着。正常情况下,需要搬移到堂屋正寝时,已经为时不多了。届时,需要随时注意老人是否气绝,子女环绕,家人陪伴,老人往往尽量睁开眼睛最后看一眼自己的后代,或尚有后事交代。如果突然之间说话响亮,甚至还有动作,说明即将去世,是为回光返照。待老人声音渐小,安静不动,双眼渐渐合上,说明即将咽气。此时长女用新棉扯成丝条状,置于老人鼻下,以验证其是否断气,名曰"属纩"。老人咽气之后,家人举哀,子女大声哭喊,惊动邻居街巷,不待通报,已经知道某家丧事。随后,撤掉垫被,更换寿被,并派人出报各亲友(报丧),并召集专门筹办丧事的人员,其主事者安排各项事务,如果逝者已经正寝,则在遗体头部、脚部的长凳上点燃长明灯,用黄纸覆盖面部,前挂挽幛,挽幛上悬挂遗像,两旁是挽联。挽幛前是供案,摆放猪头、公鸡和草鱼,俗称"三牲",在门口挂出白幡,名为"发丧"。

第三,吊唁。发丧后,亲友纷纷前来吊唁,或称"吊丧""吊孝",并奉上"奠仪"。正常情况下,亲友均需要前往吊唁,等到出殡时再来送葬。但根据与逝者关系的亲疏,习俗上有一定的规定。比如,亲家必须在当天晚上到场吊唁。凡是前来吊唁的亲友,不论辈分,均须向逝者行跪拜礼。孝子跪于挽幛边,向亲友磕头还礼。

第四,入殓。第二天晚上,将逝者装入棺材为大殓,穿好寿衣为小殓。大殓有一定的规制,棺材底部铺设石灰包,铺上垫被,将遗体放进棺内,盖好寿被。此时家人绕棺材三周,最后瞻仰遗容,然后盖上棺盖,并钉上。只留一颗长钉插入钻好的孔中,出殡时由逝者的兄弟用斧头钉入。

第五,出殡。第三天上午出殡,先将棺材移至门外,子孙向棺材行磕头礼,由抬棺材的八人负责用长木头绑定,抬往墓地安葬。途中须停下三次,子孙行礼三次,然后到墓地,葬入墓穴。送葬的子孙亲友返回,路上有跨火堆的习俗。随后是用餐,俗称"丧饭"或"豆腐饭"。待亲友散去,主要程序完成。接下来就是祭奠,每逢七日祭奠一次,有些地方是五次,有些则七次。至于孝子,还有许多事情要做,最主要的就是守制。

第六,守制。古代守制极为复杂严格,有规定孝子三十五天不理发、不洗澡、不茹荤腥、不近内室,三年不参加娱乐活动等,甚至在父母墓侧搭茅屋住下,坚持三年。官员必须离开官场回家守丧,名为"丁忧",三年后方可到吏部报到,重新参加选任。如果国家有急难,需要其人,则皇帝下诏在官守制,名为"夺情",但这种特殊情况很少发生。

## 第三节　中国民俗的地位和作用

综观中国民俗的主要内容,不难发现,许多民俗固然是在生产生活中逐渐形成并传播,成为大家共同尊尚的规范,但是,在文化垄断与文化下移的双向牵扯中,竭力维护社会秩序特别是周礼的儒家先贤,非常愿意将朝廷的礼仪制度特别是传说中周公制定的"礼"与民间自然形成的礼仪习俗联系起来,并加以整合,成为民族文化精英共同遵守的规范,从而指导、引导和规范了民间的礼仪风俗。从这个意义上说,民俗礼仪规范,是中国传统文化的重要组成部分,在社会生活的各个层面发挥了重要的作用。

### 一、民俗在传统文化系统中的地位

中国文化的涵盖面极广,包括物质的和精神的,从哲学高度到饮食起居,几乎无所不包。民俗涉及从出生到死亡、从物质到精神、从家庭到国家的各个层面,其在传统文化系统中占据着十分重要的地位。

第一,民俗是中国传统文化的组成部分。文化作为人化的自然,不只是哲人的抽象高深思维与国家的统治意识。从君王将相到平民百姓的习俗礼仪,是国家意志的具象体现,是哲学、宗教、社会意识形态在生产生活中的反映。从人生、岁时、生产经营到占卜祭祀甚至衣着打扮,各种民俗礼仪均是一种文化现象,是在认识自然、适应和改造自然过程中形成的观念习俗,成为构成中国文化的具体元素。所以,民俗礼仪是中国传统文化系统中的重要组成成分。

第二,民俗是社会文化心态连通的主要媒介。从这个意义上说,民俗是没有社会等级区分的。我们需要廓清一个概念,即民俗的范畴。"人民大众的生活文化"固然是其基本的定义,无疑需要肯定,但在帝王宫殿和平民茅屋出现共同的民俗礼仪并非个别现象。君王和百姓祭奠祖先并没有本质的区别,仅此一例就可说明民俗礼仪并非只是人民大众的风俗,而是具有全民族性的、共同的习俗礼仪,不分贵贱尊卑。当然,差异还是客观存在的。比如,汉族过中秋节非常讲究,但蒙古族人民没有这样的节日,这是历史上民族矛盾的遗留。而更多的习俗超越等级和狭义的民族概念,构成了丰富多彩的民俗文化,是中华民族共同的精神财富。

第三,民俗是跨越层次的综合文化现象。文化学上所界定的文化层次为物态文化层、行为文化层、制度文化层、心态文化层,或者分为广义文化和狭义文化。但民俗并没有限定在某一个文化层,而是大文化范畴的概念,包含了一切文化概念并呈现出具体的客观存在。所以,民俗所折射的,不是简单的文化层面。通过民俗的研究,可以全面地、立体地把握该民族的历史、物质、精神、心态、现实和未来的发展前景。

## 二、民俗的社会功能

民俗的社会功能,也就是社会作用,是指它在社会生产生活和社会文化系统中所发挥的实际效用。从表面上看,民俗礼仪中有许多荒诞的形式,甚至某些规范不合情理,难以遵行。但绝大多数的习俗礼仪规范,其主要的程序和规格之所以得到了很好的传承,主要原因在于它满足了人类的生物需求和社会的规范需求,在实际生产生活和社会运行中发挥了重要作用。

第一,民俗的规范功能。民俗的规范功能,指民俗礼仪在社会生活与社会运转中对群体、个体的行为和思维形成的控制与约束,包含限定和示范两个方面的意义。社会规范的内容非常丰富,形成的文字汗牛充栋,但简单地说,主要是自上而下的四个层面:法律制度、纪律规约、道德观念和民俗礼仪。前三项具有一定的范围界定,而民俗礼仪则涵盖了上述三项的主要内容,更有极多的细微发展,是对社会成员规范约束面最广的层面。与法律制度不同,民俗的规范功能是通过具体的人自觉实现,而法律制度则通过专门的机构强制执行。触犯了法律制度必然受到制裁,而违反民俗礼仪的规范则主要是受到谴责批评。与纪律规约不同,民俗是全民性的,是从物质到精神的。而纪律规约有平面的、横向或纵向的范围。违反了纪律规约,同样要受到规定的惩处,往往比较严重。而疏忽了对民俗礼仪的奉行,更多的是生命个体的心理受到影响。与道德观念不同,尽管同样是内在的、精神的,道德观念更为抽象空洞,其共同性远远大于民俗礼仪。民俗礼仪则具有具象的、地域的和灵活的特性。我们对夏、商的社会政治今天依然缺乏完整的认识,但从历史研究和考古发现中,还是可以看到一些社会制度的痕迹。周代立国,从周公姬旦开始逐渐建立了完整的法律制度、道德规范,使社会运行纳入有序的规则之中。尔后的历朝历代,均致力于此。所以,法律制度具有明确的阶段性。民俗礼仪固然也是逐渐形成的,但其对社会的规范功能,主要是通过示范、引导、长期地干预和潜移默化地作用于社会群体和个体,规范社会成员的行为和思维。

第二,民俗的教育感化功能。民俗的教育感化功能,指民俗礼仪在社会群体、个体的社会化过程中所发挥的对其知识能力、情感思想、思维行为的培育和同化作用。民俗是一种生存文化,它所包含的知识、信息在生产生活和礼仪仪式中呈现出来,转化为一种共同接受、共同遵守的意念,自然而然地教育了每一个成员。这种教育感化,不同于学校教育的规律性和强制性,是灵活的、随时的、无形的。同时,民俗已经编织进社会规范的范畴,代替社会管理者对社会公众进行教育感化,促成社会公众的思维、行为、语言、生产生活程序等趋同,以符合社会法律制度和纪律规约的要求。并且,这种教育感化的效果,比生硬的强制规定更长久。所以,生命个体在成长的过程中,在民俗礼仪精神影响下,于言行之间、仪式之间、饮食起居之间逐渐形成自己的责任感、上进心和承担义务的精神。"三岁看大,七岁看老"虽然没有科学道理,但点明了生长环境对于个人性格精神的重要性。个体生活在家庭、族群中,所接受的家庭、族群民俗礼仪教育,在灵魂深处形成的人生标准,高于制度法律的裁量标准。对于社会管理者来说,重视民俗礼仪的教化功能,比重视法律制度的执行更具有前瞻性,需要支付的成本更低,效果也更好。

第三,民俗的认同凝聚功能。民俗礼仪的认同凝聚功能,指的是民俗礼仪成为一定范围内人际关系、家庭关系、社会关系的标记。因此,同样的民俗礼仪成为保持群体内部向心力、凝聚力的纽带,也是自我与群体认同的符号。人成长于一定的空间,自幼受到这个空间的民俗礼仪熏陶,生命个体接受了家庭、家族、族群、国家的教育培养,形成了对家庭、家族、民族和国家的认同感。个体或群体生活的环境中,民俗礼仪越是悠久丰富,民族认同感也就越强。于是,不论改变身份或是改变环境,在灵魂深处形成的乡土、家乡、祖国观念,永远不可能消除。这不仅体现在语言、行为、信仰、文学艺术、社会组织中,更体现在生活习惯上,诸如饮食、服装、起居、节日、祭祀等环节中。所以,漂泊在外的游子思念自己的故乡;成功人士的晚年有"叶落归根"的思想;即便战死沙场,"马革裹尸还"也是荣归。在中国历史上,诸多奋斗一生的人物,最终选择"告老还乡",就是因为小小的村落街巷牵动了耄耋的灵魂。文学作品中,这类情结凝聚的华章和名人故事不胜枚举。丘迟用"暮春三月,江南草长,杂花生树,群莺乱飞"撩动对方的乡关情思,收到了"强将投戈"的效果。庾信在北朝备受尊宠,却忍不住对乡井的思念,一曲《哀江南赋》名动古今,杜甫有"庾信平生最萧瑟,暮年诗赋动江关"的评价。贺知章的《回乡偶书》中写道:"少小离家老大回,乡音无改鬓毛衰。儿童相见不相识,笑问客从何处来。"叹息中隐含有多少安慰与满足。身在他乡,不论穷达,乡情牵挂,愈老愈浓。民俗礼仪,是乡关认同、地域认同、族群认同、国家认同的无形力量,是中华民族凝聚力的重要形态。

第四,民俗的调适功能。民俗的调适功能,是指在社会生产生活中对个体与个体、个体与群体、群体与群体、群体与社会、人与自然的各种关系中发挥协调作用,以达到相互之间关系的和谐稳定,并且通过民俗礼仪活动,可以调适当事人的心理状态,以达到稳定情绪、和谐氛围的效果。人是群居的高等动物,在生产生活活动中有许多心理诉求不能通过物质或物理形态得到满足,需要精神的抚慰与鼓励。但是,并不是所需要的精神抚慰、鼓励都能通过有形可感的语言、动作来实现,而民俗礼仪中的一些仪式活动,却能够产生难以用语言表述的效果。生产生活中遇到连续的不如意,内心难免产生惊恐与怨怒,在参加某些信仰活动仪式中可以释放不良情绪,调适心态,重新投入生产生活。

民俗中经常出现庙会、烧香还愿、祭祀祖先等以及与此相伴的商业活动、歌舞讲唱、杂耍百戏等,心绪不宁的人们在这样的场合会暂时忘记不愉快的事情,将不良情绪暂时搁置。虽然是短暂的"忘忧",忧虑情怀不久之后会再次袭来,但破坏性已经有所减弱,甚至细微。再如,人不可能长命百岁,自然规律不可抗拒。尽管不愿接受事实,但人又不得不面对事实。在举办丧事的过程中,人们的悲哀痛苦在繁复的礼仪仪式中得到一定程度地淡化,而通过各种仪式寄托哀思之后,郁结于心的哀思就相对缓和,不至于出现哀毁过度而一病不起的悲剧。更重要的是,人们对生活、对人生、对社会难免会由于失败、挫折或不公、不合理而产生不满情绪,在民俗礼仪的相关活动中,这种情绪得到一定的释放,可以避免走向极端,这是民俗礼仪调适功能对社会的巨大贡献。部分人群对自然、对动植物的崇拜具有悠久的传统和严格的仪式,崇尚自然而顺应自然,不随便改变自然的原始状态。这对于生态保护和动植物种群的保护极为有利,是民俗礼仪对人与自然关系的调适。人际关系,不管是个人与个人之间、个人与群体之间还是群体与群体之间,由于观点差异或利益关系,不免产生矛盾冲突。而共同的民俗礼仪活动或仪式,有利于缓和紧张气氛、化解矛盾冲突,对于社会的和谐稳定,其所能发挥的作用不可估量。

第五,民俗的娱乐功能。民俗的娱乐功能,指的是民俗礼仪活动给社会成员带来的审美愉悦或娱乐享受。人们创建难以计数的民俗礼仪,原始动机是为了娱乐祖先、神灵,祈求保佑,同时自身也得到了心灵的安慰。复杂的娱神仪式,参与者自身也得到了娱乐。而在民俗礼仪活动中热闹的仪式以及延伸出来的项目,其性质亦发生了变化,已经成为百姓自己的娱乐活动。其中,赛龙舟就是典型。相传,两湖地区划龙舟,安排在农历五月初五,是为了悼念屈原。而吴地也有赛龙舟的民俗,赵晔的《吴越春秋》认为是为了纪念伍员。顾禄说:"荆楚自为灵均,吴越自为子胥。"两者互不相干,不必问明缘由,百姓乐意参与就行。而五月竞渡,龙舟上鼓声震天,赛手号声嘹亮,两岸观者云集,人声鼎沸,男女杂沓,摩肩接踵。场面之激动人心,可以想见。在盛大的比赛活动中,参与者、组织者、围观者皆得到了快乐,其娱乐功能远胜宴席。不仅百姓乐意,官员也积极参与其间。"江南风俗,有竞渡之戏,方舟并进,以急趋疾进者为胜。亚乃令以漆涂船底,贵其速进。"赛龙舟如此,许多地区盛行的唱花灯、猜灯谜、火把节、泼水节等,也基本上脱离了最初的动机,成为百姓的节日、娱乐的盛典。民俗的社会功能是"润物细无声"的,不同于社会管理者的精心安排。

# 第八章　中国古代教育

从社会的角度看,教育是人类传承文化的过程,人类正是通过教育使自己的生活方式得以延续与发展;从个人的角度看,受教育是个体实现社会化的过程,每个人都要通过受教育才能使自己成为合格的社会成员;从人性的角度看,受教育也是一个人完善人格、享受人生和实现自身价值的途径。教育的本质是上一代把做人的道理和做事的本领传授给下一代的活动与过程,它涉及社会的各方面,贯穿于人生的全过程。其实教育在高等动物中也不同程度地存在着,因为连育幼哺雏的本领都不是天生的,而是需要学习才能获得,所以如果没有教育,不仅动物的生存技能无法传承,就连动物的种群也无法繁衍下去。但是人类与其他动物的不同之处在于我们创造出了专门用来进行教育的场所——学校,并分工出了专门从事教育的人——教师。学校教育是由专职人员和专门机构有目的、有组织、有系统地进行的教育活动。学校教育是狭义的教育,广义的教育除了学校教育以外还包括学前教育、家庭教育、社会教育、职业教育、终身教育等。

## 第一节　中国古代的教育机构

在人类演进的早期阶段并没有学校,同长辈在一起生活或与同龄人一起嬉戏其实就是一种教育与学习。大概在虞夏之际中国就出现了学校,叫作"庠"。《礼记》说:"有虞氏养国老于上庠,养庶老于下庠。"《孟子》说:"夏曰校,殷曰序,周曰庠。""庠"是抚养的意思;"校"是较量的意思;"序"是厅堂两边的厢房。也就是说,学校是养着一群长老来教小孩的地方。

商周时代"学在官府",学校都是官办的,这是指学校都是为本族人服务的,受教育者都是本族的子弟。商周时代的国家都是按血缘宗族构建而成的,掌权的部族就是贵族,这样在外族人看来,学校自然就是贵族学校了。学校里学生学习的内容是"礼、乐、射、御、书、数"六艺。

春秋战国时代旧贵族逐渐腐朽衰落,新的宗族先后崛起,成为新的贵族。社会上的人口不断增加,不同血缘的人们互相交往、杂居、通婚、融合,原来的宗族结构已经难以维持,于是出现了所谓"礼崩乐坏"的局面。原来只为姬姓贵族服务的官学也渐渐废弛,诸子百家争短鸣长,他们聚众收徒来传播自己的学识见解,各种各样的私学纷纷兴起,于是出现了教育向平民普及的现象。在这方面做得最出色的是孔子。

孔子是个有政治抱负的人,但是又有点迂腐,他在鲁国未能实现自己的政治理想,周游列国又没人接受他的主张,于是只能回到家乡办学校讲学。然而他的教育实践却获得了巨大的成功,据说他有3 000名弟子,其中身通六艺者就有72人。虽然他"述而不作"(《论语》是学生记录他的语录的汇编),但是他确立的许多教育原则与教学方法,如"有教无类""性相近习相远""人不学不知道""不愤不启,不悱不发""循循然善诱人""学而不厌""诲人不倦""学而时习之""温故而知新""其身正不令而行""不耻下问"等,至今仍然具有强大的生命力。他的许多教育教学思想两千多年来盛行不衰,就是因为其揭示了教育与教学的本质和真谛,所以现在已经化为格言或成语,成为我们民族思想的一个组成部分。

儒家在春秋战国时代只是诸子百家中的一家,并不具有特殊的地位,但是到了汉武帝时儒家学说被抬到了独尊的高度。从汉平帝元始元年(公元1年)追谥孔子为"褒成宣尼公"开始,孔子受到历代帝王的追捧,地位越来越高,被尊为"先师尼父""先圣""大成至圣文宣王""至圣先师""万世师表"。

嬴政建立大一统帝国后实行集权专制的统治,在文化方面禁止私学,要求学者必须以吏为师,还用焚书坑儒的手段来钳制人们的思想。然而仅仅过了15年,秦王朝就垮台了。

汉王朝同样实行集权专制主义统治,但是采取的手段和秦王朝迥然不同。汉武帝接受了董仲舒的建议,对在对策时公开讲论黄、老、刑名、纵横之术的人一概不用,只录取董仲舒、公孙弘等儒生。《汉书·武帝纪》记载:"丞相赵绾奏:所举贤良,或治申、商、韩非、苏秦、张仪之言,乱国政,请皆罢。"他的奏议得到汉武帝的认可,于是确定了"罢黜百家,独尊儒术"的方针。建元五年(公元前136年)汉武帝令置"五经"博士,从此儒家学说正式被立为官学,儒家的《诗》《书》《礼》《易》《春秋》被奉为经典,儒学也就变成了经学。董仲舒还建议:"养士之大者,莫大乎太学,太学者,贤士之所关也,教化之本原也。臣愿陛下兴太学,置明师以养天下之士,数考问以尽其材,则英俊宜可得矣。"元朔五年(前124)汉武帝正式"为博士官置弟子五十人",东汉时把博士弟子改称为"太学生",汉代的太学便是我国最早的大学。太学建立之初规模有限,汉昭帝时博士弟子还只有100人,但是以后逐步发展,到汉元帝时达到1 000人,汉成帝时增至3 000人。王莽为了笼络儒生,"为学者筑舍万区",大大扩展了太学的规模。《三辅旧事》记载说:"汉太学中有市有狱,在长安门东,书社门立五经博士弟子万余人。"20世纪50年代在西安汉长安城遗址南面发掘了西汉的明堂辟雍遗址。明堂辟雍是一座礼制性建筑,它的布局是按照天圆地方的概念设计的,既是天子祭天地、行礼乐的场所,又是太学生们听经筵、习礼仪的讲堂和礼堂。北京国子监里乾隆时建造的主体建筑辟雍也是一座周围环绕着圆形水池的方形殿堂。

东汉迁都洛阳,在洛阳南郊重新建造了明堂、辟雍、灵台、太学。汉顺帝为太学扩建校舍,"凡所造构二百四十房,千八百五十室",到质帝时太学生人数已经猛增至30 000余人。汉王朝设立太学的目的并不是为社会培养人才,而是为朝廷"养士",也就是培养官僚的接班人,因此,太学从诞生之日起就成为国家政治链条上的一环。因为太学生实际上是一些后备官员,所以他们对朝廷政治十分关心,并视天下兴亡为己任。太学的特点是具有强烈的政治性,因此,自从有了太学以后就随之出现了太学生干预朝政的现象。

东汉桓灵时期,宦官擅权,朝政黑暗,太学生以郭泰、贾彪为领袖,同朝廷清流派士大夫李膺、陈蕃、王畅等相互倚重,"危言深论,不隐豪强,自公卿以下,莫不畏其贬议"。先后发生了四起太学生上书请愿的事件,以后又发生了两次党锢之祸。党锢之祸纯粹是当权的宦官对反对派士大夫与太学生的政治迫害。两宋时期也是太学生干政的一个高峰。北宋末年太学被称为"无官御史台"。宋徽宗宣和七年(公元1125年),太学生领袖陈东上书请诛蔡京、梁师成、李邦彦、朱缅、王黼、童贯等六贼。次年,当金兵进逼汴京,钦宗罢免李纲准备对金求和时,陈东又率太学生伏阙上书,要求恢复李纲之职,抗击金兵进犯。当时,"军民从者数万,书闻,传旨慰谕者旁午,众莫肯去。方畀登,闻鼓挝,坏之,喧呼震地。有中人出,众胥而磔之。于是亟诏纲入,复领行营,遣抚谕,乃稍引去"。宋代的太学分为外、内、上三舍,合称三学。南宋晚期太学生干政也很活跃,时称"三学之横,盛于景定、淳祐之际,无其所欲出者,虽宰相台谏,亦直攻之使必去。权乃与人主抗衡。或少见施行,则必借秦为谕,动以坑儒恶声加之。时君时相,略不敢过而问焉"。宰相丁大全就是因为受到太学生的抨击,"终于得罢而去"。连贾似道执政,也要竭力"以术笼络,每重其恩数,丰其馈给,增拨学田,种种加厚",以小恩小惠来收买诸生人心。汉代独尊儒术、统一思想结果也禁锢了人们的思想,人的创新精神和聪明才智被压抑了几百年,所以当汉王朝崩溃、中国又进入分崩离析的时代后,学者们的思想反而大大地活跃起来,各种各样新奇的文化产品层出不穷。

曹魏实行九品中正制以后,两汉时期成长起来的强宗豪右发展成为新的贵族——门阀世族。西晋咸宁二年(公元276年)为了"殊其士庶,异其贵贱",在太学之外又另设国子学,规定五品以上官员的子弟入国子学,六品以下官员的子弟入太学。尽管为贵族子弟办了专门的学校,但是因为高门贵胄的仕途是有保障的,所以这些学校的成效很差。曹魏时刘靖上疏说:"自黄初以来,崇立太学,二十余年,而成者盖寡。"东晋南朝战乱四起,官学时有时无,学校几近荒废,即使招收学生,人数也很有限,但是这一时期私学很发达,名家大儒聚徒讲学,学生常有几百甚至几千人。

南朝宋文帝元嘉十五年(公元438年)在京师开办儒学馆,次年又开设了玄学馆、史学馆和文学馆,四馆各聚门徒授学。这一做法尽管在当时并不被重视,但是对后来隋唐时代设立专科学校产生了直接的影响。唐代学校教育已经非常齐备,除了国子学和太学以外,还有招收下层吏民子弟的"四门学"和书、算、律、医、弘文等各类专科学校,地方上则有州学、府学和县学,教育已经相当普及,而私学的发展又为宋初书院的出现奠定了基础。隋朝开创的科举制在唐朝得到了确立与发展,这对唐代的教育产生了重大的影响。

唐代科举的常科有秀才、明经、进士、明法、明书、明算六科,其中最受重视的是进士科。参加进士科的考试需要考三场,分别为帖经、杂文和时务策。帖经是考背诵默写经典,杂文是考诗赋各一篇,时务策是考论文。由于诗赋在科举考试中所占的比重很大,因而大大推动了唐诗的兴盛。唐玄宗时礼部员外郎沈既济说:"太后君临天下二十余年,当时公卿百辟无不以文章达,因循日久,浸以成风。至于开元天宝之中……五尺童子耻不言文墨焉。是以进士为士林华选,四方观听,希其风采,每岁得第之人,不浃辰而周闻天下,故忠贤隽彦韫才毓行者咸出于是。"唐代学校的发展与科举制的发展是密切相关的,但是随着科举越来越成为选拔官员的主要途径,学校也就日益沦为科举的附庸,而教育也逐渐成为应试教育。宋朝实行重文政策,范仲淹、王安石、蔡京先后三次推行振兴学校的政策,在州县普遍建立学校,并赐给国学和州县学校学田,使学校有了固定的办学经费;改革科举,强调应科举者必须经过学校教育才允许参加考试;在太学里实行"三舍法",根据学生的学习成绩分为外舍、内舍、上舍三等,通过考核逐步升级来选拔学生,其实这就是年级制。宋徽宗时甚至一度以"学选"来取代"科举"。

宋代教育的一个新成就是书院开始兴起了。书院萌芽于五代。五代时官学衰落,给私学提供了发展的空间,如前蜀的毋昭裔出资百万办学馆,南唐的李善道在庐山创立白鹿洞学馆,任洞主、置田产,聘请名儒大师群居讲学,号称"庐山国学"。五代的学馆实为宋代书院之先声。宋初有六大著名的书院,除了庐山白鹿洞书院外,还有衡阳石鼓书院、长沙岳麓书院、登封嵩阳书院、商丘应天府书院和江宁茅山书院。书院除了讲学、研讨学问以外,兼有藏书、校书的功能。北宋政府重视兴办学校,书院尽管是私立学校,也能得到政府给予的学田资助,但是由于官学很发达,因此书院并不兴旺。南宋时官学日益衰落,而理学大师们又竭力倡导,于是书院获得了很大的发展。淳熙六年(公元1179年),朱熹任南康军太守不久就派人着手修复白鹿洞书院。第二年竣工后,聘请杨日新为堂长,置建昌东源庄田作书院赡养学生及其他开支的费用。朱熹还请皇帝为书院题额、赐书,并且制定了《白鹿洞书院教条》,亲自教导生徒,质疑问难。朱熹对白鹿洞书院的建设促进了南宋书院的发展。

南宋设置的书院很多,其中最著名的除白鹿洞书院外,还有岳麓、丽泽、象山等书院。南宋书院的山长(主持人)都是当时著名的学者,书院的讲学都是在学术研究的基础上进行的,而教学活动的开展又有利于学术研究成果的传播和深入发展,因此形成了学术研究和教学相结合的良好传统。南宋著名的白鹿洞书院和岳麓书院都是朱熹宣扬理学的基地,丽泽书院是吕祖谦讲"事功"之学的地方,象山书院则是陆九渊讲心学的场所。

南宋书院还建立了"讲会"制度,不同的学派可以自由争鸣。淳熙二年(公元1175年)在吕祖谦主持的"鹅湖之会"上,朱熹主张"道学问"和"即物而穷其理",即从博览群书和对外物的观察来启发内心的知识;陆九渊主张"尊德性"和"发明本心",认为"心即理也",不必多做读书穷理功夫。朱熹讥笑陆九渊为"禅学",陆九渊讥笑朱熹为"支离",两家在治学方法上产生了一番争论。时过六年,朱熹又邀请陆九渊到白鹿洞书院讲《论语》中"君子喻于义,小人喻于利"一章,并请陆九渊把所讲内容写成讲义,刻在石碑上,还认真地为他的讲义写了跋语。这种为不同学派提供讲坛并立碑的精神,在学术史上传为佳话。书院在教学中注重问难论辩,培养学生的自学能力和独立研究问题的习惯。当时的书院教育都以学生个人读书钻研为主,教师只对学生的疑难作解答或分别指导,并鼓励学生们问难论辩,朱熹在白鹿洞书院就经常同学生质疑问难。他认为读书须有疑,"疑者足以研其微","疑渐渐解,以致融会贯通,都无所疑,方始是学"①。吕祖谦在丽泽书院讲学时,提出求学贵在创造,要求学生自己独立研究,另辟门径,鼓励有超出习俗的见解并有所发明。他说:"今之为学,自初至长,多随所习熟为之,皆不出于窠臼外。唯出窠臼外,然后有功。"②这种针对学生疑难进行讲解和鼓励学生创新的教学思想和实践是值得重视的。

元朝统一江南以后多数南宋学者采取了不合作态度,他们拒绝入仕,退而建立书院讲学,所以元初书院很发达。元世祖虽然支持民间办书院,但是要由政府向书院委派山长,并把他们列为州、县学的教官,由官府节制,以便控制书院的办学方向。这样一来,虽然讲学的内容仍然是程朱理学,但是书院变成了官学化的地方学校,学术自由的空气就很淡薄了。

明朝对学校教育十分重视。据《明史·选举志》记载,洪武二年(公元1369年)朱元璋晓谕中书省臣曰:"朕惟治国以教化为先,教化以学校为本。京师虽有太学,而天下学校未兴,宜令郡县皆立学校。"明成祖永乐四年(公元1406年)谒孔庙后写了一篇《视学记》,他说:"朕闻帝王之兴,必首举学校之政,以崇道德,弘教化,正人心,成天下之才,致天下之治。唐虞三代之盛,率由于兹也。"朱元璋的"治国以教化为先"和明成祖声言办教育的最终目的是"致天下之治",实质都是为巩固其皇权统治服务的。在这样的思想指导之下,明朝大力发展教育事业,在京城里除了设有国子监外,还有太学、宗学、武学、医学、阴阳学等,在地方上开设学校也相当普遍,《明史·选举志》描述当时情形为"盖无地而不设之学,无人而不纳之教,庠声序音,重规叠矩,无间于下邑荒徼,山陬海涯。此明代学校之盛,唐宋以来所不及也"。所以有的史学家认为:"学校之制,至明而始普及。"

明朝对学生的待遇极为优厚,国子监学生的膳食、衣服、被褥、冠履均由国家供给;对已婚学生还要养他们的妻子,对未婚的历事生则赐钱婚聘,给女衣二袭,月米二石;每逢月令对学生必有赏给;对回家探望父母,或是父母死后回家探望叔父叔母的,均送一定数量的钱作路费,等等。对地方学校的学生则每月支廪米六斗,并给鱼肉。洪武十五年(公元1382年)规定学田之制,府学一千石,州学八百石,县学六百石,应天府学一千六百石,学校经费固定,学生月廪增加为一石。明朝政府对学生的待遇虽然极为优厚,但是对学生和知识分子的约束之严苛也是前所未有的。朱元璋曾制定一条法律:"寰中士大夫不为君用,是自外其教者,诛其身而没其家,不为之过。"朱元璋强迫士大夫做官,不愿做官的人竟要被杀头,这是把天下士人视为他的私人奴仆。对在校学生,朱元璋还制定了这样八条禁例:"① 府州县生员,有大事干己者,许父母兄弟陈诉,非大事毋亲至公门;② 生员父母欲行非为,必再三恳告,不陷父母于危亡;③ 一切军民利病,工农商贾皆可言之,惟生员不可建言;④ 生员才学优赡,年及三十愿出仕者,提调正官奏闻考试录用;⑤ 生员听师讲说,毋恃己长,妄行辩难,或置之不问;⑥ 师长当竭诚训导愚蒙,

---

① 《晦翁学案》。
② 《丽泽讲义》。

毋致懈惰;⑦提调正官务常加考校,敦厚勤勉者进之,懈怠顽诈者斥之;⑧在野贤人有练达治体敷陈王道者,许所在有司给引赴京陈奏,不许在家实封入递。"他把这八条禁例颁布于全国学校,命刻勒卧碑置于明伦堂前,令全国师生遵守,不遵者以违制论。所有这些措施,都是要严格地控制学生的思想和行为,使教育为皇朝的统治服务。

　　清朝在教育方面继续实行两手政策,一方面设学校,祀孔孟,倡科举,编类书,笼络汉族士大夫和知识分子;另一方面又大兴文字狱,铲除异己,稍涉嫌疑者即大肆屠杀,以此来加强对知识分子的思想控制与统治。清代的学校制度基本上沿袭明朝,对学生也很优待。学生入学后,可免除本身徭役,家贫不能自给的予以救济;犯罪轻微的,地方官要报告学官,会同教官予以戒饬,不能像对待一般老百姓那样加以鞭挞;已经定罪的,并许以原名应童子试。但是与此同时,对生员的政治、思想控制亦极其严格。

　　明清两朝中国的专制政治发展到顶峰,对太学生思想行为的钳制也达到了登峰造极的地步。明清两代很少有太学生干政的事件发生,当是推行这种极端的高压政策的结果。明清时期科举考试也发展到了顶峰,士人都以"金榜题名"为荣,到明英宗时已经形成"非进士不入翰林,非翰林不入内阁"的局面了。《明史·选举志》说:"科举视前代为盛,翰林之盛则前代所无也。"科举的发达使得进学校受教育成为赴科举、入仕途的必经之路,读书做官成为教育的唯一目的,这和以前的科举、学校都不一样。由于科举考试规定以四书五经为标准教本,并且以僵死刻板的八股文作为取士的标准文体,迫使学校围绕着考试的要求来进行教学,于是学校教育就变成了一种应试教育。明清两代江苏被录取的状元最多,苏州又居江苏之首,号称"文盛出状元",实际上只是应试教育做得最好而已。苏州市中心有一个街坊叫作"三元坊",就是因为清乾隆四十六年(公元1781年)出了一位连中三元的钱棨而改名的。钱棨中状元后荣任翰林院修撰,后来做过顺天乡试同考官、广东乡试副主考官,乾隆六十年(公元1795年),升中允、侍读,充日讲起居注官,在嘉庆朝任内阁学士兼礼部侍郎。钱棨虽有《湘舲诗稿》传世,然而他和大多数状元一样,既不是杰出的政治家,也不是出色的文学家,只是一位平庸的文人兼官僚而已。

　　"朝为田舍郎,暮登天子堂",由于科举成了读书人平步青云的主要通道,因此几乎吸引了所有的读书人皓首穷经地去追求功名,然而登科之难犹如千军万马过独木桥,于是也引发了学子们在考试中的种种作弊行为,可以说科场舞弊是科举考试的副产品。明清时代民间的私学大体有两类:一类是注重识字的蒙学,另一类是对要求较高的青年人讲授经书或科举文章。这二者通常是合而为一的,常见于当时城乡的私塾蒙馆。全祖望说:"若乡里学舍,则守令于其同方之先辈择一有学行者以教之,在子弟称为师训,在官府称为秀才。其教之也,以百家姓氏、千文为首,继及经史律算之学。"(《鲒埼亭集外编》)尽管教育受到政府和社会的普遍重视,但是由于教学的内容与方法存在种种弊端,这种弊端违背了教育的原则和学生的人性,于是造成了学生厌学的现象,宋代以来常常可以见到的《村童闹学图》等风俗画就是这种教育现象的真实写照。

　　明代由于府州县学待遇优厚,科举又前程似锦,因此书院就无人问津了,连宋代以来久负盛名的白鹿洞书院在元末丧乱之后也是杂草丛生、满目疮痍。书院沉寂了大约一百年到成化以后才有所恢复,但是在嘉靖十六年、十七年(公元1537年、公元1538年),万历七年(公元1579年)和天启五年(公元1625年)朝廷连续四次毁废书院,使书院遭到了沉重打击。明末东林书院成了在野的反对派的麇集之地,他们因议论朝政而受到镇压,连累书院也不为统治者所欢迎,所以清朝建立之初就对书院采取压制政策。顺治九年(公元1652年)清政府明令"不许别创书院,群集徒党,及号召地方游食无行之徒,空谈废业"。雍正以后清政府对书院的态度有所转变,但是通过控制书院经费发放、师长任用、学生录取等方式使书院的官学化程度大大加深了。

清代设立的书院将近800所,连同原有的或改建过的合计有1 900多所,而其中民办的只有182所,绝大部分书院已被牢牢地控制在政府手中。清代的书院遍及全国各地,比以前各朝都要多,边远地区如云南、新疆等地都有书院,连台湾也设立了书院。但是清代的书院绝大多数是以考课为主,这类书院在明代已经产生,但在清代更为普遍。这反映了科举制度对教育影响的进一步加深,书院也如府州县学一样成为科举的预备机关。

## 第二节 中国古代教育的特点

中国古代教育既是一种政教合一的教育,也是一种伦理教育、综合教育和实用教育。中国古代教育同中国文化一样,也表现出了相当强的连续性和共同性,这是中国古代教育的特点。

中华民族是重视教育的民族,在漫长的历史发展进程中,中国古人创造出了具有鲜明特色的教育,那就是中国古代教育。

一般地说,社会教育是由社会的生产方式、思维方式和生活方式等决定的,而通过对人的培养,教育又对前三者起颇大的作用——使之得以继承和发展的作用。在中国古代,这种情况表现得相当典型:一定时期的教育状况极大地推动了文化以至于科学的发展,而在另一些时期,教育状况则不利于甚至阻碍文化和科学的发展。在中国古代不同的历史时期,教育状况有很大的差别,但正如中国文化的发展表现出罕见的民族连续性一样,中国古代教育也表现出相当强的连续性和共同性,这种共同性就是中国古代教育的特点。而这些特点正是中国古代生产方式、思维方式和生活方式等在教育上的投影。

### 一、政教合一

"政教合一"指的是政治和教育在中国古代社会中的一致性。教育是为政治服务的,中国古代从来没有过脱离政治的独立思想。"政教合一"的另一层意思是指政府和教育机构的合一,教育机构即为政府部门之一。在古人关于教育的论述中,反复强调了这一特点。如"乐也者,圣人之所乐也,而可以善民心,其感人深,其移风易俗,故先王著其教焉"(《礼记·乐记》);"善人教民七年,亦可以即戎矣"(《论语·子路》);"圣人之治,藏于臣不藏于府库,务修其教不治城郭"(《韩非子》);"夫受绳墨者,无枉剋之木,染道训者,无邪辟之人。饰治之术,莫良乎学"(葛洪《抱朴子外篇·崇教》)。可见儒、法、道、杂各家都把教育视为治国之本。汉代"独尊儒术",而"儒家者流,盖出于司徒之官,助人君,顺阴阳,明教化者也"(《汉书·艺文志》),更把教育视为治国之本。

由于把教育视为政治(治国之术甚至治国之本),历代王朝都十分重视教育,这对中国古代的教育实践产生了重大的影响。与此有关的最能表现出"政教合一"特点的是中国古代教育的这样两个方面：

1. 官府教育

由于教育是治国之本,因此教育就是一种政治手段,历代统治者都要牢牢抓住不放。实际上,在中国古代,历代王朝不仅通过教育政策来控制教育,通过所设的教育管理机构来管理教育,而且还直接由政府办学校来进行教育。这三点,尤其是后两点,使中国古代教育成为政府的一项业务,我们称之为官府教育。由于历代的具体情况不同,官府教育也有着不同的形式。

西周的"学在官府",春秋战国的"用士养士制度",秦代的"以吏为师"都是官府教育的早期形式。到汉代,汉武帝元朔五年(公元前124年)创设太学,开始了封建社会官立大学的教育活动,太学作为学校,成为培养官员的官府机构,汉代太学发展很快,东汉质帝时,太学生达三万人之多。汉平帝元始三年(公元3年)朝廷颁布了地方官学制度,地方官学得以确立和发展。在汉代还形成了"宦学事师"制度,即招收一边做官一边学习的"在职生"的制度。

汉代的太学、地方官学和宦学事师构成了当时教育的主体,它们都是直接的官府教育。后世一直沿用了汉代官府教育的这几种主要形式。隋代在此基础上更进一步设立了独立的教育行政机构和专门的教育长官,此举加强了官府对教育的控制和管理,后世一直照此办理。隋唐以后,官立大学的规模几经扩大,还创办了一些学科的专科学校,地方官学得到加强,一般地方官学学成者可进入官立大学学习,或直接参加选官考试(科举)。各个业务部门的宦学事师也一直有所发展。种种具体做法虽然各代有所不同,但作为占主导地位的教育形式,这三方面的官学基本上一直持续到清末,表现出官府教育的特色。

充分表现出教育的官府性质的一个重要举措是各级各类学校的教科书在中国古代一律由君主以国家名义颁定,并通过选官考试只按钦定教科书出题的规定迫使学校必须以钦定教科书为教材。最典型的教科书是"经"书,如"五经",学校必须采用钦定的统一版本。汉以后钦定作为教科书的经书的数量增加,由五到九,最后到"十三经",元代之后更连对经的注释也要统一颁定,不准学钦定以外的注释(通过考试出题控制而非"挟书令")。甚至专业性极强的专科学校也要采用钦定教科书。如唐代设立算学(教学专科学校)：唐初,唐高宗诏令李淳风、梁述等人注释《算经十书》,"书成,高宗令国学行用"(《旧唐书·李淳风传》)。

这一举措把中国古代一直存在的"私学"也纳入了官府教育体系,从而使私学成为与官学互为补充的学校。

## 2. 官员教育

教育的目标是培养各级官员,这是"政教合一"的题中应有之义。中国古代各个朝代的教育政策都十分重视人才培养(教育)和人才选拔(选士)任用(任官)的各个环节的配合,尽量做到培养人才的教育制度和选拔任用人才的官制的统一。

如西周的学在官府的教育政策是适合于当时的官员世袭制的。春秋战国私学勃兴,培养了大批的"士",满足了各国对官员的需要。秦代从吏中选拔官员,因而"以吏为师"的教育也是培养官员的教育。汉代的太学生考试合格,即可任官,太学即官学的教育成为直接的官员教育。这种直接把教育制度和仕进制度结合起来的做法,在后代有所加强。但能进入太学学习的人毕竟是少数,满足不了庞大的官僚体系对官员的需要,所以汉代还实行"察举制"选拔官员,不过察举的条件之一是有学问,而且还要经考试才能授官,因而被举者事先要受到相当的教育,这就促进了私学的发展。无论官学还是私学,其目的都是培养官员,而学生的出路也就是做官。后世政府通过各种方式由官私学中选拔官员,到隋唐起开设"科举制"——采取分科考试的方法选拔官员,并且越来越严格,科举成为最正统的入仕途径。教育则以科举为准绳进行。受教育者经考试可以做官,而且主要官员要经考试进行选拔,这是中国古代的一大创举。

科举对教育产生了巨大的影响:其一,科举选官,使得科举考什么,教育就教什么,科举考试成了教育的指挥棒,政府更以科举控制教育,使做官成为教育以至教学的直接目标。其二,使私学得到新的发展动力。科举制度使"官员教育"的特点发挥到了极致,科举作为官员教育的直接目的左右了中国教育达1 300多年。

官员教育的特点是与中国古代的政治结构分不开的,它是官僚政治的直接产物,也是君权至上的一个反映:君王是通过教育来培养忠于自己的官员的。

## 二、伦理教育

中国古代教育是极其重视伦理道德的教育。伦理教育的目标是培养忠于君王的官员。一般地说,伦理教育包括这样两个环节。

### 1. 修身正己

修身正己是中国古代教育的第一要义。孔子就指出:"其身正,不令而行;其身不正,虽令不从。"(《论语·子路》)儒家还把修身正己看作齐家治国平天下的根本。连帝王也对修身正己极度重视,如武则天说过:"夫修身正行不可以不慎。"(《臣轨下·慎密》)不仅如此,帝王的修身正己还是对付灾异,使之向对人有利的方向转化的最佳方法。面对灾异"太上修德,其次修政,其次修救,其次修禳,正下无之"(《史记·天官书》)。对修身正己的重视,必然导致对于学习、对于教育的重视,这更使修身正己被提到"人格""君子"的高度,这也必然使教育向伦理方向倾斜。

### 2. 忠孝仁义

忠君、孝父、重仁义,是人的道德伦理的标志,是中国古代教育的重要内容,也是修身正己所要达到的目标,是作为中国古人的行为准则的"礼"的具体规定。从西周"六艺"教育中的"礼乐"开始,忠孝仁义在教育中就占据了不可移易的地位。古人认为:"故

学之为父子焉,学之为君臣焉,学之为长幼焉。父子之道得而国治。"(《礼记·礼运》)忠孝仁义教育的出发点即所谓"三纲五常",纲常的规定无非是礼的规定,伦理教育的关键就是行为准则教育。

伦理教育对中国古代文化的发展、对中国古人的人格都产生了巨大的影响。从积极的方面来说,这种教育形成了中华民族坚持正义、正道直行、崇尚气节等高贵品质。中国古人重视情操,具有强烈的民族自尊,具有刚直不阿的浩然正气。孔子说:"不降其志,不辱其身"(《论语·微子》);孟子提倡"富贵不能淫,贫贱不能移,威武不能屈"(《孟子》)的人格。古代"杀身成仁""舍生取义"的伟大人物史不绝书,谱写出一曲曲惊天动地的正气歌。"见义勇为""当仁不让"等已成为至今仍有巨大价值的精神文明财富。所有这些,可以说都得益于长期不懈的道德伦理教育。

从消极的方面来说,这种伦理教育,从尊卑名分即隶属关系和道德内省两个方面进行,扼杀了人的个性意识和自主精神。首先是等级贵贱、等级名分的思想观念使人们丧失了独立的人格,人一生下来就是他人或他的名分的从属物,没有独立的人格,更谈不上独立的个人意识和思想自由了。因此这种伦理教育培养的是一种"主奴根性"。其次是道德至上的教育,严重限制了人的全面发展,它否认个人的独立价值,把人作为道德工具,要人们经常内省自己的过错,把伦理内化为自己的义务,并要自重、慎言、慎行、不争、克己,以至于"灭人欲"来"存天理",其结果是人不成其为人。由于人性是难以泯灭的,是无法完全扼杀的,因此在伦理高压之下必然出现对伦理精神的反动,一是叛逆,二是伪君子。前者将很快引起围剿而归于失败,后者却在历史上长久生存,后世的著名对联"满口讲仁义道德,一肚子男盗女娼"指的就是这种伪君子。这是伦理教育的一种特产。

伦理教育的另一个结果,是使古人讲善恶问题的甚多,讨论真伪问题甚少,因此往往疏于推理论证;重视个人修养,"日省吾身"成为中国古人知识价值观的永恒主题,它直接导致对外在世界认识的忽视,因此得到的知识不是对客观世界本质的反映,这严重影响了中国古代科学的发展。

### 三、综合教育

中国古代教育具有伦理教育的特点,道德至上的观念有碍于人的全面发展。但从教育内容、社会需要和教育实践来看,中国古代教育又是一种综合性教育,有利于人在多个方面得到发展。

1. "六艺"教育

西周的教育内容为"六艺":礼、乐、射、御、书、数。后世也一直把六艺作为一定时期、一定程度的教学内容。直到清代,还有人提倡"六艺"教育。

"六艺"当然是以伦理教育为主的教育,"礼"的传授是直接的伦理教育:作为一种行为准则,它是政治的、道德的、生活方式的教育;"乐"的教育也是一种伦理道德教育,同时也是一种"美"学教育;"射、御"的教授基本上是军事体育教育;"书、数"的教育则是语文、数学和科学教育。按今人的研究,"六艺"教育有这样的特点:一是文武并重,诸育兼

备,相成相济;二是知能兼求,把知识的传授与技能训练结合起来。因而,它显然是一种综合性的教育。"六艺"教育对中国古代教育有重大的影响,由它肇始的综合教育理念或诸育兼备的教育思想,成为中国古代典型的教育观念,进行综合教育成为中国古代教育的一大特色。

2. "经学"教育

"经学"从汉代起就成为教育的主要内容,这种情况一直持续到清末。"经学"指的是儒家经典及对它们的阐释、研究。如前所述,汉代起就把"五经"(《易》《书》《诗》《礼》《春秋》)作为教育的标准教科书,后世对"经"代有增添,成为"十三经",宋代又从中抽出一部分,构成所谓"四书五经",作为各类教育的(钦定)标准教科书一直沿用到清末。

"经学"本身是一种未分化的学问,因而"经学"教育在后世看来包含许多学科的内容。经书都产生于学科尚未分化之际,此时,各门学科都包含在一般的知识之中。例如,经书就含有当时的许多科学知识:《春秋》中对日食、流星、彗星等作了相当详细而准确的记载,为现代天文学家提供了历史天象记录;《周礼》指出流行病的注意事项及治疗方法,记载了许多农业生产及计时的知识;后收入《周礼》的《考工记》则记载了六类30个工种的工具的生产过程,其中涉及多门科学知识。人文知识更是经书中的一条主线。所以"经学"教育是一种综合教育。

中国古人学习"经学"的目的在于"通经致用",这更加强了经学教育的综合性。首先,经学家们把"经学"应用到各个领域中去,这就把各种应用领域综合起来。其次,为了达到"致用"的目的,某些通经的儒者往往改变原来的经义,使之更有利于自己,有的甚至不惜伪造对自己有利的"经典"。这种伪造和改变往往要加上当时新出的知识(包括科学知识)以表明自己的经义或经文正确。这种情况在"经学"研究中极为常见,它使各个领域的新知识随时得以综合起来。

应用领域和新知识的综合进一步促进了教学的综合,当时的教师——大儒经师,即"经学"教育家无不是通才,他们也是"经学"教育的"产物",可见这种综合教育具有通才教育的某些特点。从更深的层次来看,这种综合教育是由于中国古代社会的需要而产生和发展的。古代社会结构的特点是:家国同构、君权至上,而且政府要组织社会生产生活,组织社会生产生活是政府官员的职责,政府官员必须具有胜任此职责的能力。于是,问题的一个方面是要培养具有社会生产、生活、经济政治管理能力的人才;但另一方面,由于君权至上,且采用的是中央集权的官僚体制,官员的流动是必然的,不仅读书人可以化为官员,而且官员也要不断地变换职务。这种变换的随机性很大,凡是官员都要接受这种不断调动的挑战。如两晋经学大师杜预曾任尚书郎、相府参军、镇西长史、河南尹、度支尚书、征南大将军等职。各种不同的官职可能需要极不相同的知识。因此,为适应官制的这种情况所进行的教育必然是一种通才式的综合教育,以便向学生提供做任何官员都必需的最基本的知识。即从官员需要这一点看,主要教育内容也必须是综合的。综合教育适应了中国古代的社会需要,因而两千多年间的教育虽时有分科,有时甚至有较细致的分科,但其综合性的要求,却是一以贯之的。从现代教育的角度看,这种综合教育,具有一定程度的科学性。

### 四、实用教育

中国古代教育的目的是培养官员,这就决定了教育的实用性质。所谓实用是指教育具有指向直接功利的特点。

从教学内容的安排来看,实用性很明显,做官需要什么——注意,不是客观地认识到任某官需要某种知识,而是选拔官员的考试需要什么,教学内容就安排什么。在科举考试成为定制的唐代以后,这一点就更加明显了,在相当程度上,教育成为科举的附庸。

从教学要求来看,最基本的要求就是前述"通经致用"。致什么用?最主要的就是前述"修身齐家治国平天下"的用,而为实现"修齐治平"的目标,最佳方式就是去做官,于是又归结为教育的出发点——培养官员。实用教育对中国古代文化的发展产生了巨大的影响,本文仅以对中国古代科学影响来说明这一点。首先,实用教育使与国计民生、社会生产、生活有密切关系的科学被纳入教育内容,例如天、算、农、医各科。中国古代实用教育从社会的实际需要出发,在世界上最早开设了有关科学学科的专科学校,从而促进了科学的发展。其次,实用教育的"实用"思想本身对科学有一定程度的促进作用,使一些"有用"的科学得以普及和进一步发展。再次,实用教育是使中国古代科学多表述为实用性体系的原因之一,它在一定程度上使科学与实际密切联系,因而也在一定程度上促进了科学的发展。不过在实用教育之下,一方面,那些与人的实践稍远的科学无法发展,另一方面,又使科学理论的发展不受重视,导致中国古代科学中缺乏按严格逻辑要求建构起来的理论。

## 第三节 中国封建时期家庭教育

春秋末年(公元前 475 年),中国开始进入封建社会。由于奴隶制度的崩溃,新兴地主阶级登上政治舞台,私学大兴,扩大了教育对象,使得更多的人掌握了原来为贵族所垄断的文化与道德等方面的知识,为更多的家庭实施学前教育提供了可能性,因此儿童的教育也得到进一步的发展。

### 一、封建社会的学前家庭教育

在封建社会,家庭是社会的基本细胞,是子女与社会最早的接触点,也是我国古代儿童接受学前教育的场所。

1. 封建社会学前家庭教育的目的

(1)为培养统治人才服务

在封建社会,历代统治者多重视教育,设立学校,他们的目的主要在于通过学校教育为封建社会培养"建国君民"的统治人才。我国古代最早的一本教育学著作《学记》曾经指出过:"君子如欲化民成俗,其必由学乎。……是故古之王者,建国君民,教学为先。"①汉代太学的设立也能够说明这一点。太学是封建社会一种重要的官学机构,它的最初设立动机,就是西汉武帝接受当时著名的教育家董仲舒的"养士之大者,莫大乎太学;太学者,贤士之所关也,教化之本源也"②的主张,为造就官僚后备军而设立的。隋唐以后,虽然由于科举制度的影响,学校日渐成为科举的附庸,但其最终的目标,仍然是培养统治人才。

学前教育是学校教育的基础,它的目的自然与学校教育的目的一致,都是为培养封建社会需要的统治人才服务的,因此封建社会的许多家庭在实施学前教育的过程中,长辈们常以"学而优则仕"的思想教育儿童,以日后求官晋爵的知识启蒙儿童。同时统治者亦非常重视学前家庭教育,视其为封建教育的重要组成部分和造就官僚后备军的人才教育的开始。

(2)齐家治国的基础

《礼记·大学》中说:"古之欲明明德于天下者,先治其国;欲治其国者,先齐其家;欲齐其家者,先修其身……心正而后身修,身修而后家齐,家齐而后国治,国治而后天下平。""其家不可教,而能教人者,无之。"孔子也说:"居家理,故治可移于官。"③可见,古人十分重视家庭教育,并把它作为今后出仕、治国安邦的基础与对管理才能的一种检测。同时,由于"天下之事,莫不有其初。家之立教,在子生之初"④,故家庭对幼童的学前教育,又是家庭教育的基本内容与起点。从这个意义上讲,为日后能够齐家治国奠定基础,也是学前家庭教育的目的之一。

以家教与治国的逻辑联系为纽带的宗法政治统治,皇位实行嫡长继承制,百姓以血缘关系别亲疏。家庭内部以父权为中心实施家长制管理,国家最高统治者则以君权实施"家天下"的统治,父权与君权名异实同。秦以后虽实行郡县制,但仍以家庭(家族)为国家对臣民进行统治的中介。中国封建社会历代的地方行政,一般都以县为最下级的行政单位,然而县境广阔,人口众多,要实行有效统治,还必须依靠地方自治性质的乡村组织。由于中国农村社会聚族而居的特点,家族成为乡村组织的基础。乡村组织对百姓实行的是族权与政权的联合统治,因此,国家的统治归根到底要依靠家庭组织的力量。"家之不宁,国难得安。"由此,许多政治家、思想家提出国之本在家,欲治其国,须先齐家的观点,并赋予家庭人口生产、物质生产、教育三重职能,使中国传统的家庭具有特殊的意义。

(3)光耀门楣

如果说齐家治国是政治家为古代学前家庭教育制定的终极目标,那么光耀门楣则是普通家庭实施学前教育的实质动机与最切近实际的目的。有一则民间笑话:有位父

---

① 《学记》,《中国古代教育文选》,人民教育出版社,1979年版,第95页。
② 班固:《汉书·董仲舒传》卷五六,中华书局,1962年版,第2512页。
③ 顾炎武:《日知录·家事》,《中国学前教育史资料选》,人民教育出版社,1989年版,第44页。
④ 《大学衍义补》卷首,《四库全书》本。

亲让其心爱的儿子骑在脖子上赶路,一位道学先生见了,指责道:"骑父作马!"然而道学先生的诘问刚落,小孩便喊道:"望子成龙!"小孩子的话道出了当时长辈的普遍心态,而这种心态又是与希望家族兴旺发达的企盼密切联系着的。

将个体的光荣与家庭的荣耀联系起来,根源于中国社会的特点。中国古代是个注重血缘关系的社会,历代统治者制定法律,惩罚罪犯,都不只限于个人,总要牵连整个家族,所谓"一人当灾,全家遭殃",一人犯法,轻者罪及三族,重者株连九族。同样,"一人得道,鸡犬升天",一个人出人头地,不仅是个人的荣幸,也是全家的荣耀,如在科举时代,若家中有人高中举人、进士,则朝廷以大红喜报报喜,整个家族都将沉浸于喜悦之中。正是由于个体与家庭间这种休戚相关、荣辱与共的关系,使得学前家庭教育在封建社会显得格外重要。家中长辈都视子女为私有财产,希企通过家教早日使子孙"成龙",以达到振兴家业,光宗耀祖的目的,同时,子孙们亦以身许家,把光耀门楣作为自己的奋斗目标和报答父母养育之恩的最好方式。

2. 学前家庭教育的内容

综观上下两千多年的学前家庭教育,其教育内容主要包括思想品德教育、生活常规教育、文化知识教育、身体保健教育等方面。

(1) 思想品德教育

中国古代向以思想品德为教育内容的主体,孔子说:"行有余力,则以学文。"①行指品行、德行,意思是说在品行、德行修养有余力时才可以学习文化知识。以品德为先不仅是数千年封建社会学校教育、社会教育的主旨,而且也成为学前家庭教育的"纲领",汉时王修曾教育自己的儿子:"未必读书,并学做人。"②南宋教育家朱熹亦说:"自小便教之以德,教之以尚德不尚力之事。"③在家庭中对幼儿进行思想品德教育,使儿童形成初步的道德观念,养成良好的行为习惯。这种德教内容主要包括下面几个方面:

① 孝悌

《吕氏春秋·孝行》中说:"夫孝,三皇五帝之本务。"可见,注重孝道在我国有着悠久的历史。西周以后,孝悌之道更是成为古代道德的根本,因此在封建社会中,培养幼儿的孝悌观念,也就成为学前家庭教育的首要任务。

对幼儿进行"孝"的教育,主要要求幼儿从小养成不违父母意志,服从父母绝对权威的习惯。如清代学者李毓秀在其所著《弟子规》中曾说:"父母呼,应勿缓;父母命,行勿懒;父母教,须敬听;父母责,须顺承。"北宋史学家司马光在《居家杂仪》中也指出:"凡诸卑幼,事无大小,无得专行,必咨禀于家长。"这些要求均是为了突出父母的绝对权威。

对幼儿进行"孝"的教育,还要求幼儿自小养成敬奉双亲的习惯。《孝经·纪孝行》中说:"孝子之事亲也,居则致其敬,养则致其乐。"意思是说,孝子的事亲之道,主要是平时对父母态度应恭敬,不得懈怠,尽己之能侍奉父母并使其得到快乐。《礼记·曲礼》中

---

① 杨伯峻:《论语·学而第一》,《论语译注》,中华书局,1980年版,第5页。
② 王修:《诫子书》,《全上古三代秦汉三国六朝文·全后汉文》。
③ 黎靖德:《朱子语类》卷七,中华书局,1986年版,第123页。

也要求儿子对父母应做到"冬温而夏清,昏定而晨省"。即冬天应使父母温暖而不受寒,夏天应使父母凉爽而不受热,晚上要为父母铺好床,早晨要向父母请安。东汉时的黄香可以说是实行这种孝行的典范,"香九龄,能温席。"①据说黄香9岁时,对父亲非常孝顺,寒冬时能用自己的体温为父亲暖被窝。因此他就被列入"二十四孝",成了封建社会儿童学习的榜样。

注意从小培养儿童孝顺双亲的品德,是我国古代尊老孝亲传统道德意识的体现,同时,以此作为儿童道德意识形成的起步,亦符合儿童道德形成的规律。当然,封建社会的"孝"从本质上说是"借正父子之论,以严君臣之分"。突出父权的"孝",旨在强化对皇权的"忠",而且这种"忠""孝"是不问是非的"愚忠""愚孝",它完全扼杀了儿童的个性与自由,成为制造奴性和奴才的渊薮,这是我们应当批判的。

如果说孝是用以维系"纵"的家庭关系,占主导地位,那么悌则是用以强化"横"的家庭关系,居辅助地位。对幼儿进行悌的教育,主要是要求孩童自幼兄弟友爱,为兄者爱护弟弟,为弟者敬爱兄长。据说东汉时大文学家孔融4岁时,就能把大的梨子让给兄长吃,而自取小的。这则"孔融让梨"的故事在封建社会曾广为流传,并在学前家庭教育中作为进行悌的教育的典型事例而屡被引用。

家庭教育中强调悌德的培养,目的是使兄弟和睦,家族兴旺,个人日后能在社会上立身。三国时向朗曾告诫其子说:"贫非人患,惟和为贵。""九族和则动得所求,静得所安。"②北齐教育家颜之推则明确指出:"兄弟者,分形连气之人也……二亲既殁,兄弟相顾,当如形之与影,声之与响。"③如果兄弟阋墙,则子侄亦不相爱,当有外祸来临之时,还会有何人援手相助?《魏书·吐谷浑列传》中还记载了一则故事:吐谷浑国的国王阿豺有20个儿子,他在病危时便把儿子们叫到面前,说道:"你们各人拿我一支箭,在地上折断。"他的儿子都把箭折断了。随后他又对其母弟说:"你取19支箭来,合在一起把它折断。"他的母弟怎么也折不断。阿豺便说:"你们明白吗?单独一枝箭容易折断,把多枝箭并在一起就很难折断了。只有你们同心协力,然后国家才能够巩固。"这则故事蕴含着兄弟团结才有力量的道理。

② 崇俭

古代中国是个农业文明的国家,农村的稳定决定着朝廷的安定。农业生产艰辛,丰收得之不易,一如唐诗中所说:"谁知盘中餐,粒粒皆辛苦。"故珍惜粮食,崇尚俭朴就成为中华民族的传统美德和家庭教育的重要内容。

在封建社会中,父辈创下家业,小辈坐享其成,难知其中的艰辛。"由俭入奢易,由奢入俭难。"④如果不使自己的子弟养成俭朴的生活习惯,他们就有可能成为败家之子,这也是许多家庭重视对儿童进行崇俭教育的一个重要原因。

---

① 王应麟:《三字经》,《中国封建蒙学文化评述·附录》,陕西人民出版社,1989年版,第22页。
② 向朗:《遗言诫子》,《全上古三代秦汉三国六朝文·全三国文》。
③ 颜之推:《颜氏家训·兄弟》,《颜氏家训集解》,上海古籍出版社,1980年版,第37、40页。
④ 司马光:《训俭示康》,《传家集》卷六七,《四库全书·集部·别集类》。

为使幼儿树立崇俭的观念，封建社会中的一些有识之士在家庭中经常教导儿童俭朴是一种美德，奢侈则是最大的罪恶，如宋代文学家陆游在《放翁家训》中曾告诫后辈："天下之事，常成于困约，而败于奢靡。"认为生活的清贫、俭朴，常促人奋进、成才，而专尚奢侈则会使人堕入深渊。明末清初的朱柏庐在其家教名篇《朱子家训》中也曾要求子女："一粥一饭，当思来处不易；半丝半缕，恒念物力维艰。"

为了培养儿童的俭朴生活习惯，对于幼儿的饮食与衣着，古人主张不能过于讲究，如《礼记·曲礼》中曾规定："童子不衣裘裳。"这不仅是因其过暖不利于儿童发育，更主要的是因其华贵不利于儿童养成崇俭的习性。清代的唐彪对此说得很明白，他说："童子幼年，不可衣之罗绮裘裳，恐启其奢侈之心，长大不能改也。"①

③ 诚信

诚信就是诚实无欺。明人李贽说："夫童心者，真心也。"②幼儿的天性纯洁美好，"绝假纯真"，然而由于不正确的影响或幼儿自身因自夸或惧过之故，有时也会说谎，这是日后欺诈之心生长的萌芽，长此以往，其"童心"将逐渐失却，"若失却童心，便失却真心；失却真心，便失却真人；人而非真，全不复有初矣"③。卫护此诚实无欺的"童心"，使之不失，长辈首先应该从正面进行教育。春秋时期的曾参在这一方面曾为人们做出了榜样。据《韩非子·外储说上》记载：有一天，曾参的妻子要上街去买东西，小儿哭嚷着也要跟妈妈一同去，曾妻便哄孩子说："你留在家里，妈妈回来杀猪给你吃。"等到妻子购货回家后，曾参便要捉猪杀之，其妻赶快制止他说："我刚才只不过和孩子说着玩罢了，你怎么真的要杀猪？"曾参则说服妻子："小孩是不能欺骗的。小孩年幼无知，只会学父母的样子，听父母的教诲。如今你说话不算数，哄骗孩子，实际上是在教孩子说谎。为母者欺骗了孩子，其子便会觉得母亲的话不可信，以后再对他进行教育，就不会有效果了。"于是曾参最后还是把猪杀了。

《韩诗外传》中也记载了一则孟母教子无欺的故事：孟子幼小的时候，有一次看见邻居家在杀猪，便问母亲："他们杀猪干吗？"孟母随口答道："给你吃。"继而又很后悔，她想：自己这是在用假话去欺骗孩子，也是在教小孩不诚实。于是便去买了邻居家的猪肉给孟子吃，以免对孩子产生不良的影响。一旦小孩由于某种原因说了谎时，父母则应该及时训诫，予以纠正，以杜绝此类事的再度出现。宋代邵博在《闻见后录》中曾记载史学家司马光儿时的一件往事：当司马光只有5、6岁时，一次剥核桃吃，不会去皮，其姐要帮助他，他执意不肯。后来一婢女帮他用热水把核桃烫一下后，很容易剥去了皮。等姐姐再来时，见他已将核桃皮剥去，便问他是谁帮他剥的，司马光回答是自己所为。恰好父亲在旁边目睹了此事的经过，听到司马光的回答便厉声训斥："你怎么敢胡说？"司马光从此再也不敢说谎了。

---

① 唐彪：《人生必读书》，《中国学前教育史资料选》，人民教育出版社，1989年版，第68页。
② 李贽：《焚书·童心说》，《中国学前教育史资料选》人民教育出版社，1989年版，第48页。
③ 李贽：《焚书·童心说》，《中国学前教育史资料选》，人民教育出版社，1989年版，第48、49页。

④ 为善

善,在封建社会主要是指合乎道义、合乎礼仪的事。古代学前家庭教育非常注意使幼儿养成行善去恶的观念,经常教育幼儿除在家孝顺父母、敬爱兄长外,在外凡是合乎道义的利人之事都应为之。由于孩童年幼,不可能做出惊天动地的大善事,故许多家长都非常重视教育幼儿积小善以成大德。如三国时的刘备曾遗诏教训后主说:"勿以恶小而为之,勿以善小而不为。"①清人张履祥在《训子语》中亦说:"善不积,不足以成名;恶不积,不足以灭身。"西汉的贾谊在《新书》中还曾记载了这样一则古人教子为善的故事:春秋时期的孙叔敖,幼时在外玩耍,见到一条两头蛇,回家后向母亲哭诉:"我听说看见两头蛇的人必死,今天我见到一条两头蛇,恐怕我活不了多久。"母亲问他蛇在哪儿,他说:"我怕别人又看见它,已将它打死埋掉了。"母亲说:"你不必担忧,凡积善行善的人,老天爷会予以保护的。"古人重视教育幼儿为善积德,积小德成大德,这无疑是很可取的。

(2) 生活常规教育

封建社会的家庭对学前儿童实施生活常规教育,主要包括日常生活中礼仪常规的训练和卫生习惯的养成。

① 礼仪常规的训练

在封建社会,幼儿的礼仪常规训练又称为幼仪教育,它充溢着封建"礼教"的思想和内容。

幼仪教育,首先是合乎礼仪的姿态训练,《礼记·曲礼》中说:"(童子)立必正方,不倾听。"即要求儿童站要有"站相",须直身而立,两眼平视前方,而不要耸肩塌背和左右倾斜。不但"站相"要正,行走坐卧的姿态同样也要求保持端正,符合幼仪的规定。

其次,对幼儿进行尊老敬长的礼仪常规训练,是幼仪教育的一项重要内容,这实际上也是一种礼貌知识教育。按照幼仪的规定,幼儿路遇长辈,必须快步上前正立拱手,长者有问则答,无话则退;长辈牵着小孩走路时,小孩应以双手握着长辈的手;长者抱着或挟着小孩,并偏着头与小孩讲话时,小孩应掩口而对,以免气触长者;长者召唤幼儿,幼儿须疾步前往;听长者教训,须谦恭起座、低头听受,不可顶嘴抗辩;在长者面前,不要卖弄才华。总之,幼儿对长者必须谦恭、礼让,不可恣意妄行。

此外,进行初步的待人接物的礼仪常规训练,也是幼仪教育的重要内容之一。古时家长们经常教育幼儿与别人同坐时,不应当将双臂横撑在席上,以免妨碍邻座的人;遇父亲的朋友来访,进退要听从其吩咐,以示恭敬;与客人同进屋时,进门要让客人先行;在客人面前,不应当吆喝狗;别人让吃东西时,不要吐唾沫等。

封建社会学前家庭教育中的幼仪训练,实质上是"礼教"的启蒙,具有浓厚的封建色彩和束缚儿童个性发展的特征。但我们亦应看到,某些传统的礼仪要求如尊老敬长、礼让客人等也还有一些可以借鉴的合理内容。此外,以具体的操作指导为礼仪常规训练的主体,也是符合儿童的认识发展规律的,至今仍有参考价值。

---

① 刘备:《遗诏敕后主》,《全上古三代秦汉三国六朝文·全三国文》。

② 养成卫生习惯

养成日常生活中的卫生习惯,是幼儿家庭生活常规训练的一项重要内容。南宋教育家朱熹就曾要求幼儿每日鸡鸣起床后,应自己完成洗脸、漱口、梳头等事务,并且规定"自冠巾、衣服、鞋袜,皆须收拾、爱护,常令洁净、整齐"①。清人李毓秀亦要求幼儿"冠必正,纽必结。袜与履,俱紧切(指都要穿好)。置冠服,有定位。勿乱顿(放置),致污秽"②。除了穿戴要整洁外,饮食卫生也必须讲究。许多家庭当孩子能独立饮食的时候,就教儿童用右手拿筷子和汤匙;大小便回来,要求幼儿把手洗干净;吃饭的时候,教育儿童不能贪多,喝汤不要流出嘴角,不要把吃过的鱼肉再放回菜盘中去,等等。

幼儿不仅要注意个人卫生习惯的养成,还要为家庭的环境卫生做一些力所能及的"洒扫"小事。如朱熹曾要求小孩应经常把住所的地面打扫干净,擦几案上的灰尘,使其时时保持洁净。清人朱柏庐也要求其子弟"黎明即起,洒扫庭除要内外整洁。"

(3) 文化知识教育

由于中国封建社会的文官选拔是与文化考试紧密联系的,它促使人们异常重视文化知识(主要是儒家经典)的学习。于是在"万般皆下品,唯有读书高"的思想支配下,文化知识教育便成为众多家庭幼儿教育的主要内容。封建社会家庭对幼儿实施的文化知识教育,主要是教他们识字、学书、听解"四书",以及学习一些名诗、名赋、格言等。

识字教育是文化知识教育的重点与起步,在有条件的家庭中,幼儿的识字教育一般在3、4岁时便已开始,并且有的家庭还很注意研究识字教学的方法,如清代学者蒋士铨4岁时,其母"镂竹枝为丝断之,诘屈作波、磔、点、画,合而成字,抱铨坐膝上教之。既识,即拆去。日训十字,明日令铨持竹丝合所识字,无误乃已"③。以竹丝代笔合成字,不仅能引起儿童兴趣,而且对于儿童清楚字的笔画结构亦有益处,此外,她的教学方法还运用了教学中的巩固性原则。又如清代学者崔学古撰写的《幼训》一书,也探讨了识字教育中的方法问题,他说:"凡训蒙,勿轻易教书,先截纸骨(即纸牌),方广一寸二分,将所读书中字,楷书纸骨上,纸背再书同音,如'文'之与'闻','张'之与'章'之类,一一识之。……识后,用线穿之,每日温理十字,或数十字,周而复始……"④此外,清代学者如唐彪、王筠等都曾对幼童识字教育进行过研究。

封建社会对于用作幼儿识字启蒙教育的字书教材的编写颇为重视,秦时李斯著有《仓颉篇》,赵高作《爰历篇》;汉时司马相如撰《凡将篇》,史游作《急就篇》。南朝周兴嗣的《千字文》与宋代王应麟的《三字经》,以及无名氏的《百家姓》,简称"三、百、千",则是古代蒙学字书编写的代表作,它们流传极广,甚至为朝鲜、日本所学习。这些字书虽不是专为家庭幼儿教育而编,但实际上许多家庭已将它们作为家教识字课本,原因在于这些教材编得生动活泼,而且均采用韵语,或三言句,或四言句,句短合辙,读来朗朗上口,

---

① 朱熹《童蒙须知》,《蒙学须知》(传统启蒙教育资料),山西教育出版社,1991年版,第21页。
② 李毓秀:《弟子规》,《中国封建蒙学文化评述·附录》,陕西人民出版社,1989年版,第52页。
③ 蒋士铨:《古代家教篇》,青海人民出版社,1989年版,第194页。
④ 崔学古:《幼训》,《中国学前教育史资料选》,人民教育出版社,1989年版,第79页。

便于幼儿记诵。此外,它们虽都按集中识字原则编排,但并非字的机械组合,而是将之巧妙地组成富于思想意义的句子,由此介绍日常生活常规、自然科学知识和进行思想教育等。可见,从严格意义上讲,它是分散与集中识字相结合的教材,这种编写方法很值得我们借鉴。

古代家庭教育中,由于人们普遍认为幼儿手骨没有发育完全,执笔有一定困难,故识字教学与习字教学常常是分开进行的。一般的家庭在幼儿6、7岁时才开始教他用毛笔在纸上练习写字。教幼儿习字的程序大致是先教幼儿把笔,"盖蒙童无知,与讲笔法,懵然未解。口教不如手教,轻重转折,粗粗具体,方脱手自书"。① 其次是教幼儿描红,第三步则是教幼儿临摹名家碑帖,最后才是脱离碑帖习字。不过,古时也有出于种种原因,在幼儿四五岁时即以芦荻或木棒代笔在地上教其学书的,如南朝的道教思想家、医学家陶弘景,"幼有异操,年四五岁,恒以荻为笔,画灰中学书"②。又如北宋文学家欧阳修4岁时丧父,母亲郑氏督教很严。因家贫买不起纸笔,即以荻画地教子习字,后因以"画荻"为称颂母教的典故。

及早教幼儿识字、习字是为了使幼儿能及早阅读儒家典籍。在某些家庭中,或由于父母"望子成龙"心切,或由于幼儿特别聪慧,当幼儿四五岁已能识得一些字后,便开始教授"四书"《孝经》等,北齐的颜之推曾说:"士大夫子弟,数岁已上,莫不被教,多者或至《礼》《传》,少者不失《诗》《论》。"③可见当时的士大夫家庭对幼儿进行儒家经典的教学已很普遍。

由于诗赋是科举考试中的一项重要内容,故在家庭中亦极为重视对幼儿进行诗赋知识的启蒙。当时的家庭主要选择汉赋中的某些名篇、唐宋诗中的某些名家作品让幼儿背诵。最为常用的教材有《唐诗三百首》《千家诗》和北宋汪洙的《神童诗》等。

在当时的学前家庭教育中,除重视对幼儿进行文化知识的传授外,还着意于使幼儿养成乐学、勤学的学风。为此他们常常鼓励幼儿要从小立下大志,以此作为勤学苦读的目标和动力。如三国时的诸葛亮在《诫子书》中曾说:"非学无以广才,非志无以成学。"视志向为成才的前提与保障。颜之推也认为:"有志尚者,遂能磨砺,以就素业;无履立者,自兹堕慢,便为凡人。"④同时他们还经常用许多古今学者珍惜光阴、勤勉学习的范例激励幼儿勤学、苦学,如颜之推在家训中就曾引古时苏秦刺股苦读,孙康映雪读书,车胤囊萤照书等事迹教育子孙后代勤奋学习,从小养成踏实勤奋的求学作风。

(4) 注重幼儿的身体保健

古代学前儿童的教育内容以思想教育与文化知识教育为主,但同时在许多家庭中也注意到教养结合的问题,注重对婴幼儿的身体保健工作。明代医师万全在《育婴家秘·鞠养以慎其疾》中认为:"(小儿)能坐、能行,则扶持之,勿使倾跌也。"明人徐春甫要求

---

① 崔学古:《幼训》,《中国学前教育史资料选》,人民教育出版社,1989年版,第51页。
② 李延寿:《南史·隐逸传下》卷七六,中华书局,1975年版,第1897页。
③ 颜之推:《颜氏家训·勉学》,《颜氏家训集解》,上海古籍出版社,1980年版,第141页。
④ 颜之推:《颜氏家训·勉学》,《颜氏家训集解》,上海古籍出版社,1980年版,第141页

僮仆、婢妾"不可训其手舞足蹈,无礼骂人,高举放倒,猛推闪避。"①为了提高婴幼儿抗御疾病的能力,许多中医学者反对婴幼儿过饱过暖。明时许相卿说:"婴孩怀抱,毋太饱暖,宁稍饥寒,则肋骨坚凝,气岸精爽。"②民间也有"若要小儿安,常带三分饥与寒"的谚语,元代的张从政甚至主张:"儿未坐时,卧以赤地,及天寒时,不与厚衣,布而不绵。"③

游戏是学前儿童喜爱的活动,也是古代家庭中加强幼儿身体锻炼的一种重要方法。早在战国时期,《韩非子·外储说左上》中就有小孩玩"过家家"游戏的记载:"夫婴儿相与戏也,以尘(土)为饭,以涂(泥)为羹,以木为胾(肉块)。"古时能起到锻炼身体作用的幼儿游戏主要有拔河、跳百索(跳绳)、放风筝、踢毽子、踢球(琢石为球,以足蹴之,前后交击为胜)等,许多游戏至今仍为幼儿们所喜爱。

封建社会学前家庭教育的内容是非常丰富的,它涵盖了德、智、体等诸方面,与学校教育和社会教育的内容在本质上是一致的,体现了教育的连贯性。但古代学前家庭教育的内容又是偏颇的,它过于突出德育与智育,而且许多繁杂的教育内容过于成人化与教条化,使幼儿难以承受,在很大程度上扼杀了儿童的天性。

## 二、封建社会胎教的发展

封建社会的学前教育继承了奴隶社会实施胎教的传统,并进一步向前发展,这主要体现为中医学理论的介入,使得人们对胎教的认识与实施更加符合科学。

《黄帝内经》是我国古代最早的中医学著作,成书于秦汉时期。该书结合气一元论与阴阳五行学说,对生命的成因、疾病的起源等作了唯物主义的解释,指出人的某些疾病起因在胎儿时期,称为"胎病",如"颠病"就是"得之在母腹中时,其母有所大惊,气上而不下,精气并居,故令子发为颠疾也"④。为避免"胎病"发生,保证胎儿健康发育,以提高新生儿的天然素质,有必要对孕妇的日常生活进行指导,通过母教实施胎教。这是我国最早从医学角度探讨胎教问题的论述。

隋唐以后,我国医学处于迅速发展时期,与胎教有关的儿科、妇科日渐分化出来成为独立科目。大批医学家介入对胎教的研究与提倡,他们一方面继承和总结了前人实施胎教的经验,一方面从医学角度进行阐明和论证,进一步提出养胎与服教相结合的主张,不仅丰富了古代胎教实施的内涵,也增强了古代胎教学说的科学性。

唐代医学家孙思邈在总结前人胎教理论与自己临床经验的基础上,明确提出了古代胎教学说的基本观点——"外象内感",意思是说母亲所接触的外界物象会直接感应到体内胎儿。他说:"妊娠三月名始胞,当此之时未有定象,见物而化。"⑤即认为三个月

---

① 徐春甫:《古今医说·婴幼论》,《古今图书集成·艺术典》卷四二二。
② 许相卿:《许云邨贻谋》,《丛书集成初编》本,第2、3页。
③ 张从政:《儒门事亲过爱小儿反害小儿说》,《中国学前教育史资料选》,人民教育出版社,1989年版,第55页。
④ 《黄帝内经素问·奇病论》,《二十二子·黄帝内经》卷一三,上海古籍出版社,1986年版,第927页。
⑤ 孙思邈:《千金方·养胎》,《中国学前教育史资料选》,人民教育出版社,1989年版,第21页。

的胎儿还未完全成形,很容易受到外界环境的影响而变化。为此他提出孕妇在妊娠三个月以后,应特别注意外界环境对胎儿的影响。他认为为了生子健美,就必须常视犀象猛兽、珠玉宝物,以此接受孔武有力、容貌佼美的感应。同样,欲使子孙道德贤良,聪慧无疾,也必须多"见贤人君子、盛德大师,观礼乐、钟鼓、俎豆、军旅、陈设、焚烧名香,口诵诗书、古今箴言,居处简静"①等。孙思邈对孕妇提出的上述要求虽然还不免夹杂有臆想的成分,但从总体上说,他强调孕妇必须注意外界环境对胎儿的影响这一基本思想则是正确的。

重视孕妇精神状态的调节一向是古代胎教的重要内容之一。在这一方面,明代医学家万全也曾从医学角度对情绪给胎儿的影响作了较为科学的解释,他说:"受胎之后,喜怒哀乐,莫敢不慎。盖过喜则伤心而气散,怒则伤肝而气上,思则伤脾而气郁,忧则伤肺而气结,恐则伤肾而气下。母气既伤,子气应之,未有不伤者也。其母伤则胎易堕,其子伤则脏气不和,病斯多矣。盲、聋、喑哑、痴呆、癫痫,皆禀受不正之故也。"②因此,他认为孕妇加强自我心理调节,注意控制情绪的波动是非常必要的。只有孕妇心绪和顺,胎儿才能健康成长。

在要求孕妇注意自我心理调节,保持心绪和顺的同时,唐宋以后的医学家们还十分重视孕妇饮食的调摄。如宋代妇产科医师陈自明在我国较早的妇产科专著《妇人良方》中说:"一受孕之后,切宜忌不可食之物,非惟有感动胎气之戒,然于物理亦有厌忌者。"元代医师朱震亨亦认为:"儿之在胎,与母同体。得热则俱热,得寒则俱寒,病则俱病,安则俱安。母之饮食起居,尤当慎密。"③北齐医师徐之才则依照胎儿每个月的不同发育状态,为孕妇制定了一个相应的食谱,他认为:"妊娠一月名始胚,饮食精熟,酸美受御,宜食大麦。……妊娠六月,始受金精,以成其筋……食宜鸷鸟猛兽之肉,是谓变腠理纫筋,以养其力,以坚背膂。"此外,他们还要求孕妇饮食应"饥饱适中",因为过饥或过饱均会损伤母体和胎儿。同时在生活起居的其他方面也必须注意节制。

总之,封建社会的许多医学家在论述胎教之道时多持胎养与胎教相结合的观点,明人许相卿所说的一段话大体上可以代表他们的这种观点:"古者教导贵豫,今来教子宜自胎教始。妇妊子者,戒过饱,戒多睡,戒暴怒,戒房欲,戒跛倚,戒食辛热及野味。宜听古诗,宜闻鼓琴,宜道嘉言善行,宜阅贤孝节义图书,宜劳逸以节,动止以礼。"④在他们看来,只有重视饮食起居中的避忌,善于调节自己的情绪,并辅之以知识、音乐、道德的陶冶与教育,所生子女才能容貌俊美、气禀超群、道德良善。这种胎教的养教一体化观点,不仅发展了前人的胎教思想,丰富了古代胎教的内容,而且也揭示了胎教发展的方向,并与现代胎教理论颇相一致。

---

① 孙思邈:《千金方·养胎》,《中国学前教育史资料选》,人民教育出版社,1989年版,第21页。
② 万全:《妇人秘科·养胎》,《中国学前教育史资料选》,人民教育出版社,1989年版,第23页。
③ 朱震亨:《格致余论·慈幼论》,《中国学前教育史资料选》,人民教育出版社,1989年版,第22页。
④ 许相卿:《许云邨贻谋》,《中国学前教育史资料选》,人民教育出版社,1989年版,第23页。

### 三、慈幼机构的建立

慈幼,即爱护幼儿。人类对婴幼儿的特别保护与钟爱的意识,早在原始社会即已存在,进入阶级社会后,历代统治者出于人口增殖或点缀政治等目的,曾屡屡制定、发布有关慈幼的政策与法令。如先秦时期,管仲相齐,曾行"九惠之教",并把慈幼放在工作的首位,专门设置掌幼官员,规定士子平民有幼子者,若因小儿幼弱不堪抚养,以及一家有3位幼小儿童者,妇人免赋税。有4位幼儿的家庭,全家免征税。有5位幼孩者,国家还要另派保姆,由官方给予2人的口粮,一直等到幼儿长大能自食其力时,方才停止供应食物。对于父母双亡的幼弱孤儿,由国家设置的掌孤官员负责,对于那些弱小不能自养者,由政府指派父母原来的亲朋好友、乡里邻居代为抚养,并规定:"养一孤者,一子无征;养二孤者,二子无征;养三孤者,尽家无征。"①

不过,我国古代建立专门的慈幼机构起步较晚,它开始于处在封建社会中后期的宋代。

宋时慈幼机构大多数为清廉的地方官吏所设办。南宋高宗绍兴年间,朱熹因福建多有弃溺婴儿的陋俗,上疏朝廷请立"举子仓",由政府供给钱米,统一收养被弃婴儿。宁宗嘉泰年间,叶筠为南剑州知州时,请立"举子仓"以赈济贫民弃婴。

两千多年的封建社会是我国古代学前教育大发展时期,这个时期儿童学前教育总的特点是:(1) 打破了过去奴隶主贵族垄断学前教育的局面,使学前教育成为普通平民家庭教育的重要组成部分;(2) 学前教育的内容大为丰富,涵盖了德、智、体诸方面,并出现了许多专为幼儿编写的用于思想教育、文化知识教育等方面的教材;(3) 对幼儿的潜能进行了最大限度的挖掘,学前教育内容的难度与广度均有较大的增加;(4) 学前教育的实施具有浓厚的功利主义色彩,在实施过程中,总体上是重教轻养;(5) 儒家思想规范指导着学前教育的实施。

中国自古以来就有重视未成年人开蒙教育的优良传统,蒙养教育思想极为丰富。继承这一笔可贵的遗产,对现阶段我国未成年人的教育尤其是道德养成教育大有裨益。

古代蒙养教育的传统主要包括几个方面:

第一,蒙以养正。古人非常重视人生的正本慎始,主张当婴幼儿智慧蒙开之际就施加正面影响,开发其智慧,促使孩子更好地成材。这包括两方面:一是胎教"正本"。古人认为,胎教是"慎始"的教育,是"立教之本原",故而十分重视。据刘向《烈女传》记载,早在3 000多年前,周王室就十分重视胎教。此后,汉代贾谊《新书》、戴德《大戴礼记》、王充《论衡》等著作中的一些篇目,以及许多家训都发展了周初的胎教思想。其中不仅包含优生优育的观念,而且着眼点仍是注重伦理道德的熏陶。例如家训名篇《许云邨贻谋》,对胎教提出的"五宜"要求就是"宜听古诗,宜闻鼓琴,宜道嘉言善行,宜阅贤孝节义图画,宜劳逸以节,动止以礼,则生子形容端雅,气质中和"。二是注重儿童少年期的早期教育。古代的许多思想家、教育家和文人学者都强调教育贵早,"以豫为先"。孔子说

---

① 《管子·入国》,《中国学前教育史资料选》,人民教育出版社,1989年版,第12页。

"少成若天性,习惯如自然";《颜氏家训》提出"当及婴稚,识人颜色,知人喜怒,便加教诲",原因是"人生小幼,精神专利,长大以后,思虑散逸,固须早教,勿失机也"。只有"教妇初来,教儿婴孩",才可以收到事半功倍的效果。不少教育家或家长还制定了从婴幼儿期到青少年期各阶段的道德教育规程,如朱熹强调,在孩子知识、性情未定时,要及早进行道德教育和道德行为训练,这样方能达到"习与智长,化与心成"的效果。司马光曾经针对借口幼儿无知而将教育延迟到长大后再进行的错误观念,认为这就像懒于摘除树苗的劣芽一样,等到长成大树以后再去砍那些枝杈,该费多大的力气?

第二,德教为先。古人认为,蒙养教育最根本的是"养正"教育或曰品德教育。《论语》记载孔子为学生开设有"文、行、忠、信"四门课程,其中三门都属于思想道德教育的范畴。司马光《居家杂仪》中设计的家教程序,将德育放在家庭教育的首位,从"始生"开始,对婴幼儿期、少年期的每一个发展阶段都根据循序渐进的原则,施行不同的养成教育。对违背礼教的行为即使再小也"严词禁之";指导子孙读书严格选择,以免"惑乱其志",力求"养正"。

第三,习惯养成。譬如教育家朱熹就提出,15岁以前的儿童,主要应就其日常生活接触到的"知之浅而行之小者"和"眼前事"进行教育训导。所教之事,"如事君、事父、事兄、处友等等,只教他依此规矩去做。"在我国传统家训和蒙学读物中更是对那些未"冠"子弟、学童的行为习惯规定得具体详尽,具有极强的可操作性。如《弟子规》,在学童刚开蒙识字时,就以生活起居、侍奉长辈、言谈举止、待人接物中需要注意的基本的道德行为准则要求他们,从人人皆知、人人可行的日常习惯养成做起,逐渐凝成品质,收到积土成山、积善成德之效。

第四,环境濡染。孔子认为择邻不到风俗仁厚的地方去,就非明智之举。"孟母三迁"的故事,更是注重环境对孩子品德形成作用的典范。这一思想与实践被荀子概括为"蓬生麻中,不扶而直","故君子居必择乡,游必就士,所以防邪僻而近中正也"。中国传统处世箴言、家训教诲中几乎每篇都有要子弟谨慎交友的训诫。此外,古人也已经注意到家庭教育与学校教育、社会教化的相互配合、凝成合力的问题,认为"父兄教之于家,师长教之于塾,内外夹持,循循规矩,非僻之心何自入哉"①。

---

① 陈宏谋:《养正遗规》。

# 参考文献

1. (清)章学诚著,叶瑛校注:《文史通义校注》,北京:中华书局,1985年版。
2. 叶文宪:《话说中国物质文化遗产》,上海:学林出版社,2008年版。
3. 叶文宪:《话说中国精神文化遗产》,上海:学林出版社,2009年版。
4. 梁漱溟:《中国文化要义》,上海:上海人民出版社,2011年版。
5. 钱穆:《中国文化史导论》,北京:商务印书馆,1994年版。
6. 冯天瑜等:《中华文化史》,上海:上海人民出版社,1990年版。
7. 庄锡昌等:《多维视野中的文化理论》,杭州:浙江人民出版社,1987年版。
8. 柳诒徵:《中国文化史》,北京:中国大百科全书出版社,1988年版。
9. 吴小如主编:《中国文化史纲要》,北京:北京大学出版社,2001年版。
10. 谭家健主编:《中国文化史概要》(增订本),北京:高等教育出版社,1997年版。
11. 王力:《汉语史稿》,济南:山东教育出版社,1988年版。
12. 袁行霈主编:《中国文学史》(第二版),北京:高等教育出版社,2005年版。
13. 彭吉象主编:《中国艺术学》,北京:高等教育出版社,1997年版。
14. 乔治忠:《中国史学史》,北京:中国人民大学出版社,2011年版。
15. 吴怀祺:《中国史学思想通史》,合肥:黄山书社,2002年版。
16. 孙培青主编:《中国教育史》,上海:华东师范大学出版社,1992年版。
17. 梁漱溟:《东西文化及其哲学》,北京:商务印书馆,2010年版。
18. 冯友兰:《中国哲学简史》,北京:北京大学出版社,1985年版。
19. 张岱年:《中国哲学大纲》,北京:昆仑出版社,2010年版。
20. 邵汉明主编:《中国文化精神》,北京:商务印书馆,2000年版。
21. 张岂之:《中华人文精神》,西安:西北大学出版社,1997年版。
22. 张岱年、程宜山:《中国文化与文化论争》,北京:中国人民大学出版社,1990年版。
23. 罗荣渠主编:《从"西化"到现代化》,北京:北京大学出版社,1990年版。
24. 张岱年,方克立主编:《中国文化概论》(修订版),北京:高等教育出版社,2004年版。
25. 顾伟列:《中国文化通论》,上海:华东师范大学出版社,2005年版。
26. [英]马林诺夫斯基著,费孝通等译:《文化论》,北京:中国民间文艺出版社,1987年版。
27. [英]李约瑟:《中国科学技术史》(1~5卷),北京:科学出版社,1975—1978年版。
28. 参考网站:www.baidu.com